九色鹿

本书得到西安外国语大学
"国家安全学与区域国别学科"建设经费资助

欧亚时空中的
中国 与世界

黄达远　著

社会科学文献出版社
SOCIAL SCIENCES ACADEMIC PRESS (CHINA)

·目　录·

第一章　全球化范式与中亚研究

——社会科学视野的展开 *

一　超越传统东方学视域：国内中亚史研究问题意识的转变

中国古代就有与西域相关的文字记载。明代郑晓的《皇明四夷考》就已经对当时西域的风土、史迹、民俗进行了详细的考证与研究。1870 年以后，中国面临着严重的边疆危机，由此在乾嘉汉学的基础上衍生出了西北舆地之学。西北舆地学本是清代嘉庆、道光年间研究新疆地理的一个学派，后来其研究范围逐渐扩大到西藏、青海与蒙古，最终与蒙元史研究合流。[1] 西北舆地之学的发展刺激了国人

---

* 本章与孔令昊合作。
1 周丕显：《清代西北舆地学与元史研究》，《甘肃社会科学》1993 年第 1 期，第 93 页。

对内陆亚洲地区的关注。新中国成立后，我国的中亚史研究[1]隶属苏联史（俄国史）研究。20 世纪 60 年代中苏关系恶化以及随之而来的边疆冲突，使沙俄侵华史以及苏联的民族问题研究开始成为热点。

1980 年，苏联入侵阿富汗，引动了地缘政治的巨大变化，中国开始逐渐关注中亚史研究。几乎同时，联合国教科文组织（UNESCO）召集全球专家编写六卷本《中亚文明史》，旨在"拉开长期遮蔽中亚的帷幕"。[2] 1979 年，联合国教科文组织正式邀请中国参加《中亚文明史》编写计划。中国的中原王朝在历史上与西域（中亚地区）有着密切的联系，我国学术界需要知道这部《中亚文明史》如何书写中亚地区与中国相关的部分，所以成立了中国中亚文化研究协会，并派遣马雍先生、韩儒林先生加入了该计划。在相关会议上，中国代表发现，整个编写工作由苏联学者主导，其中充斥着许多对中国不利的言论，中国学者在会上据理力争，与苏联学者针锋相对。这表明，历史书写不仅仅关乎事实真相，更关乎背后的权力话语体系。掌握历史书写的一方，就能掌握解释自我与他者的权力。中亚研究与中国自身的话语建构息息相关，中亚研究的兴起，有助于我们更好地理解自身的历史发展脉络。中国学术界由于语言等因素的制约，对中亚地区的研究起步较晚，与国际最高水平在一些具体的研究领域还有一定的差距。因此，王治来提出要加强中亚研

1　有关中亚（Central Asia）、内陆亚洲（Inner Asia）、中央欧亚（Central Eurasia）的地理范围，学术界说法不一。笔者采用联合国教科文组织的界定方式，将中亚地区界定为"阿富汗、伊朗东北部地区、巴基斯坦、印度北部地区、中国西部地区、蒙古和当今中亚五国"的范围，帕米尔以东为中亚东部地区，历史上长期受到中原汉文化的影响，帕米尔以西为中亚西部地区，历史上长期受到波斯、阿拉伯文化的影响。本书中的"中亚史研究"与"内亚史研究"、"中央欧亚史研究"同义。见 A.H. 丹尼、V.M. 马松主编《中亚文明史》第 1 卷《文明的曙光：远古时代至公元前 700 年》，芮传明译，余太山审订，中国对外翻译出版公司，2000，第 368 页。

2　A.H. 丹尼、V.M. 马松主编《中亚文明史》第 1 卷《文明的曙光：远古时代至公元前 700 年》，第 6 页。

究与中亚史教学。[1] 1991 年苏联解体，中亚五国相继独立，对中亚问题的研究迫在眉睫。马大正与冯锡时主编的《中亚五国史纲》，就是为了应对当时新的国际形势而编写的。进入 21 世纪，地方史、治边史、屯垦史、丝绸之路史等领域的研究逐渐兴起，我国的中亚史研究进入新阶段。

我国的中亚史研究发端于西域史与蒙古史，主要依靠汉文史料以及当地的考古材料来进行研究。20 世纪 80 年代以来，我国在中亚史研究领域取得了丰硕的成果，出版了一批中亚通史类著作，如马大正、冯锡时主编的《中亚五国史纲》，王治来的四卷本《中亚通史》以及蓝琪的六卷本《中亚史》等。国内学者在中亚民族史等专题领域也有相当大的建树，如魏良弢的《西辽史研究》、余太山的《贵霜史研究》、薛宗正的《突厥史》、潘志平的《中亚浩罕国与清代新疆》等。蒙元史有刘迎胜、姚大力、华涛、林梅村、林悟殊等一批学者，由于相关学者很多，兹不一一列举。此外，近四十年，国内也出现了一批与中亚史研究相关的学术期刊，如新疆社会科学院主办的《西域研究》、余太山主编的《欧亚学刊》以及朱玉麒主编的《西域文史》等。总的来说，国内学界的中亚史研究侧重于帕米尔以东的中亚东部地区，以狭义中亚为对象的研究者并不多，特别是专攻伊斯兰化以后的中亚史的学者更少。[2]

2021 年，美国从阿富汗撤军，中亚地缘环境预计会发生重大变化，此时正是中国推行"一带一路"倡议的关键阶段，国内急需中亚地区相关的知识。四十年来，国内的中亚史研究虽然取得了一定的成果，但依然没有能力回应并解决当下的问题。其原因在于我国的中亚史研究并没

1　王治来：《论开展中亚史教学和研究的必要》，《湖南师院学报（哲学社会科学版）》1984 年第 4 期。
2　潘志平：《区域史研究的考察——以中亚史为例》，《史学集刊》2011 年第 2 期。

有完全突破传统东方学[1]的藩篱。

中亚概念的建构源于15世纪地理大发现所引发的欧洲知识体系的更新。在欧洲中心观与文明等级论的影响下,欧洲成功建构起了"中亚"概念以及一套东方主义(Orientalism)语境下的中亚地区话语体系(参见本书第三章)。二战之前,西方的史学研究,以欧洲为中心。在19世纪后期,历史学、政治学、经济学、社会学更多关注现代世界(文明世界),而前现代世界("非文明世界")的研究则归入人类学、东方学的范畴。[2]中亚地区只是作为雅利安人种与欧洲文明起源的摇篮被提及,在此基础上兴起的传统东方学,偏重于语言文学的研究,其特点是运用当地的各种文献材料,进行语言学的构拟、考证,或是追溯某一族群的族源及其历史源流。就中亚研究而言,学界主要关注其古典文本的解读与解释。这种研究方式是将中亚地区处理为一个特殊的、封闭的空间,其在空间联系上也只表现出与欧洲(西方)的联系。这一后果就是造成时间与地域(空间)的分离。就中国而言,在英、俄、日等国家的压力下,中国不得不进入西方主导的世界体系中,"也正是在这种无奈的权力关系格局下,我们不得不学着用西方的概念来转述和表达我们自古沿袭的领土诉求,重整清帝国之后破碎的河山。而中国的国家建设进程也就是重塑民族、创制人民的过程"。[3]国民政府定都南京,西北

1　目前学术界对"东方学"的定义当属萨义德的最为经典。萨义德认为,东方学具有以下三种内涵:一个学术研究学科,一种思维方式,一种权力话语方式。见爱德华·W. 萨义德《东方学》,王宇根译,三联书店,1999,第3页。笔者认为,"东方学"应当作为学术学科研究的范畴来使用,"东方主义"则应该作为思维方式、权力话语方式的范畴来使用。吴泽先生认为,"东方学"可以被分为"实证东方学"与"理论东方学"。"实证东方学"指的是对于东方诸文本的整理与研究;"理论东方学"则是旨在通过对已有的有关东方史料的整理和分析,来对东方地区的社会状况和历史进行研究。见《吴泽文集》第3卷,华东师范大学出版社,2002,第2~3页。笔者认为这种划分方式是可以被借鉴的,但需要指出的是,被吴泽先生归入"实证东方学"范畴的埃及学、亚述学等学科,也在一定程度上带有"理论东方学"的色彩。

2　华勒斯坦等:《开放社会科学——重建社会科学报告书》,刘锋译,三联书店,1997,第39页。

3　高杨:《主权的地理之维——从领土属性看中国民族国家之形成》,《历史法学》第3卷,法律出版社,2010。

自然成为边缘、边疆。以东南的时空经纬为准绳，不自觉地降低了游牧
与农业社会的互动关系对整个中国历史重要性的影响，"西北"文化被
碎片化，区位被边缘化。民族国家的范式成为理解中国的基本框架。我
国历史学的学科模式受此影响，产生世界史（外国史）与中国史两个大
类。中国周边地区全部被纳入世界史的范畴，苏联中亚地区被放在苏联
史中研究，而苏联史又主要是研究俄罗斯，很少研究其他地区和民族。
至于中国的西北地区，在一般的中国通史教材中，也讲得不多。[1] 中国
与周边地区历史上的联系被中国与西方的联系所替代。中亚地区实际上
成了这种东西联系的附庸，其空间性并没有得到很好的认识与阐述。
中亚地区本是连接中国与世界的枢纽，但在这种学科分类体系中，无论
是世界史还是中国史领域，中亚研究都处于边缘的地位。正是考虑到这
个问题，王治来提出要从两个维度看待中亚，一方面是从中国来看中
亚，另一方面是从世界来看中亚："中亚史，可以说一半是中国史，一
半是外国史。具体的说，一半是中国西北地区的历史，一半是欧亚大陆
中部的历史。"[2]

　　无独有偶，近十年来，各领域的研究学者都注意到中亚史研究边缘
化的问题。昝涛指出，要从地缘（空间的横轴）与文明（时间的纵轴）
两个角度来理解中亚，建立中国对中亚的常识性认识。[3] 袁剑提出通过
在地化知识来构建中国当代"丝绸之路"话语体系。[4] 黄达远、李如东
将中国与中亚地区的历史关系放到欧亚大陆的时空背景中去阐述，指出
中亚地区作为欧亚大陆通道的重要性。[5] 尽管这四位学者的研究领域并

1　王治来：《论开展中亚史教学和研究的必要》，《湖南师院学报（哲学社会科学版）》1984 年第
　　4 期。
2　王治来：《论开展中亚史教学和研究的必要》，《湖南师院学报（哲学社会科学版）》1984 年第
　　4 期。
3　昝涛：《地缘与文明：建立中国对中亚的常识性认知》，高全喜编《大观》第 5 期，法律出版
　　社，2011。
4　袁剑：《丝绸之路、地方知识与区域秩序——"丝绸之路"的概念、话语及其超越》，《陕西师
　　范大学学报（哲学社会科学版）》2017 年第 4 期。
5　潘志平等：《中国与中亚地区国家关系研究》，经济科学出版社，2018。

不相同，但他们的研究成果体现出一个共性：中亚史研究的区域转向。
他们所关注的中亚史研究不再是以往东方学体系下的中亚史，而是社
会科学化的整体性中亚区域史。笔者认为，国内学术界出现这种理论范
式转向的根源在于问题意识的变化。王治来指出，西方学者研究中亚地
区是出于他们殖民扩张的需要，而沙俄、苏联时期对于中亚史研究的关
注，则还出于其自身国家建构与统治的需求。[1] 中国的中亚史研究承接
了西方的东方学话语体系，其最终呈现出来的效果则与我们当代的知识
需求脱节。而当今"一带一路"倡议以及应对中亚复杂局势，要求学术
界必须重视地方性知识，对当地的社会结构进行分析与研究。这就要求
我们必须要用全球史[2]视角理解中亚，从区域研究的范式出发，突破中
亚史研究的壁垒，使中亚史研究社会科学化，将其纳入普适知识之中。
本章拟从近四十年中亚史研究的理论转向出发，对王治来关于"中亚史
一半是中国史，一半是外国史"的论断予以讨论和回应。需要注意的
是，本章主要讨论中亚史研究理论范式的转向，近几年来涌现的实证研
究的成果则不在本章的讨论范围之内。

二　区域研究与全球视野：中亚史研究的理论转向

　　第二次世界大战之后，世界的政治结构发生了重大变化，第三世界
国家的独立与发展、全球化的兴起、大学系统的迅速拓展，迫使学界开
始反思以往的学科分类体系。最明显的变化在于，人类学放弃了人种学
研究，而东方学（Oriental Studies）则与其他学科合并，历史学开始重
视社会生活与经济生活并逐步社会科学化，各学科的壁垒逐渐被打破，

---

[1] 王治来：《中亚文明与中亚研究》，新疆社会科学院中亚研究所编《新疆维吾尔自治区社会科
学院首届学术报告会论文选集》，1982。

[2] 需要指出的是，全球史作为一种历史分析模式，并不　定要致力于空间上的"全球性"。同
时，我们也不应将其窄化为"全球化的历史"。这种历史分析模式更多体现的是一种全球性语
境的意识，强调的是各区域的共时性联系。见 S. 康拉德《全球史导论》，陈浩译，商务印书
馆，2018，第3~4页。

由此促使了区域研究的兴起。

　　现代学术语境下的区域研究（area / region studies）开创于美国，[1]在中国对应于区域和国别（country）研究。"区域"一词，既可以指客观存在的地域空间，也可以指抽象的文化、意识形态空间，其空间限度不受民族国家主权边界的约束。"国别"一词是指政治空间，它更适用于国际关系史、军事史等研究领域，这些领域必须依据民族国家本位原则，注重"中央—地方"模式的互动。传统的区域研究立足于民族国家，"在既定的版块中孤立地寻找历史进程"。[2]随着区域研究范式的演进以及自我反思，越来越多的学者主张用全球化的"跨国""跨地区""跨文明"视野来进行区域研究。

　　区域研究由封闭走向开放，其视野由狭隘走向开阔，这与全球史范式的兴起有着密切的联系。19世纪晚期，社会学从历史研究中发展出来。通过这些新兴学科，学者回顾历史以图发现整个世界变迁的基本原因。由此，出现了"全球史"的大规模历史解释。[3]20世纪初，斯宾格勒（Oswald Spengler）与汤因比（Arnold J.Toynbee）所倡导的"文明史观"兴起，引起了学界对于不同文明比较研究的热潮。要想进行文明的比较研究，就必须构建起一套全球性的历史解释体系，这离不开全球史视野。20世纪中叶以来，费尔南·布罗代尔（Fernand Braudel）、雅克·勒高夫（Jacques Le Goff）、威廉·麦克尼尔（William H. McNeill）等历史学家建立起大规模历史分期的现代模型，全球史研究范式也逐渐走向成熟。通过运用全球史的"世界体系"范式，学者可以找到各区域间的共时性联系。

　　就中亚史研究而言，尽管其依然带有殖民主义时代的痕迹，东方

1　牛可：《地区研究创生史十年：知识构建、学术规划和政治－学术关系》，《北京大学教育评论》2016年第1期。
2　黄达远、郭润田：《区域与国别研究的欧亚转向：以问题意识为中心》，《西安外国语大学学报》2021年第2期。
3　S.康拉德：《全球史导论》，第23~24页。

学、人种学的话语依然内附于学术界的研究体系之中，但中亚史研究的社会科学化思潮从未停止。笔者认为，二战以来欧美学界中亚史研究发生的区域转向，主要体现在以下三个层面。

第一，二战后的历史学出现了重大范式转向。杰弗里·巴勒克拉夫（Geoffrey Barraclough）在《当代史学主要趋势》一书中认为："在当前的历史学家中，一个越来越明显的趋势是从民族体系转向地区体系。"[1]而这一范式转向的代表人物就是法国年鉴学派的费尔南·布罗代尔。20世纪60年代，布罗代尔的"整体史"与"长时段"理论，将地理时间纳入史家的关注当中，体现了对日常生活的社会史的重视。他的理论深刻影响了后来的中亚史学者，如哈佛大学的傅礼初（Joseph Fletcher）就受到布罗代尔的影响，在宏观历史的基础上总结出16~18世纪欧亚大陆发生的七个"平行性"现象：人口增长、日益加快的节奏、"地区"城镇的增长、城市商业阶级的兴起（复兴）、宗教复兴和传教运动（改革）、农村的动荡、游牧的衰落。他认为，欧亚大陆在16~18世纪的早期近代阶段终于具有了共同的一体化历史，而中国也在其中。[2]这种对于地区联系的研究与叙述，无疑体现了一种全球史的视野。通过对欧亚大陆"平行性"现象的梳理，傅礼初提出了不同于欧洲主导下的海洋史的历史分期模式。这不仅是对"欧洲中心主义"话术的批判，还揭示了欧亚大陆各区域联结为"大陆命运共同体"的特性。

第二，20世纪70年代，欧美一批学者开始反思传统的以语言文献考证为基础的"汉学"（Sinology）研究，提倡以问题意识为导向的"中国研究"（Chinese studies），在此基础上形成了一些影响深远的中国研究范式。如费正清（John King Fairbank）的"农业中国"模式与"冲

---

1 杰弗里·巴勒克拉夫：《当代史学主要趋势》，杨豫译，上海译文出版社，1987，第236~239页。

2 傅礼初：《整体史：早期近代的平行现象与相互联系（1500~1800）》，《清史译丛》第11辑《中国与十七世纪危机》，商务印书馆，2013，第4~36页。

击－回应"理论，力图从海洋、中原的视角来理解中国史。[1] 而施坚雅
（G.William Skinner）则提出以区域经济大区为基础的城市体系来理解
中国史，这是一种"小中国"模式。[2] 1984 年，柯文（Paul A. Cohen）
提出"在中国发现历史"的号召，认为学者们应重视中国的内部差
异。[3] 而杜赞奇（Prasenjit Duara）则更进一步，提出以复线历史代替单
一主体的"民族史"叙事。[4] 这些学者的观点集中反映了美国学界"中
国研究"的区域转向。而更值得我们注意的是欧文·拉铁摩尔（Owen
Lattimore）的"内陆亚洲研究法"，[5] 这展现了与费正清模式相异的"边
疆中国"模式，其后的托马斯·巴菲尔德（Thomas Barfield）以及"新
清史"学派某种程度上都继承了拉铁摩尔的研究理路，将目光聚焦于中
国的"内亚性"上。不过"新清史"有误读拉铁摩尔的倾向，对其"过
渡地带"的核心思想基本上"视而不见"。可以说，以拉铁摩尔为代表
的"边疆中国"研究，体现的正是对于"边缘地带"的重新发现，也就
是中国史研究（中原王朝史研究）与中亚史研究（中国内陆边疆研究）
的合流。

第三，20 世纪 90 年代时，美国中亚史研究权威、号称"内亚大汗"
的丹尼斯·塞诺（Denis Sinor）提出了"中央欧亚"的概念。"中央欧
亚"囊括了南俄草原，突破了俄式东方主义构建的欧洲、亚洲分界，体
现了欧美学界对于内陆亚洲史的进一步认知。传统东方学中，"亚洲"
与"中亚"往往作为一个野蛮"他者"的形象出现，而"中央欧亚"概
念的提出，则是将欧洲的历史进程与内陆亚洲的发展相联系，体现了历
史时空的连续性。另一方面，"中央欧亚"地区是以游牧民族的力量为

1　费正清编《中国的世界秩序：传统中国的对外关系》，杜继东译，中国社会科学出版社，
　　2010。
2　施坚雅主编《中华帝国晚期的城市》，叶光庭等译，中华书局，2000。
3　柯文：《在中国发现历史：中国中心观在美国的兴起》，林同奇译，中华书局，1989。
4　杜赞奇：《从民族国家拯救历史：民族主义话语与中国现代史研究》，王宪明等译，社会科学
　　文献出版社，2003。
5　拉铁摩尔：《中国的亚洲内陆边疆》，唐晓峰译，江苏人民出版社，2008。

主导，这也在一定程度上恢复了游牧民族的历史主体性。

欧美学者在中国史研究、中亚史研究领域的一系列理论转向，深刻影响了中国、日本两国的学术界。布罗代尔的"整体史"与"长时段"理论、拉铁摩尔的"内陆亚洲研究法"以及塞诺的"中央欧亚"概念，对中、日两国学术界突破欧洲中心论、中原中心论、文明等级论以及线性社会形态论等壁垒有极大的参考与借鉴意义。就日本而言，早在二战前，松田寿男就对日本学界自白鸟库吉开始流行的"南北对立论"进行了反思与批判。他提出了"干燥亚洲论"，将整个亚洲划分为三个不同的"风土地带"进行研究，整合了中国史、中亚史与北亚史三个不同的研究领域。[1]"干燥亚洲"的历史以游牧民的历史为主体，要想理解"干燥亚洲"的历史，就必须重视其商业活动，而商业活动的根基则是绿洲，绿洲与商路交织，构成了欧亚大陆"点与线"的世界。[2]松田寿男"干燥亚洲论"破除了欧洲中心论的影响，注重游牧民、绿洲民与农耕民之间相互依存的关系，恢复了游牧民在欧亚大陆历史发展中的重要地位。此外，松田寿男提出了"天山半岛"的概念，重视绿洲与天山、草原之间的联系，这是其整体性区域研究视角的体现。需要注意的是，松田寿男提出的"中亚观"虽然避免了欧洲中心论的倾向，但是他通过重构中亚概念，也解构了中华的世界体系。

而二战后的日本学界则较多地吸收了丹尼斯·塞诺的思想。其中较为重要的学者就是杉山正明，他通过中央欧亚的视角来理解中国史，认为"在18世纪后半以后的清朝，……在'陆地世界'方面还是一个刚成年没多久的巨型帝国"，[3]将清朝纳入中央欧亚世界中进行研究与阐释。此外，杉山正明还继承了其前辈谷川道雄等的思想，将中国的隋唐王朝建构为"拓跋国家"，[4]视其为鲜卑人建立的北魏政权的延续。而森安孝

1　松田寿男：《古代天山历史地理学研究》，陈俊谋译，中央民族学院出版社，1987，第1~3页。

2　松田寿男：《丝绸之路纪行》，金晓宇译，河南大学出版社，2018，第11~13页。

3　杉山正明：《游牧民的世界史》，黄美蓉译，中华工商联合出版社，2014，第29页。

4　杉山正明：《游牧民的世界史》，第132~140页。

夫则在此基础上更进一步，通过全球史的视野，将"安史之乱"置于欧亚大陆的空间中去理解。通过与中亚、西亚地区的塞尔柱王朝、伽色尼王朝等政权的对比，森安孝夫认为安禄山与史思明建立的政权是"过早的征服王朝"。[1] 上述学者的研究思想，无不体现了日本学术界在中国史研究领域的中央欧亚转向。

从20世纪80年代起，中国学者开始采取区域视角对中亚进行研究。吴于廑提出了纠正性的"整体史观"，强调世界史上最重要的关系是游牧世界与农耕世界的关系，[2] 这与中亚史研究、中国史研究的区域转向不谋而合。1985年，西域史权威张广达吸收了布罗代尔、费弗尔等年鉴学派学者的"整体史"观点，将绿洲、沙漠、山脉对丝路东西文化交流的作用纳入欧亚交通史研究中，[3] 并在此基础上将中古"西域"称为"陆上地中海"。[4] 在《中亚文明史》第三卷中，张广达与苏联学者李特文斯基从整体史入手，呈现了3~8世纪中亚地区"城市－乡村－牧区"互动体系。[5] 中东史专家彭树智则提出"文明交往论"，指出游牧世界和农耕世界之间的交往特别频繁，交往主体随着地域的扩展而表现为种族、民族乃至社会、宗教共同体，而等级制、宗法制、伦理道德体系成为文明交往的社会、政治和精神中枢。[6] 2011年，潘志平也提出了中亚史作为跨区域研究的重要性，倡导在中亚地区进行"地中海式的区域史研究"。[7] 上述几位学者的研究理路，无一不受到布罗代尔"整体史"的影响，注重游牧、农耕、绿洲、雪域之间的社会交往与经济互动，展现了中亚地区的多元空间性，也局部恢复了中华的世界体系。

1　森安孝夫：《丝绸之路与唐帝国》，石晓军译，北京日报出版社，2020，第305~307页。
2　吴于廑：《世界历史上的游牧世界与农耕世界》，《云南社会科学》1983年第1期。
3　张广达：《古代欧亚的内陆交通——兼论山脉、沙漠、绿洲对东西文化交流的影响》，张广达编《西域史地丛稿初编》，上海古籍出版社，1995，第373页。
4　张广达：《文书、典籍与西域史地》，广西师范大学出版社，2008。
5　李特文斯基主编《中亚文明史》第3卷《文明的交会：公元250年至750年》，马小鹤译，中译出版社，2017，第470~471页。
6　彭树智：《世界历史：人类文明交往的新自觉时期》，《史学理论研究》2011年第2期。
7　潘志平：《区域史研究的考察——以中亚史为例》，《史学集刊》2011年第2期。

2003 年，民族学家谷苞先生在给《西北通史》写序时指出，不能将西北"边疆化"，西北不是文化落后、野蛮的地区，陇东一带是华夏文化诞生地，"嘉峪关外"的敦煌则是丝绸之路的文化中心。[1]鲁西奇也反思了"国家同质性的演进路径"，批评了两种单线化的历史叙述模式——一是以社会形态演进为核心线索的叙述与阐释体系；二是"汉化"的阐释模式。[2]两位学者的观点都指向了长期以来遮蔽西北地区多元空间性的线性社会形态论、中原中心观、文明等级论等因素。2013年，笔者提出要将区域史的眼光带入边疆史的研究中，通过"天山史"的研究模式，从区域史的路径还原天山的地方性，给予当地社会一种常态性的认识。[3]这也是通过"化边疆为中心"的方式来重新理解中国史。无论是中亚区域史研究的整体性视角，还是中国边疆史研究"化边疆为中心"的取向，都体现了中亚史研究的区域转向。这种新的研究范式重视中亚地区的"人地关系"，关注中亚地区游牧、农耕、绿洲三者之间的互动模式。通过这种区域研究模式，中亚地区的内在多元性与外在开放性得以体现出来。中亚研究的区域转向既整合了全球史、整体史、区域史等范式，也联通了中国史与世界史。笔者认为，中亚史具有中国史与世界史之间的重叠性，绿洲就是具体载体。

上述学者的研究理路证明，中亚史研究与中国史研究是不可分割的，中亚史是中国边疆史的外延。边疆是一个空间概念，大致可分为"外边疆"与"内边疆"，"内边疆"为已经被帝国治理并控制的地区，"外边疆"则是文化风俗等与"内边疆"相似的区域，帝国的权力无法在这些地区形成直接的统治，因而一般采取外交或者羁縻统治的方式，目的在于使"外边疆"地区的部族在政治上是倾向于帝国的。[4]总之，中亚曾经与中华的世界体系有着密切关联，中亚东部地区属于中国"内

---

1 谷苞：《关于西北历史文化的特点》，《兰州大学学报》2003 年第 3 期。

2 鲁西奇：《中国历史的空间结构》，广西师范大学出版社，2014，第 8~9 页。

3 黄达远：《区域史视角与边疆研究——以"天山史"为例》，《学术月刊》2013 年第 6 期。

4 拉铁摩尔：《中国的亚洲内陆边疆》，第 102 页。

边疆"的范畴，历史上的中原王朝曾多次设置机构进行管辖，现为中国的主权领土。中亚西部地区则属于中国"外边疆"的范畴，历史上也与中原王朝来往密切。中亚作为中国的"内边疆"与"外边疆"，体现了该区域的"中国性"以及中国的"世界性"的局部重叠。因此，应该将中亚史研究纳入"环中国史研究"的范畴。

1991 年中亚五国的独立开启了中亚历史的新纪元。中亚民族国家建构的过程可以追溯到苏联在中亚地区进行的民族识别工作。这一过程实际上也是"中亚"的历史空间急剧压缩、重组为"中亚五国"的政治空间的过程。正是这种急剧的压缩与重组，造成了中亚西部地区（域外中亚五国）与中亚东部地区（域内中国西北地区）历史空间的断裂。这种历史空间的断裂是塑造今日中亚社会诸多面貌的重要因素。而历史学家的工作则是辨别这种断裂性，思考它们彼此断裂的原因，并恢复其历史空间的连续性。这意味着学界应当跳出"中亚五国"的民族国家空间，回到"中亚"的历史空间之中来进行中亚史研究，以全球史、区域研究、整体史的视角来重新审视中亚地区。

需要注意的是，突破民族国家叙事框架，并不意味着完全放弃以民族国家为基本单位的历史学研究模式。国际关系史、军事史等研究领域必须遵循民族国家本位原则。但是，笔者想要强调的是一种全球视野与多样化的空间关联，这种视角"可以与历史学的所有门类结合起来"。[1]如 19 世纪中叶至 20 世纪初期的英、俄"大博弈"并不局限于中亚地区，而是在整个欧亚大陆上有广泛的战略冲突。"大博弈"牵涉到英、俄、中亚三汗国、阿富汗、印度、波斯、土耳其、中国（清朝）、日本等众多国家与地区。如果仅仅将其处理为"圣彼得堡—伦敦 / 加尔各答"的"点对点"联系，而不是置于欧亚大陆的广阔空间中进行讨论，则很难窥得历史全貌。

因此，中亚研究应当摆脱线性史观的影响，采取复线叙事的方

1　S. 康拉德:《全球史导论》，第 7 页。

式，形成更精细化的研究视角，以此来更好地阐释该区域的社会发展状况。

三　从东方学到区域研究：中亚史研究的社会科学路径

1840 年鸦片战争以来，中国的话语权不断丧失，由于西方文明的强势介入，中国被迫开始调整自身看待世界的视角。中国是一个海陆复合型国家，自身就有一套世界体系，是联通海洋与内陆的"枢纽"。但是，现在我们谈论中国史，往往忽视其内含的世界体系，同时西方变成了一个绝对"他者"的形象，东方与西方之二元对立，严重阻碍了我们对周边以及世界的认识。而中亚、南亚等地区与中国的联系则被遮蔽，变成了近乎不存在的区域。在古代，我们是站在西北望中亚，但是近代以来，我们的视角逐渐从内陆转移到海洋，曾经熟悉的土地反而变得陌生。中亚这一概念是一个富含文明等级性的僵化、封闭的概念，在当今的历史学、社会学的学科体系中往往处于"失语者"的地位，如今我们想要重新阐释中亚地区，必须建立起全新的社会科学体系来进行区域史研究。笔者认为应当注意以下三点。

（一）学术界应当重视对中亚知识体系建构的研究

传统东方学对于"中亚"的定义主要是从地理概念与文化概念进行考虑。在不同时代、不同学者的界定中，"中亚"所指代的范围也存在极大的差异。概而论之，有"广义中亚"与"狭义中亚"之分。[1] 如今，我们需要通过知识社会学等研究方法，发现东、西方对于中亚的认知观念与知识生产的过程及其联系，分析其背后隐藏的"权力－话语"体系，对东方学及其背后的东方主义话语体系进行反思。在中亚研究的知识体系建构方面，国外已有相当多的成果。如日本学者羽田正在《"伊

1　李琪：《"中亚"所指及其历史演变》，《新疆师范大学学报（哲学社会科学版）》2015 年第 3 期。

斯兰世界"概念的形成》一书中继承了爱德华·萨义德的"东方主义"
分析模式，揭示了"伊斯兰世界"概念建构的过程，指出欧洲所构建的
具有负面属性且依然保持前现代各种价值的"伊斯兰世界"。[1] 比利时学
者马蒂亚斯·默腾斯（Matthias Mertens）追溯了"丝绸之路"一词的生
产过程，粉碎了"李希霍芬提出丝绸之路概念"的传说，纠正了学术界
对于"丝绸之路与殖民主义相联系"的看法，指出了"丝绸之路"概念
的提出或许与西方学者早期的"世界主义"情结有关。[2]

　　相较于国外而言，国内学术界也取得了一定的成果。笔者曾经撰文
分析了沙俄对于鞑靼利亚、亚洲俄罗斯以及中亚概念的建构过程，揭示
了"中亚"概念背后所隐含的俄式东方主义与文明等级论（见本书第三
章）。袁剑的《寻找"世界岛"：近代中国中亚认知的生成与流变》一
书系统梳理了近代以来中国对于中亚认知的构建过程，并在此基础上对
近代中国的中亚认知流变进行整体性的分析与概括。[3] 而在考古学领域，
西北大学王建新教授及其团队长期从事中亚考古工作与研究，提出了
"贵霜并非月氏人所建立"的观点，有力挑战了东方学建构的中亚知识
体系。[4] 王建新在中亚考古的成果还质疑了西方学者有关吐火罗人与吐
火罗语的研究，体现了中国学者对于中亚知识体系中暗含的欧洲中心主
义与东方主义的反思与批判，构建了中国域外研究的话语体系。

　　通过上文列举的成果，不难看出，学术界对于传统中亚研究的反思
与超越已经取得了一定的成效，但依然有以下两个问题需要引起重视。

　　第一，我们在突破西方中亚知识体系建构模式的同时，必须要建
立起一套新的有关中亚的认知体系，而这一点目前做得还远远不够。施
展在《历史哲学视域下的西域—中亚》一文中，运用欧文·拉铁摩尔的

1　羽田正：《"伊斯兰世界"概念的形成》，刘丽娇、朱莉丽译，朱莉丽校，上海古籍出版社，
　　2012。
2　Matthias Mertens, "Did Richthofen Really Coin 'The Silk Road'?" *The Silk Road*, 2019, p.17.
3　袁剑：《寻找"世界岛"：近代中国中亚认知的生成与流变》，社会科学文献出版社，2020。
4　唐云鹏、王建新：《乌兹别克斯坦苏尔汉河流域考古工作的主要收获——月氏与贵霜文化的考
　　古学观察》，《西北大学学报（哲学社会科学版）》2021 年第 3 期。

"中国内陆边疆"研究理论，在历史哲学层面构建起一套对于中亚的解释体系，解释了中亚内部游牧社会与绿洲社会相互依存的历史循环性规律，揭示了中亚地区作为"自由通道"的特性。[1]

第二，文献学的溯源工作具有较高的难度。知识的生产过程总是伴随浩如烟海的文献积累，想要弄清楚西方话语体系建构的过程，就必须追溯其相应的知识系谱，并在其中找到关键性的文献，工程量十分浩大。随着 Google Ngram 等数字人文技术的发展，文献材料的检索与获取将变得越来越便利，文献学溯源工作的难度将得到一定程度的缓解。

（二）历史学研究需要具备全球史视野

在当今全球史范式兴起的学术背景下，传统的历史学研究（"东方学"）也在悄然转型。全球史范式中的"世界体系"视角被不断运用到东方学研究之中。中亚作为一个东方学建构的概念，本身具有一定的封闭性与特殊性，而全球史范式的介入，使东方学家们可以用丝路学、中西交通史的研究方式来打破中亚与其周边区域间的壁垒，使中亚自身的世界性得以被释放出来。近四十年，学术界越来越多地进行"将中亚的东方学研究与全球史范式相结合"的尝试。魏义天（E.de La Vaissière）《粟特商人史》通过对粟特商人以及粟特商业网络的研究，揭示了粟特商业网络发展所必备的几个要素（区域差异、聚落、商人集团、游牧帝国），展现了欧亚大陆的多元互动体系。[2] 粟特商业网络作为一种区域世界体系，并非欧亚大陆唯一的互动模式，而它自身更不是孤立存在的，它与其他的区域世界体系相互勾连，塑造了欧亚大陆的多元复合型空间结构。不同区域世界体系的连接、碰撞有利于各区域的互动与交流，这充分体现了欧亚大陆的空间连续性与历史连续性。《粟特商人史》是一部东方学著作，但魏义天凭借自己

1　施展:《历史哲学视域下的西域—中亚》,《俄罗斯研究》2017 年第 2 期。

2　魏义天:《粟特商人史》, 王睿译, 广西师范大学出版社, 2012。

扎实的东方学基础和全球史视野，为我们呈现了不同时期粟特商业网络的全貌。

　　日本学者妹尾达彦在其著作《隋唐长安与东亚比较都城史》中指出，隋唐长安城的建设与东亚都城时代的产生，是多元历史空间互构的结果。公元 3~5 世纪游牧民族的入侵，使欧亚大陆的古典文明普遍衰落，多元文化的互动，塑造了隋唐王朝普遍主义的文化体系，这最终体现在它们的都城营造结构中。以此为契机，东亚都城时代诞生。[1] 妹尾达彦成功将中亚地区纳入以中原长安为中心的"都城体系"之中，体现了古代东亚地区与中亚地区"你中有我、我中有你"的大陆历史共同体模式。相较国外学者而言，国内学者在这方面也取得了一定的成果。李叶宏《唐朝域外朝贡制度研究》一书就将"环中国地区"纳入唐朝的朝贡体系之中进行历史叙述，体现了其全球史视野。[2] 但是总体而言，学术界对于全球史视野的运用尚在摸索阶段，相当多的情况下，全球史视野只是作为一个背景被提及，而没有真正融入传统东方学的叙事体系之中。李鸿宾教授指出，丝绸之路历史理解和阐释模式"无非就是以通道的方式联结两端或中间的若干点域，但本质上仍旧是各个国家和地区自身历史的发展演变"。[3] 换言之，现阶段丝绸之路史研究的基础依然是民族国家叙事的框架。此外，很少有著作能够解释清楚欧亚大陆各"区域世界体系"之间的关联，最终呈现的中亚史图景仍是若干相互独立的区域网络，彼此之间并没有太密切的关系，无法反映欧亚大陆历史上的多元复合型历史空间结构。

（三）中亚史领域需要开展整体性区域研究

　　在中亚史的区域研究方面，必然要吸收美国学者欧文·拉铁摩尔与

1　妹尾达彦：《隋唐长安与东亚比较都城史》，高兵兵、郭雪妮、黄海静译，西北大学出版社，2019。

2　李叶宏：《唐朝域外朝贡制度研究》，中国社会科学出版社，2021。

3　李鸿宾：《从全球史语境看唐史研究新范式出现的可能性》，《陕西师范大学学报（哲学社会科学版）》2018 年第 3 期。

法国学者费尔南·布罗代尔的思想。整体性区域研究，就是要重视中亚地区内部各区域间的联系，重视游牧、农耕、绿洲、山地、雪域之间的互动体系。拉铁摩尔、松田寿男有关中亚绿洲的研究成果可以为国内学界所借鉴。

　　日本学者羽田亨在《西域文明史概论》一书中指出，以帕米尔高原为中心，西域可以被划分为三个区域进行文明史论述。[1] 这展示了中亚地区内部的多元空间性及其与周边区域的联系性。中亚区域史研究的集大成者是联合国教科文组织召集全球知名学者编写的六卷本《中亚文明史》，这套书从区域史研究、文明史研究的视角出发，反思了文明等级论与欧洲中心主义，力图勾勒出中亚文明的全貌。此外，美国学者韩森（Valerie Hansen）在其著作《丝绸之路新史》中强调对于绿洲商人等最普通人群的日常生活的叙述，通过对这些"琐屑小事"的研究，整个丝绸之路的历史变得充满生机。[2] 韩森的著作对于国内中亚研究具有很大的启发。中亚历史的主角是生活在这片土地上的人，是绿洲民、山民、游牧民、农耕民、渔猎民等，在进行区域研究时，尤其要注意这些人群的流动以及他们相互联系的日常生活。我们在研究中亚地区时，也要关注当地人群的多元互动，既要注意"王侯将相"的事迹，也不能忽视"普罗大众"的生活。区域的主体是人，切忌"只看土地，不见居民"。此外，韩森也熟练地运用了大量的东方学成果，运用全新的视角对旧有材料进行解读，体现了其深厚的学术功力。

　　近十年国内学界也开始注重中亚地区的整体性区域研究。罗新从中央欧亚内部的文化传统出发，指出中国历代中原王朝内部都有一定程度的内亚性，揭示了游牧区与农耕区之间相互影响的共生关系。[3] 黄达远、李如东主编的《区域视野下的中亚研究：范式与转向》一书则强调了从东向（中国）与西向（俄罗斯）两个层面来理解中亚知识建

1　羽田亨：《西域文明史概论（外一种）》，耿世民译，中华书局，2005，第79页。
2　芮乐伟·韩森：《丝绸之路新史》，张湛译，北京联合出版公司，2015。
3　罗新：《黑毡上的北魏皇帝》，海豚出版社，2014。

构的过程。[1] 李如东的《试论区域关系史视域下的"西域"》一文在部分反思"西方中心观"和"中原中心观"论述的基础上展现"西域"多文明互动的历史面相。[2] 袁剑指出，国内学界需要整合历史学、考古学、社会学、人类学等学科资源，形成具有整体性特征的、中国的"中亚人类学 +"研究路径与分析框架。[3]

欧美学界的区域研究继承了其东方学的传统，而中国并无东方学成果的积累，因而在区域研究上有着先天的劣势，其研究基础尚显不足。这需要我们对欧美学界的知识、话语体系进行系统的梳理，做好学术史整理的工作。如今我们要对中亚地区重新进行阐释，必须要超越西方殖民主义、东方主义话语体系，同时不能盲目回到中国传统的"天下秩序"中（参见本书第三章），只有在充分地批判吸收欧美东方学成果的基础上逐步推进中亚地区的区域研究。

四　中国学界对中亚史区域研究的推进：关注域内、域外之间的互动性和关联性

中亚史研究与中国史研究具有密切的联系，国内以往的中亚史研究更多地偏向于中亚东部地区（域内研究），而对帕米尔以西的区域没有形成足够的重视。如今我们的学术重心转向中亚西部地区（域外研究）的同时，不能忽视域内与域外之间的关联性，这也就需要超越单一的中原中心论或者草原中心论。同时也要重视葛兆光等指出的，关于中国的自我认识，不仅要走出"以中国为天下中心自我想象"的时代，也要走出"仅仅依靠西方一面镜子来观看中国"的时代，学会从周边各种

1　黄达远、李如东主编《区域视野下的中亚研究：范式与转向》，社会科学文献出版社，2020。
2　李如东：《试论区域关系史视域下的"西域"》，《新疆师范大学学报（哲学社会科学版）》2014年第6期。
3　袁剑：《固化与流动——中亚民族学与人类学研究的背景、演变与范式转型》，《西北民族研究》2019年第4期。

不同文化体的立场和视角看中国，在这些不同的多面的镜子中，重新思考中国。[1] 将不同区域之间的异质性社会连续体置于一个区域空间中予以观察，也就是采用了某种特定的空间整合了"域内与域外"来观察中国，从中可以看到中国史、外国史与中亚史之间的某种重合性。刘志伟指出，所谓"区域"，真正的意义是一个超越国家的视域。一个所谓的"区域"，可以是国家里面的一部分，也可以是跨越国家的空间范围。在国家里面的这一部分，可以局限在国家这个整体中看，但刘志伟更主张超越国家的视野。这样，所谓"区域"虽然包含了"局部"的意思，但更具有整体的意义。因此，所谓区域研究，在以国家内部的一个地方作为研究对象的同时，更应该把这个地方放到宏大的超越国家的视野里去认识。[2]

区域研究要重视域内、域外之间的关联，就是要充分认知连接性区域（如七河流域、河西走廊、帕米尔地区、兴都库什山地区、里海地区等）的作用。这些连接性区域往往是"过渡地带"。七河流域是连接天山北麓草原绿洲与锡尔河北岸草原地带的农牧交错带。河西走廊起着"沟通东西、联动南北"的作用，是位于蒙古高原、中原农耕区、藏区、西域之间的枢纽地带。帕米尔地区是中亚东、西部地区的分界线。兴都库什山地区是中亚与南亚次大陆的交界地带。里海地区连接了锡尔河北岸草原地带与黑海北岸森林、草原地带。以上各区域都具有连接不同国家、地区、文明的"中介"作用，是中亚地区与外部各轴心文明交往、交流的重要通道，因而需要相关研究者们予以重视。通过中亚区域研究，我们就可以走出只是在王朝历史和外国史范畴中去理解"中国"和"民族"的框架，跳出单线化的基层社会和王朝国家关系的思路眼光，或者将"中亚史"简化为外国史、异域史的处理方法。这些传统的处理方式将中国周

1　葛兆光、郑克孟等：《〈越南汉文燕行文献集成〉出版》，《中华读书报》2010 年 6 月 9 日。
2　刘志伟、任建敏：《区域史研究的旨趣与路径——刘志伟教授访谈录》，《区域史研究》总第 1 辑，社会科学文献出版社，2019。

边地区视为与中国史毫无瓜葛的历史过程，区域研究"反而更重视大家头脑里面形成的不同的国家想象，或对国家建构的一种结构性的观念，从而把我们的思路、关怀更多地引向近代国家实现的路径或者相应的机制上"。[1]

中国史学的一个近代变化，就是这种区域研究视野的纳入。陈寅恪先生在《唐代政治史述论稿》之《外族盛衰之连环性及外患与内政之关系》这一名篇中指出：

> 所谓外族盛衰之连环性者，即某甲外族不独与唐室统治之中国接触，同时亦与其他之外族有关，其他外族之崛起或强大可致某甲外族之灭亡或衰弱，其间相互之因果虽不易详确分析，而唐室统治之中国遂受其兴亡强弱之影响，及利用其机缘，或坐承其弊害。故观察唐代中国与某甲外族之关系，其范围不可限于某甲外族，必通览诸外族相互之关系，然后三百年间中国与四夷更迭盛衰之故始得明了，时当唐室对外之措施亦可略知其意。盖中国与其所接触诸外族之盛衰兴废，常为多数外族间之连环性，而非中国与某甲外族间之单独性也。[2]

陈寅恪先生的这一论断在唐朝、回鹘、吐蕃、大食（阿拉伯帝国）以及粟特人之间的关系上体现得尤为明显。安史之乱（755~763）以后，唐朝在中亚地区的势力逐渐消退。索格狄亚那地区的粟特人被纳入阿拉伯帝国的穆斯林体系之中。在东部欧亚地区，唐朝的外交政策转变为利用新兴的回纥汗国与青藏高原的吐蕃之间的冲突，来避免中原地区以及长安城被侵扰。中原地区兴起的排胡风潮以及吐蕃人对安西四镇的入侵，使东部欧亚地区的粟特商业网络遭受了巨大的损失，粟特人转

1　刘志伟：《在区域史研究中认识国家历史》，《江西师范大学学报》2022 年第 1 期。
2　陈寅恪：《唐代政治史述论稿》，上海古籍出版社，1982，第 182 页。

而寻求与回鹘汗国进行合作。在这种背景下，回鹘人皈依了摩尼教，从而使粟特人得以进入回鹘人的统治阶层，而粟特文化也对回鹘文化产生了巨大的影响。这一时期的粟特人与摩尼教关系密切，以至于摩尼教有时候被视为粟特人的官方宗教，只有信仰摩尼教的粟特人才能够得到回鹘汗国的保护。直到公元840年回鹘势力衰退以后，中原地区才再度掀起排胡浪潮，这深刻地影响了唐代以后汉族文化及其族群认同的形成与发展。

2015年联合国教科文组织批准的"丝绸之路：长安—天山廊道路网"的申遗文本，就运用了年鉴学派的研究思路，重视沿线地区人民的日常生活，体现了域内、域外的相互关联。[1]此外，就国际学术界而言，从2013年到2018年，超过350名研究人员、专家在国际山地综合发展中心（ICIMOD）的协调下，同兴都库什喜马拉雅监测和评价委员会（HIMAP）合作，全面研究了兴都库什—喜马拉雅山区（HKH）的生态系统和人口。总干事大卫·莫顿（David Molden）指出，该研究旨在"汇集研究人员、政策制定者和公众，以更好地管理兴都库什—喜马拉雅山区，使人们能在一个健康的山区环境中享受更好的福祉，这是发展过程中的一个重要里程碑"。[2]相较于国外区域研究，国内学术界在域外地区兴都库什山地区、里海地区、七河流域以及帕米尔地区的研究还基本停留在地方文书、遗址等"物"的层面，很少讨论人地关系与国家议题。近期学界在"河西走廊研究"中则应用了陈寅恪的"外族盛衰连环性"理论，"跳出走廊看走廊"以及"从走廊看中国"，在东至长安、西至地中海的游牧、农耕、雪域、绿洲互动的宏大场景中展现了河西走廊介于农牧"过渡地带"的特征，是为区域研究视角的一次成功尝试。从

---

1 "长安—天山廊道路网"，是指"丝绸之路"东段由一系列具有代表性、独特性的遗址点串联而成，并具备突出普遍价值的跨国系列文化遗产，属文化线路。见中国建筑设计研究院建筑历史研究所《丝绸之路：长安—天山廊道路网》，《中国文物报》2014年6月25日，第3版。
2 Philippus Wester et al., eds., *The Hindu Kush Himalaya Assessment:Mountains,Climate Change, Sustainability and People*, retrieved 2019, http:// creativecommons.org/ licenses/by/4.0/.

河西走廊体现的这种中国史与世界史的重合性中，我们理解了中国与世界从未断裂为中国史和外国史，中国史从来就不自外于世界史，世界史离开中国史，也将不成为世界史。[1] 同时，域外文明进入帕米尔以东地区的时候就具有了某种"中国化"的进程，而以敦煌的体现最为集中。上述成果都是域内、域外相互联系的区域研究案例，通过相关研究，可以恢复中国与域外地区的社会空间、文化空间等层面的多维关系，以便我们理解二者的历史与现实关联，从而更好地为"一带一路"倡议服务。

小 结

鲁西奇指出，"从世界历史的角度观察中国历史，以及从中国历史出发去看待世界历史，均建基于中国历史乃是世界历史之一部分的认知之上"。[2] 而连接中国史与世界史的一个重要研究领域就是中亚史。历史上的中亚地区与中国有着千丝万缕的联系，中亚史研究与中国史研究之间的联系是无法完全割裂的。正如王治来指出，中亚史首先是中国北方民族史，兴起于蒙古高原的突厥、回鹘、蒙古等游牧政权都对中亚地区施加了广泛而深远的影响。其次，中亚史也是中国边疆史的一部分，中亚东部地区是中国的"内边疆"，而中亚西部地区则是中国的"外边疆"，如果我们不能理解中亚，我们就无法理解自己。再次，中亚史也是中外关系史，历史上的西域与中原王朝存在着长期的经济、文化往来，理解中亚史，就是在理解中国内含的世界性。此外，若站在欧亚大陆的时空中来看，中亚地区又是整个欧亚大陆的"十字路口"，它作为自由通道连接着各轴心文明。王治来从中国与世界两个层面来看，中亚

---

1 黄达远、王彦龙、蔺海鲲主编《从河西走廊看中国：中华民族共同体意识形成的区域经验》，社会科学文献出版社，2018。
2 鲁西奇：《中国历史学的空间取向》，《社会科学战线》2021年第8期，第88页。

史"一半是中国史，一半是外国史"。[1]中亚"断裂"为两半的过程值得
反思，其实一部中亚史与中国史、世界史必有一定的重叠空间，而这种
重叠性的历史时空只有在区域研究或整体史研究的框架下才能呈现出
来，同时也能发现中亚史的一个重要特征就是游牧、绿洲、农耕、雪域
等社会多元互动共生。

　　在当今学术大环境下，为了更好地响应"一带一路"倡议，我们
需要超越传统中亚史研究范式，发现中亚各个地区的"过渡特征"，
从社会科学层面对中亚进行解释，回应西方学界的挑战。这要求我们
熟悉、理解西方的知识话语体系，对其进行批判性的吸收并与之对
话。中亚是世界的中亚，而不是孤立的中亚，历史上的中亚与中国也
有密切的关系。从社会科学意义上研究中亚，就是随着区域研究以及
全球史范式的兴起，世界各地区的交流史越来越受到学界重视，各个
文明不再是散落在各处的孤舟，而是一个相互联系的整体。作为欧
亚大陆"自由通道"的中亚，其在世界历史上"联通东西、衔接南
北"的中枢和文明中心的作用更应受到重视。当然，笔者并不认为传
统的少数民族语言文献和域外文献的解读不重要，这些材料的解读恰
恰是历史研究的基础和根本；而笔者更想讨论的是，文献解读与社会
发展之间不能脱节，需要有更为明确的社会科学问题意识，也需要田
野调查和社会史研究，方能回答目前国际关切的"何为中国"的知识
问题。

　　中亚社会是在游牧社会、绿洲社会、雪域高原社会与农耕社会的碰
撞与交流、交往中形成的，随着近代俄国力量的介入，中亚传统社会受
到现代化力量的挑战，沙皇俄国和苏联对绿洲与游牧社会的现代化、民
族化的塑造成为中亚研究的核心问题。这需要我们还原"中亚"本来的
社会面貌。因此，我们要把亚洲、鞑靼利亚、文明等级论这些在东方主

1　王治来:《论开展中亚史教学和研究的必要》,《湖南师院学报（哲学社会科学版）》1984 年第
　　4 期。

义模式下构建起来的概念以及理论体系全部梳理清楚，打破意识形态的束缚，超越欧洲中心论、中原中心论、线性社会形态论的壁垒，用区域研究、全球史、整体史范式把中亚地区的绿洲、游牧与农耕社会连接起来，并与中国史之间形成有效衔接，积极寻找其在"廊、道、路、网"中的共性，由此在"一带一路"倡议中形成中国与周边中亚国家的命运共同体、区域共同体。

第二章 文明论视野下的"俄国·中亚"空间建构及其对晚清中国的影响[*]

对于俄罗斯在中亚的扩张，以往国内学界大多聚焦于地缘政治和殖民主义。不过，2006 年出版的三卷本《剑桥俄国史》[1]和英国学者奥兰多·费吉斯写作的《娜塔莎之舞：俄罗斯文化史》[2]等，开始引入"文明论"视角进行研究，也代表了俄国史研究的文化

---

[*] 本章与孔令昊合作。

[1] Maureen Perrie, ed., *The Cambridge History of Russia*, Volume Ⅰ , *From Early Russia to 1689*, Cambridge: Cambridge University Press, 2006; Dominc Lieven, ed., *The Cambridge History of Russia*, Volume Ⅱ , *Imperial Russia, 1689-1917*, Cambridge: Cambridge University Press, 2006; Ronald Grigor Sunny, ed., *The Cambridge History of Russia*, Volume Ⅲ , *20th Century*, Cambridge: Cambridge University Press, 2006.

[2] 奥兰多·费吉斯:《娜塔莎之舞：俄罗斯文化史》，郭丹杰、曾小楚译，四川人民出版社，2018。

史转向。[1] "文明论"无疑是对传统地缘政治视角的一种有益补充。卡罗琳·汉弗莱就曾写到，早在 19 世纪中期，甚至更早，"俄国人就被认为肩负着一种'天命'（manifest destiny），即驯服西伯利亚的大自然并推动东方停滞不前的亚洲社会文明化"。[2] 这从一个新的知识视角发掘了 19 世纪到 20 世纪初、十月革命前俄罗斯帝国殖民者的意识形态是如何通过"文明等级"来建立"殖民空间"以瓦解中国主权的。这曾经对中国现代国家的建构造成巨大损害。

一　去"鞑靼化"与欧洲化：文明论视角下的俄国国家建构

俄国历史学家瓦西里·克柳切夫斯基曾写道："从 8 世纪大约持续到 17 世纪，俄罗斯人与草原地带的游牧民族、博罗维茨人以及噩梦般的鞑靼人的斗争在俄罗斯民族的记忆中留下了非常深刻的印记，正如他们的叙事诗里描绘的那样，这是一段极其痛苦的历史记忆。"[3] 尽管彼得大帝改革使俄罗斯的文明疆域得以真正扩展，文明性质得到根本改造，不过，摆脱蒙古人统治以来，俄国在东、西、南三个方向的加剧扩张，形成地跨欧亚的、庞大的、多民族的殖民帝国——高加索、中亚、西伯利亚和远东等异质性区域——也使俄国的地缘政治形势变得极为复杂。斯拉夫民族性、拜占庭－东正教信仰、鞑靼影响和彼得大帝西化改革，始终没有化合成有机整体，而是形成了复杂的俄罗斯形象。[4] 这种空间

1　参见《讲座：娜塔莎之舞：俄国史的核心意象与研究转向》，澎湃新闻，2020 年 8 月 29 日，https://view.inews.qq.com/a/20200829A07AG800。该文整理自张建华教授的讲座《从娜塔莎之舞说起——俄国史研究已经转向和如何转向》，该讲座系华东师范大学历史学系、华东师范大学全球思想史研究中心主办的"全球思想史 2020 年暑期系列讲座"第七讲。

2　卡罗琳·汉弗莱：《"俄国"观念及其与中国边疆地区的关系》，袁剑、刘玺鸿译，邢广程主编《中国边疆学》第 7 辑，社会科学文献出版社，2018，第 23 页。

3　土肥恒之：《俄罗斯：罗曼诺夫王朝的大地》，李文明译，北京日报出版社，2020，第 298~299 页。

4　参见施展《欧亚？帝国？欧亚合众国！——"非西方国家的现代叙事：俄罗斯"包头会议发凡》，高全喜主编《大观》第 3 期，法律出版社，2010，第 148~153 页。

扩张性在某种程度上抵消了时间性累积效应。叶卡捷琳娜大帝曾把俄国比作欧洲学校里的一名好学生，因为俄国主要就是通过模仿欧洲国家来努力实现"欧洲化"的。不过，俄国缺乏与欧洲殖民国家共同的地域结构——以大洋水体为物理分界的非洲、美洲、亚洲的海外殖民地。俄国的欧洲领土与大陆殖民地毗连这一事实，导致了地域结构差异，带来了"失序"，彼得大帝直到去世前都没有解决这个问题。

1725 年，彼得一世时期的重臣瓦西里·塔季耶夫提出的方案得到了官方支持。他提议将帝国的领土沿着乌拉尔山分为亚洲部分和欧洲部分，这一分界是利用西欧殖民帝国模式这一基础来提供一张"新"的俄国地图。平缓的山脉在感知上有效地取代了海洋在分界时的地位，通过领土和文明之间的关系对比，它们仿佛位于地球的两端。以乌拉尔山为界，其自然地理、气候、动植物、社会组织被人为地划分为欧洲与亚洲两部分。这样，俄国就与西欧殖民国家共同分担了将全球落后地区文明化的"责任"。而"天命"就是文明使命，将其与国家建构联系在一起，使俄国形成了特殊的欧洲化过程。[1] "最初的'文明论'，乃是近代西方人对于世界各地不同风土人情所划定的一套等级秩序，有分为野蛮（savage）、蒙昧（barbarian）、半开化（half-civilized）、启蒙（enlightened）、文明（civilized）五个等级的，也有分为三个等级的（野蛮、蒙昧、文明），还有分成四个等级的（野蛮、蒙昧、半开化、文明）。但无论是三级、四级，还是五级，这套等级秩序其实既有着空间上的内涵，也潜藏着时间上的指向，在对于不同地区和人民进行贴标签式的定义的同时，也暗藏着对这些地区当前处境和未来走向的限定。"[2] 在这种情况下，首先需要厘清欧亚大陆上"文明人"和"野蛮人"的等级分类，从而明晰亚洲与"鞑靼"的关系。

在 13 世纪，欧洲人以"鞑靼人"来称呼分布于西亚、中亚和北

1　Dominic Lieven, ed., *The Cambridge History of Russia*, Volume Ⅱ, *Imperial Russia, 1689–1917*, p.49.

2　王鸿：《全球史、文明等级论与中国近现代史》，《中华读书报》2017 年 1 月 25 日，第 10 版。

亚的许多游牧部族。"Tar-tar 原是古代一些游牧民族的部落名称，Tartarus 则是希腊神话中的幽冥地府塔尔塔罗斯。13 世纪中叶当蒙古人兵临欧洲之时，英国本笃会士编年史家马修·帕瑞斯（Matthew Paris）怀着恐惧与憎恨之情创造性地把这两个词联系在一起，称这些蒙古人是'撒旦麾下令人厌恶的民族，像来自塔尔塔罗斯的恶鬼一样不断涌现，所以他们该被称为鞑靼人（Tartars）'。从此'鞑靼人'成为欧亚大陆草原地区各游牧民族的通称。……于是在随后几个世纪的地理学想象中，鞑靼地区都扮演着一个重要角色——代表着威胁文明世界的蒙昧主义的温床。"[1] "鞑靼"、"亚细亚"或"东方"、"伊斯兰"、"亚洲"，成了与"欧洲"——进步的、世俗的、文明的、正面的——相对立的概念。

15 世纪晚期，"欧洲理念仍然主要是地理的表达方式，附属于西方主流认同体系的基督教世界。等同于'西方'的欧洲理念，是在'大航海时代'的海外征服中，才开始巩固起来的。……君士坦丁堡于 1453年陷落于土耳其人之手，1492 年后西欧列强的殖民地扩张，作为这两件事的结果，欧洲理念与被视为特定的欧洲价值体系连接起来了，……欧洲不再仅仅指涉地理区域，还包括'文明的'价值体系"。所以，随着大航海时代的到来，"每次当欧洲受挫于穆斯林东方时，新世界的获得便大大增强了一种欧洲优越感"。[2] 这种由欧洲"文明的"价值体系而来的情绪，也刺激着人们重新定义欧亚地理分界的欲望："1566 年时，佛罗伦萨史学家出版了第一本以当代语言写成的《欧洲史》。欧洲在时间与空间中，都被定义为一个整体。这让制图学的发展成为可能。地图与书籍的到来使得欧洲有了一个明确的、可见的格局：欧洲大陆终于问世了。"[3] 而后，随着这种逐渐明晰的欧洲优越感，在欧亚大陆的划分过

1　吴莉苇：《欧洲人等级制世界地理观下的中国——兼论地图的思想史意义》，《中国社会科学》2007 年第 2 期，第 197 页。

2　杰拉德·德朗提：《发明欧洲》，陈子瑜译，浙江大学出版社，2020，第 37~38 页。

3　杰拉德·德朗提：《发明欧洲》，第 54~55 页。

程中，一些被欧洲认为是相对落后的地区被划为"东方"：

> 18 世纪的地图将高加索划归东方穆斯林地区，尽管从地理上来看它属于南方，而历史上它也是属于基督教西方。高加索地区的格鲁吉亚和亚美尼亚所蕴含的基督教文明能够追溯到 4 世纪，比俄国皈依基督教要早 500 年。它们是欧洲最早信奉基督教的国家——甚至比君士坦丁大帝皈依基督教以及拜占庭帝国的建立都要早。[1]

可见，欧洲和亚洲的地理分界，许多时候是基于基督教西方的"文明欧洲"理念，并伴随新世界的产生而被重新定义。

到了 17 世纪末，欧洲学者已经开始将"文明欧洲"与"野蛮亚洲"互为参照，古代宇宙志学者以"西徐亚"来称呼里海北边、多瑙河西边及奥克苏斯河东边的地带，那里被视为这段历史的源头。意大利传教士卫匡国（Martino Martini）曾经在中国的东南地区生活，并经历了明亡清兴的历史，1654 年，他在《鞑靼战纪》中写道：

> 亚洲是很多民族的发源地。鞑靼是最古老的民族，四千多年来一直是中华帝国的敌人……
>
> 我所称为"鞑靼"的民族居住在北方，在长城的后面。长城自东向西延伸三百多德国里格，它是防止鞑靼攻入中国的堡垒。
>
> 由于中国语言中没有取"R"这个音，所以鞑靼（Tartar）自古被中国人叫做"达靼"（Ta Ta）。在这个名称下，有我们欧洲人至今不知道的东鞑靼以及西鞑靼；撒马尔汗、蒙古、女真、奴尔干。其地域从"小鞑靼"（Lesser Tartary）和喀什噶尔王国东至日本海，到这里被连通美洲奥维奥拉（Oviora）的阿尼安（Anian）

---

1 奥兰多·费吉斯：《娜塔莎之舞：俄罗斯文化史》，第 443 页。

海峡所隔断。[1]

　　这份报告指出了以长城为界的鞑靼与中国内地的紧张关系，"西鞑靼"主要是指征服亚洲的蒙古人。聂仲迁（Adrien Greslon）是清初来华的法国耶稣会传教士，在华传教四十年。1671 年，他的《鞑靼统治下的中国历史》（*Histoire de la chine sous la domination des Tartares*）一书出版，其中描述了清初"钦天监历狱"前后中国的教务情况、政体结构以及社会风俗民情，记录了 1651~1669 年中国发生的事件。文中的"'鞑靼利亚'（拉丁语 Tartaria）是中世纪至 20 世纪初欧洲人对于中亚的里海至东北亚鞑靼海峡一带的称呼，尤指蒙古帝国没落后泛突厥人和蒙古人等游牧民族散居的区域，在当时的语境下包括中亚诸汗国、天山南北麓、蒙古诸部、满洲等，因此，'鞑靼利亚'是欧洲传教士、探险家等常用的地理用词"。[2]"鞑靼利亚"反映了欧洲传教士在基督教视野下的文明等级化的地理观念。

　　同样是在 17 世纪末，参加过《尼布楚条约》谈判的法国传教士张诚（Jean-François Gerbillon）描述了"大鞑靼"的地理范围，指的是"亚洲位于日本北部的东洋、冰海（Frozen sea）、俄罗斯、里海、波斯、蒙兀儿（Mogol）、孟加拉附近的阿拉干（Arracan）王国、阿瓦（Ava）王国、中华帝国，与高丽王国之间的整个地区。所以大鞑靼西部以俄罗斯、里海和波斯的一隅为界；南部仍以波斯的那一部分、蒙兀儿、阿拉干和阿瓦两个王国、中国和高丽为界；东部以东洋为界；北部则以冰海为界"。[3]"大鞑靼"主要包括了欧洲以外的以长城分界的亚洲游牧地区，大部区域都在当时的俄国和清朝的管辖下。在欧洲传教士的眼里，俄国

1　卫匡国：《鞑靼战纪》，戴寅译，杜文凯编《清代西人见闻录》，中国人民大学出版社，1985，第 2 页。

2　张丹彤："译序"，聂仲迁：《鞑靼人统治下的中国历史》，暨南大学澳门研究院、澳门文化公所，2020，第 6 页。这里的泛突厥人指的是使用突厥语的游牧人群。

3　张诚：《对大鞑靼的历史考察概述》，陈增辉译，杜文凯编《清代西人见闻录》，第 86 页。

与鞑靼的界限并不清晰，两者均属于"大鞑靼"的组成部分。与张诚共同参加过《尼布楚条约》谈判的葡萄牙传教士徐日升（Thomas Pereira）进一步在"大鞑靼"之内分了四种民族：满洲人属于"东鞑靼"；"西鞑靼"则包括卡尔梅克人、厄鲁特人、喀尔喀人和就称为"蒙古人"的那些人；"回教鞑靼人"自西至东从波斯和里海一直分布到厄鲁特地区，在南面差不多一直到中国长城；第四种是莫斯科人统治下的民族。[1]至少在17世纪末期，已经有了莫斯科鞑靼的记录。

相较于17、18世纪欧洲传教士对"鞑靼"记载的语焉不详和混乱，19世纪初，德语世界最大的百科全书《布罗克豪斯百科全书》的前身《布罗克豪斯会话词典》（Brockhaus Conversations-Lexikon）第一版第六卷（1809）的记载就明确得多，对"鞑靼之地"（Die Tartarei）进行了明确的地理划分：小鞑靼即欧洲鞑靼，大鞑靼即亚洲鞑靼。前者东、北接俄罗斯，西邻沃里尼亚（Volhynia），南濒黑海，包括克里米亚鞑靼和诺盖鞑靼（Nagaische Tartarei）；而大鞑靼或亚洲鞑靼则位于亚洲境内，包括三大空间：其一为所谓鞑靼本部，居于鞑靼之地的西半部直至黑海沿岸；其二为卡尔梅克，在鞑靼之地内居中位置；其三为蒙古，居于鞑靼之地的东部直至东大洋沿岸。[2]《布罗克豪斯会话词典》将"鞑靼之地"分成了鞑靼本部、卡尔梅克和蒙古地区。

需要指出的是，《布罗克豪斯会话词典》在"鞑靼"（Die Tartarn/Tatarn）词条中直接采用的描述带有一定的蔑视性：这一粗暴的族群分布于中亚、北亚和俄国的欧洲部分，古时有斯基泰之称，可分为欧洲鞑靼和亚洲鞑靼两部。其中后者为由七位王公领导的七个部落，他们的勇武造成了巨大的恐惧，并于12世纪在铁木真（Temukin）领导下，从一直统治他们的斯基泰国王王罕（Umham）麾下分离。铁木真以成吉

1　约瑟夫·塞比斯：《耶稣会士徐日升关于中俄尼布楚谈判的日记》，王立人译，商务印书馆，1973，第219页。

2　Brockhaus Conversations-Lexikon, Bd. 6, Amsterdam, 1809, S. 62-63. 资料及译文系西北大学丝绸之路研究院副研究员万翔提供。

思汗（万王之王）的名义，接管了王罕的大部分土地，从而成为如今称为亚洲鞑靼的鞑靼王国创始人。他也取得了大鞑靼可汗的称号，并带给野蛮的斯基泰人以更好的政体和法律。他的子孙后代如此强大而可怖，使周边各国乃至西里西亚都受到最具破坏性的袭击（1230~1241）；其中很大一部分定居于伏尔加河、鄂毕河、顿河、多瑙河一带，从而成为后来欧洲鞑靼和莫斯科小鞑靼（Moscowische kleine Tartarn）的起源。[1] 游牧斯基泰人是鞑靼人的祖先，铁木真是大鞑靼可汗，鞑靼人征服欧洲以后定居在那里，并与当地人通婚，结果产生了欧洲鞑靼和莫斯科"小鞑靼"——这种理解是俄国长期不被欧洲认同的巨大文化障碍，也是文明等级论的后果。

《布罗克豪斯会话词典》还记载了"鞑靼"的生活方式与人群特征：大多数鞑靼人过着游牧生活；但也有部分定居（如居住在阿斯特拉罕、撒马尔罕等著名商业都会）；大部分鞑靼人信仰伊斯兰教，也有一部分为拜偶像者（如卡尔梅克人）；他们的财富以畜群组成，主要是马，且以产良马著称，还有羊和骆驼；除了经营畜牧业，还常狩猎，善骑射，居住在便于移动的营帐之中；鞑靼人以勇武、大胆、善捕猎著称，其武器包括剑、弓和皮盾；此外，他们简朴、节俭、好客。对他们来说，马肉和马奶制成的饮品是最好的食物。[2] 鞑靼人中有游牧的鞑靼和定居的城市鞑靼，有信仰伊斯兰教的鞑靼和信仰佛教的鞑靼。游牧民是好战特征的人群，饮食以肉、奶为主。今天看，这些记载远远过时和失真了，但在18~19世纪则是欧洲的标准词典内容。

18世纪开始，沙皇俄国在欧亚大陆黑海区域（也就是在"鞑靼之地"）与奥斯曼土耳其帝国经过多次战争，割走大片土地，获得了黑海的出海口，并使黑海北岸的鞑靼地区变成新的俄国地区，击败奥斯曼土耳其帝国一度也被西欧人视为"文明战胜野蛮"。随着这些俄国的扩张

1　*Brockhaus Conversations-Lexikon*, Bd. 6, S. 62–63.

2　*Brockhaus Conversations-Lexikon*, Bd. 6, S. 62–63.

和现代化的过程，"东正教、专制和民族主义的三位一体——在尼古拉治下发展出来的官方意识形态的三个组成部分——巩固了教会在俄国社会生活中的中心位置、沙皇作为主权者的绝对权力，以及对于俄罗斯民族乃至泛斯拉夫人兄弟情谊抱有浪漫主义依恋的这样一种国家观念"。[1] 19 世纪中期，克里米亚战争失败后，俄国转向了对中亚穆斯林鞑靼地区的征服，这些地区位于海权与陆权两种力量交汇处，地缘位置十分重要。广大的鞑靼地区被俄罗斯帝国不断征服，在欧洲人看来更增加了帝国的野蛮性，而不是文明性。俄国为解决这一问题，则采取了"欧式"解释方法。19 世纪 60 年代，俄国外交大臣亚历山大·戈尔恰科夫（Alexander Gorchakov）发布外交政策：俄国将如同美国之于北美，法国之于阿尔及利亚，英国之于印度一样，实施类似的"天命"：给那些未开化的国家带来开明的社会和政治，并且解决中亚的人口大量流动问题。[2] 俄国向亚洲腹地的扩张不再是简单的"版图扩张"，而是和欧美国家具有共同的"天命"，对鞑靼之地的征服被合法化、文明化了。

借助于乌拉尔山的文化边界象征，将"鞑靼之地"一分为二，乌拉尔山以西的"欧洲鞑靼"和"莫斯科小鞑靼"成了"文明化"的欧洲部分，乌拉尔山以东的亚洲部分则成为俄国的殖民地——"亚洲俄罗斯"，或者是被俄国文明征服的"野蛮人"地区，这成为考察 19 世纪至 20 世纪初俄国在亚洲扩张和帝国活动的一个文明论视角。但是，这种身份建构并不彻底。1881 年，俄国文学家陀思妥耶夫斯基在《作家日记》上发表的观点颇具代表性：

> 害怕欧洲说我们是亚洲野蛮人，害怕欧洲说我们与其说是欧洲人，不如说是亚洲人——这种自卑自贱的恐惧症必须摒弃。……我们这种不应有的耻辱感，我们认为自己只能是欧洲人，而非亚

1　查尔斯·金:《黑海史》，苏圣捷译，东方出版中心，2011，第 186~187 页。

2　Alexis Krausse, *Russia in Asia: A Record and Study*, London: Grant Richards, Henrietta Street, Covent Garden, 1899, pp.224-225.

洲人（我们从来也没有中断过做亚洲人）的错误观点，——这种
耻辱感、这种错误的观点使我们在这两个世纪里付出了……极其
高昂的代价。……丧失我们的精神独立性……[1]

在我们转向亚洲，以我们的新的眼光观察亚洲时，在我们这
里就可能出现类似欧洲在发现美洲的时候所遇到的那种情况，因
为对我们来说亚洲确实是尚未被我们发现的当时那个美洲……

在欧洲我们是寄人篱下的人，是奴隶，在亚洲我们则是主人。
在欧洲我们是鞑靼人，在亚洲我们则是欧洲人。[2]

而俄国历史学家瓦西里·克柳切夫斯基这样描述彼得大帝改革以
来所培养出来的"新俄国人"："在欧洲他们被打扮成鞑靼人，在自己
的祖国同胞眼中他们是出生在俄国的法兰西人。"[3] "去鞑靼化"而成为
"欧洲人"——文化认同和身份认同的困惑长期伴随着俄罗斯帝国的国
家建构。

二　文明论视角下的俄国对中亚空间的等级建构

彼得大帝时期的重要理论家瓦西里·塔季耶夫明确提出乌拉尔山脉
是两个地域范围（欧洲与亚洲）的天然地理边界。在全球范围内来看，
这是一个欧洲和亚洲之间的边界，但同时也是另一个同样重要的边界，
即将俄罗斯的国内空间划分为欧洲部分和亚洲部分的"边界"。这也体
现了"文明的欧洲俄罗斯"与"野蛮的亚洲俄罗斯（俄国亚洲殖民地）"
的划分。他所表达的这种区分，即"欧洲的俄罗斯"和"亚洲的俄罗

1　《陀思妥耶夫斯基文集（18）作家日记（下）》，张羽、张有福、潘同珑译，人民文学出版社，
2018，第971页。
2　《陀思妥耶夫斯基文集（18）作家日记（下）》，第977页。
3　转引自林精华《误读俄罗斯》，商务印书馆，2005，第34页；*Ключевский В.*, Сочинение в 12
томах. Т. 2, Москва: Мысль, 1989, С. 167。

斯"的概念，一直沿用至今。[1] 俄国地理学奠基人谢苗诺夫－天山斯基在他的回忆录《1856~1857 年天山旅行记》中提出，俄国对于乌拉尔山以东的"亚洲"部分——德国地图中标识的 die grosse Tatarei（大鞑靼地区）——的考察，与欧洲在美洲的考察具有同等的意义，欧洲人向美洲的殖民和俄罗斯对亚洲的殖民意义相同。同时，他还不服气地认为，现在俄国喀山附近的省份不适用于德国标识的大鞑靼地区，因为这些地方已经纳入俄国，也就是欧洲化了。[2] 出于对德国地理学家洪堡和李特尔的亚洲地理知识的质疑，俄国地理学家开始在内陆亚洲组织大规模的地理考察，这种科考具有两面性：一方面，为亚洲地理更新、更正和补充了新的地理坐标，采集了相关的标本；另一方面，也给俄国地理学家披上了"文明发现野蛮"的外衣，为之提供了合法性。

1870 年起，俄国地理学会对内陆亚洲"鞑靼利亚"组织了系列考察，"著名的 Н.М. 普尔热瓦尔斯基、Г.Н. 波塔宁、М.В. 佩夫佐夫、В.А. 奥勃鲁契夫、Г.Е. 格鲁姆·格尔日麦洛、В.И. 罗博罗夫斯基、В.Л. 格龙布切夫斯基、П.К. 科兹洛夫的考察队到中央亚细亚进行考察。……搜集了各种各样的中央亚细亚地理资料。在旅行时采集了植物学、动物学、种族地理学、地质学方面的丰富的标本，并获得了完全改变关于中央亚细亚自然界概念的资料。还特别仔细而详细地进行了路线测量。这些路线测量以很多天文点和高度测量为依据。……因为正是他们的努力，才绘制成了现代亚洲大陆内部地区地图"。[3]"地理发现"属于"文明民族"的特权，只有欧洲民族才是"文明民族"，欧洲以外的"低等人群"的地理发现都不属于"文明发现"，只有欧洲人的地理发现才算"文明发现"。以新的文明秩序取代既有的"鞑靼秩序"，乃是

1　参见马克·巴莘《地理的不确定性：关于俄罗斯、欧洲和亚洲的四个论题》，张红译，《俄罗斯研究》2010 年第 4 期。

2　См.Семенов-Тян-Шанский П.П, Путешествие в Тянь-Шань в 1856-1857гг., Москва: ОГИЗ, 1947, С.57-58.

3　Н.М. 休金娜：《中央亚细亚地图是怎样产生的》，姬增禄、阎菊玲译，新疆人民出版社，2012，第 1~2 页。

俄国与西方殖民国家共同的手段，也是俄国加入文明国家行列、解决其身份认同的有效方式。

从帝俄时期一直到苏联时期，地理大发现带来的自豪感一直被地理学家们所继承。1949年，苏联地理学家马格道维奇仍然认为，"所谓'野人'和'蛮族'（无文字的民族）到达无人居住的陆地或进行首次航海，对于研究原始文化的历史学家说来无疑是很有意义的。历史学家们依据他们所选用的术语，有时也将下述情况称之为'发现'；例如有人谈到新西兰土人部落起初'发现'了新西兰，而后又'发现'了南大洋的一些小岛（查塔姆群岛），也有人谈到马来亚部落'发现'了马达加斯加，北非部落（关奇人）'发现'了加纳利群岛等等。但是大多数历史学者在经过慎重考虑以后都运用着另外一个术语：他们并不把这种第一次到达视为地理发现，而仅仅把它看作处于社会发展低级阶段的人群迁移的一种形式"。[1]按照马格道维奇的观点，所谓地理发现应理解为任一文明民族第一次到达该民族或其他文明民族皆不知道的地区。公元前2世纪，张骞出使西域，本来是人类地理大发现的重要篇章，可是在文明论语境里，张骞或不被承认，或被淡化，而谢苗诺夫－天山斯基在世界范围内的知名程度却远远高于张骞。20世纪60年代，苏联的地理学者休金娜依旧高度肯定帝俄时期地理学家的成就："如果把1840年洪堡的《中央亚细亚山脉和火山地图》与1899年的Э.久斯的《内亚山脉走向略图》作个对比，就可以得到中央亚细亚地图图形变化的鲜明概念。……只要浏览一下这两幅地图，就可以想象到我国旅行家们对绘制中央亚细亚地图所作的贡献是多么巨大。"[2]通过加入地理大发现的"俱乐部"，俄国获得了一种与欧洲国家身份相应的认同。

站在中亚世界的立场上来看，它们则不幸成为被欧洲文明发现的"新大陆"，成为受害者。中亚史学家巴托尔德指出，18世纪对整个伊

1　И.П. 马格道维奇：《"地理发现史概论"序言》，Л.С. 贝尔格等：《地理发现与地理学史译文集》，郝克琦等译，新知识出版社，1956，第3页。

2　Н.М. 休金娜：《中央亚细亚地图是怎样产生的》，第201页。

斯兰世界而言是一个充满危机的时期，如阿富汗的动荡和波斯的混乱。
而在欧洲则恰好相反，这是一个最终确立了欧洲文明优势地位，并为欧
洲人在整个世界的统治奠定了基础的、进步和改革的地位的时期。[1] 处
于文明优势地位的"欧洲俄罗斯"名正言顺地对"亚洲俄罗斯"进行规
训，19 世纪 60~70 年代的俄军将领把英国比康斯菲尔德勋爵对待阿富
汗人的政策当作座右铭："不要只打击亚洲人的脖颈，而且应该打击他
们的想象力。"[2]

"殖民论者"持有典型的军事殖民主义观点，从"文明等级论"衍
生出的俄国中亚政策之一就是"殖民论"，主张中亚尚处于文明发展的
较低阶段，短期内不可能按照欧洲俄国的模式进入帝国体系。俄国应当
按照西欧殖民帝国的统治模式治理中亚。中亚民族在宗教、文化和历史
方面同俄国文化有深刻区别，具有不可逾越的"独特性"。二者短期内
很难相融。只要中亚能够为帝国事业提供足够资源，政府就应当尽量少
干预中亚各民族的内部事务，以将力量集中于霸权争夺上。军事手段应
当成为俄国中亚政策的基石。俄国的中亚政府应该区别于欧洲俄国的文
官统治，而以军政府的形式存在。俄国中央政府陆军部和俄属中亚部分
官员持此态度。[3] 这种观点主要代表殖民者中军方的态度。

俄国的中亚政策之二则是"同化论"，这部分俄国征服者的意见是，
"斯拉夫人"的故乡就是亚洲。他们认为回亚洲就是"返回故乡"。例如，
任职于俄国突厥斯坦的地理学家文纽科夫上校提出，俄国定居者应该和
中亚穆斯林部落通婚，以区别于靠种族隔离来进行征服的欧洲国家，通
过"和平演进与同化"的方式，进行符合俄罗斯人行为准则的扩张。[4]

俄国的中亚政策之三是"进步论"，主张在中亚建立"文明秩序"

---

1 参见《中亚历史：巴托尔德文集　第 2 卷第 1 册第 1 部分》上册，张丽译，兰州大学出版社，
　2013，第 302 页。

2 *Терентиев, М.А.*, История Завоевания Средней Азии (Том Ⅲ), СПб.: Типолитография В.В.
　Комарова, 1906, С.38.

3 Daniel Brower, *Turkestan and the Fate of the Russian Empire*, Routledge, 2003, p.10.

4 参见奥兰多·费吉斯《娜塔莎之舞：俄罗斯文化史》，第 486 页。

（Гражданственность），提倡这一主张的主要是知识分子。其代表人物为尼古拉·伊尔明斯基，他自喀山神学院毕业后又去了喀山大学工作，"因致力于'异族人'教育而为人所知。出于'尊重民族性'的观点，他主张'异族人'教育应从'母语'教育开始，用母语讲授初级课程，使用母语版初级读本、道德教材，然后再徐徐导入俄语讲授的课程。也就是说，这种手段在不压迫、不限制民族特性的同时，带来'非强制性同化'的效果"。[1]少数俄国知识分子对中亚殖民政策还有一定的反思，如画家瓦西里·韦列夏金在圣彼得堡举办了作品展，他是俄国中亚战争的亲历者，对俄罗斯帝国在东方的"文明使命"深感怀疑。在作品中，他没有将游牧民族刻画成野蛮人，而是作为保卫家乡的平等的人，对野蛮的帝国战争提出了控诉。他因此而激怒了俄国突厥斯坦总督考夫曼，后者甚至动手打了韦列夏金。在各种压力下，他不得不离开俄国，去他国避难。[2]

　　"穆斯林形象……是终将被东正教或工业文明取代的。"[3]这看起来是殖民论者心目中的认识，代表欧洲俄罗斯的"东正教－斯拉夫空间"高于亚洲俄罗斯的"伊斯兰－鞑靼空间"，意味着俄国行政当局一直在思考如何改变中亚土著的宗教信仰。1854年，西西伯利亚总督加斯弗尔德在呈报给沙皇尼古拉一世的一份文件中提出了宗教改革的方案。他认为，在吉尔吉斯人（实际指哈萨克人）当中宣扬基督教是不可能的，因为游牧生活中的一夫多妻制与基督教的教义相抵触。然而，他也担心庞大的吉尔吉斯民族信仰伊斯兰教，又会与俄国的国家利益相抵触。所以，这位总督提供的方案有些"另辟蹊径"：给吉尔吉斯人创造一种既合乎他们生活条件，又符合俄国国家利益的新宗教。也就是说改造犹太教，并推广到吉尔吉斯人当中。头脑还算清醒的沙皇尼古拉一世在这份"异想天开"的报告上忍不住批示道"宗教不像法典的条文，可以

1　土肥恒之：《俄罗斯：罗曼诺夫王朝的大地》，第244~245页。

2　参见奥兰多·费吉斯《娜塔莎之舞：俄罗斯文化史》，第483~486页。

3　孔源：《俄罗斯人认知中穆斯林概念的缺失》，《俄罗斯研究》2005年第2期，第95页。

杜撰"，然后连同报告一并退还给了加斯弗尔德。[1] 这件事正好被谢苗诺夫－天山斯基记载下来并写进他的回忆录。尽管沙皇否定了加斯弗尔德的方案，但加斯弗尔德的种种担心却并非多余。东方学家巴托尔德很谨慎地指出：伊斯兰教作为世界性宗教，任何其他宗教都不能代替。伊斯兰教与其他宗教教义一样，有许多与科学结论和社会进步不相容的因素。伊斯兰教的历史表明，它善于适应新的条件；毫无疑问，现代文明进程向所有宗教提出了一个基本要求：宗教只是宗教，宗教不能要求国家和社会生活服从于它，伊斯兰教将要完成的这一要求，有违《古兰经》和《逊奈》的某些规定。[2] 到了 19 世纪，伊斯兰教的改革已经成为俄国统治中亚所遇到的棘手问题。

"文明论"的等级秩序反映在物理空间上就是等级与隔离。在中亚近代的铁路交通、现代学校、俄语区、俄国城区等新的空间中，这些都成为构筑"俄罗斯·中亚"空间的重要方式，体现了等级观点和秩序。在俄罗斯帝国统治时期建立的城市都形成了与土著人城区分开的俄罗斯人城区。新俄罗斯城区后来成为与"土著的"或"亚洲的"城区相对立的部分，二者共同形成了一个城市。据统计，在浩罕、安集延、纳曼干、撒马尔罕、苦盏、乌拉－秋别、扎吉克和卡塔库尔干以及锡尔河州的每一座城市（图尔克斯坦、奇姆肯特、奥利耶阿塔）都有类似的情况。塔什干是人口最多的城市，1865 年大约有 10 万人，作为俄国突厥斯坦总督府驻地后，俄罗斯人曾达到 5 万人，是亚洲范围内俄罗斯人口最多的城市。1870 年 6 月 16 日俄国颁布了城市条例，1877 年推广到塔什干以后，一部分土著人获得了选举权。与俄罗斯人城区可以选出 2/3 的议员相比，1/3 的议员由"亚洲城区"选举产生，而且具有选举资格的是懂俄语的土著。在城市照明等市政建设上最明显体现了俄罗斯城区优先的特点。1887 年底之前，塔什干城中共有路灯 606 盏，土著城

1　*Семенов-Тян-Шанский П.П.*, Путешествие в Тянь-Шань в 1856-1857 гг., С.75-76.

2　巴托尔德：《伊斯兰教（概述）》，1918，第 92 页。转引自 И. 扎巴罗夫、Г. 德列斯维扬斯卡娅《中亚宗教概述》修订版，高永久、张宏莉译，兰州大学出版社，2002，第 215 页。

区只有 100 盏。从煤油白热路灯的安装情况看，1905 年之前这种路灯全部安装在俄罗斯人城区。1909 年，路灯共有 321 盏，俄罗斯城区有 297 盏，剩下 24 盏安装在俄罗斯城区通往土著城区的道路上。从报纸看，俄罗斯人城区收到了 849520 期报纸，土著城区收到的报纸为 24204 期。[1] 俄罗斯城区有东正教堂、俄语学校、剧院、政府机构、出版机构以及较完备的城市设施，这些公共空间的出现都代表了新的权力秩序，代表着文明进步的空间，土著城区则是"野蛮落后"的空间。

　　现代交通的发展也改变了原有的地域 - 空间等级结构。沙皇政府在中亚修建的第一条国有铁路是外里海军用铁路。1880 年在里海东南岸的米海洛夫斯克湾动工，陆续修到莫拉－卡拉、克孜勒·阿尔瓦特、梅尔夫、查尔朱和布哈拉，1888 年修到撒马尔罕，1894 年延长到克拉斯诺沃茨克。1899 年，外里海铁路同撒马尔罕—安集延铁路及通往塔什干的支线接通后，易名为中亚铁路，从克拉斯诺沃茨克到塔什干，全长 1748 俄里。这条铁路当时虽尚未与俄国铁路网相连，但经里海水路可把中亚同俄国中央地区连接起来。奥伦堡—塔什干铁路是沙皇政府在中亚和哈萨克斯坦修筑的第二条国营铁路干线，全长 1655.5 俄里，1906 年 1 月 1 日起运营。奥伦堡—塔什干铁路与萨马拉—奥伦堡铁路接轨，纳入全俄铁路网。此外，俄国还鼓励修建私营铁路，如费尔干纳铁路、布哈拉铁路、特伊罗茨克铁路、七河铁路、阿尔泰铁路等。这期间，修筑的铁路达到 1500 俄里。[2] 而铁路网的中心是俄国的欧洲部分。铁路是现代化的标志，铁路网构筑的新的工业化交通空间取代了驼队商路的交通空间，使这些传统路线的影响力下降。新兴城区使老城区黯然失色，使地域—空间中心转到俄国新城区这边。在用欧洲技术绘制的新的中亚地图上，铁路交通网的出现，标志着空间结构发生了深刻的变化。

　　亚历山大·莫里森通过对 19 世纪中期俄国在撒马尔罕的统治的研

1　参见《中亚历史：巴托尔德文集　第 2 卷第 1 册第 1 部分》上册，第 382~383 页。

2　参见肖步升《中亚和哈萨克斯坦铁路建设的启示》,《兰州大学学报》1991 年第 3 期，第 116~117 页。

究，认为从经济价值角度来看，俄国对中亚的征服意义不大，甚至是
毫无意义。俄国占领的许多领土几乎不具有经济价值，对这些领土的管
理成本远高于所能带来的收入。[1] 根据 1868~1881 年的统计数据，突厥
斯坦总督区收入约为 5471.5 万卢布，支出为 14059.6 万卢布，财政赤字
为 8588.1 万卢布。1868~1881 年，平均每年的财政赤字为 613.4 万卢布。
如果加上俄欧地区向中亚输送武器和物资的费用，14 年间的赤字达到
一亿卢布。[2] 就俄国在中亚的统治而言，经济状况是收不抵支的，如果
从俄国财政情况来看，整个 19 世纪俄国财政都是巨额赤字，危机严重。[3]
但即便如此，俄国统治者认为，在中亚建立的政区和疆界的划分也是对
"野蛮民族"的约束，其潜台词就是欧洲人带来了"进步"，为统治当
地建立了合法性的基础，也便于获得欧洲国家的认同。

美国学者简·伯班克和弗雷德里克·库珀在他们的新著《世界帝国
史：权力与差异政治》中指出，"俄国正在把欧洲的价值观带给中亚诸
民族。尤其是中亚地区被认为是这样一块殖民地，其可以通过俄国人及
其他重视农业技术的民族的教化与殖民来使之'文明化'"。[4] 需要指出
的是，这一套新的空间秩序也解构了中国的天下观以及"西域"的地域
和文化空间意义。

20 世纪初，一位在中国内陆边疆担任领事的俄国人的态度十分典
型，他提到，"中国的教育与学科与我们西方的完全不同，毫无相似之
处。在我们欧洲，除文学与抽象学科外，起很大作用的是现实的知识、
有关自然与人类的知识和技术知识，或者说，主要是具有实用性质的知

1　参见施越《评亚历山大·莫里森的〈俄国在撒马尔罕的统治，1868~1910：与英属印度的比
　　较〉》，《北大中东研究》2016 年第 1 期，社会科学文献出版社，2017，第 211~212 页。

2　参见 M.A. 捷连季耶夫《征服中亚史》第 3 卷，西北师范学院外语系译，商务印书馆，1986，
　　第 378 页。

3　参见裴然《1881~1917 年的俄国财政研究》，吉林大学博士学位论文，2010。裴然指出，俄国
　　长期财政困难和赤字巨大，一个重要原因是非生产性支出（军事、行政债务）过高。

4　简·伯班克、弗雷德里克·库珀：《世界帝国史：权力与差异政治》，柴彬译，商务印书馆，
　　2017，第 308~309 页。

识，而中国人的教育内容则从下到上完全是文学与抽象性质的。现今中国的学校不讲授任何真正实际需要的东西"。[1]可以说，这位俄国领事对待中国人，表现出的是"我们西方""我们欧洲"的傲慢，完全忘掉了自己曾经属于"欧洲鞑靼""莫斯科鞑靼"的历史记忆。

三 "俄国·中亚空间"的形成对晚清中国内陆边疆的影响

刘禾指出，"主权（sovereignty）这个概念是现代国际法的根本，主权国家之间是不承认治外法权（extraterritoriality）的；严格地讲，治外法权违背国际法的主权原理。但有一个重要例外，这个例外是，主权国家可以对非文明国家实行治外法权。治外法权适用的非文明国家包括半开化社会、野蛮社会、异教徒、劣等种族（非白人）等，因此，治外法权始终是在欧美国家以外实行的"。[2]因此，文明等级论也进入殖民国家的法权体系中。19世纪"俄国·中亚空间"的建构，远远溢出了俄国边界，给中国边疆带来巨大的挑战，治外法权就是其中之一。在中俄签订不平等条约之前，由于天山山系都在清代中国的管辖之下，俄国探险家要考察天山的地理全貌，必须进入清代中国的版图内，为此，他们不得不进行伪装，偷偷摸摸地进入我国边疆地区。而清朝国势衰弱后，俄国则以"治外法权"的名义公开组织科考队到新疆进行考察，因为在这样的语境中，欧洲以外的都是"野蛮民族"，无权发现地理和历史，只能"被发现"。实际上，正是援引这个"原理"，俄国科考队在中国境内的调查尽管严重损害中国主权，但是在"地理发现"与"文明发现"的名义下，披上了"治外法权"的外衣，并没有引起国际舆论的谴责，因为欧洲国家的探险队也纷纷涌入中国内陆边疆进行所谓的"科考"。

1　尼·维·鲍戈亚夫连斯基：《长城外的中国西部地区》，新疆大学外语系俄语教研室译，商务印书馆，1982，第225~226页。

2　刘禾：《文明等级论：现代学科的政治无意识》，《中华读书报》2012年7月11日，第13版。

光绪年间中俄在西北两次勘界缔约，清廷勘界吃亏的重要原因之一就是缺乏精确的地图。传统中国舆图采用记里开方法，并和传统通俗绘法结合，虽然由传教士输入了经纬法，但运用不成熟，误差较大，而且离中经线越远，误差越大，地图上差之毫厘，实地可能丧地千里，中方采取的是18世纪落后过时的地图。这使边界谈判非常被动，中国丧失了大片国土。[1]"俄国现代精密地图代表的是一套近代科学所理解的空间观念，运用近代地理学成果和测绘技术的产物，中国传统舆图的失败代表了天下时代的空间观念在现代民族国家博弈中的劣势。"[2]俄国人发展了他们自己精心设计的"东方主义"思想，采纳了西方的观念，即俄罗斯的欧洲文化和文明对亚洲和亚洲人民的绝对优势。在科考中，俄国完全采用使用新式测绘技术得到的精密地图，在中俄划界谈判中占优势，使中国主权一再受损。

俄国地理学家梅彦多夫（Егор Казимирович Мейендорф）发现，"当时欧洲指称内陆亚洲的术语Tataria，以及18世纪初开始流行的相关政治地理术语如Tartarie russe（俄属鞑靼利亚）、Tartarie indépendante（独立鞑靼利亚）、Tartarie chinoise（中属鞑靼利亚）、Grande et Petite Boukharie（大小布哈拉）、Grand et Petit Tibet（大小土拔特）等概念都非常不准确"。他主张更换一个地理名称，并指出，"在地理学里，我们以某一民族之名命名某地，至少该民族应居于此地，否则定义就模糊而容易造成错乱。因此，应以'中央亚细亚'来取代'鞑靼利亚'这个术语，我认为这将更准确，更具备地理特性"。[3]在东方学的影响下，地理的文明建构很大程度上也是服务于殖民国家的需要，以"科学"的名义潜移默化地移植了文明等级论。

1　参见郭丽萍《西北界务谈判与西方地图使用——以光绪年间两次中俄西北界务谈判为中心》，《山西大学师范学院学报》2002年第2期。

2　韦兵：《边疆形态与天下时空传统及其现代化进程》，《陕西师范大学学报（哲学社会科学版）》2017年第3期，第108页。

3　恽文杰：《19世纪初俄国对新疆和中亚汗国的探索及其影响》，《社会科学》2018年第5期，第159页。

在"俄国·中亚空间"秩序下，俄国通过治外法权在中国内陆边疆城市建立的"侨民区"和"贸易圈"，在城市空间上自成一体，这也是解构中国主权的一个重要空间方式。"俄国侨民还享有一种特权，这就是在设有领事馆的地方，有权建立不与中国人混居的单独的居民点，这样的居民点，在中国西部地区称为贸易圈。在贸易圈范围内，中国政府当局完全不能行使权力。这样贸易圈就仿佛是俄国本土的一角。在那儿居住的是俄国臣民，行使的只是俄国的法律，遵循的是俄国的规矩。"[1]在俄国的中亚秩序中，还从"鞑靼之地"中区分出俄属鞑靼和中属鞑靼两个等级，前者是"文明国家"的鞑靼，后者是"非文明国家"的鞑靼。冯有真在《新疆视察记》中论及哈萨克人特性时指出，"哈萨克人性极强悍不驯，但又极懒惰。除畜牧外，无其他职业"：

> 同光间，中俄二次划界，一部划入俄境，一部划入华境，在俄境者称为俄哈，在华境者称为华哈。双方关系殊为密切，甚至有兄为俄哈，而弟为华哈者。故彼等不问国籍，仍往返抢掠如故。[2]

这种"俄哈""华哈"是外人的划分，哈萨克人自己没有这种分别。"俄哈"和"华哈"的划分给予俄哈"先进"、华哈"落后"的观感，这种观念实际上是进一步瓦解了中国的"天下秩序"。

俄国驻新疆塔城领事鲍戈亚夫连斯基对于那些来自俄国的鞑靼人的描述和态度颇有代表性："现在生活在中国，生活在对他们来说异常陌生的中国居民当中，这就迫使他们更加着力保持自己身上一切俄罗斯人的特点，并认为自己是伟大的俄罗斯帝国的一部分。在俄国，他们对各种俄罗斯的东西也许会感到更生疏些，对于同俄罗斯居民在民族和宗教方面的差别感觉更敏锐些，而在异国，这种差别似乎是淡薄和消失了，

1　尼·维·鲍戈亚夫连斯基：《长城外的中国西部地区》，第250页。
2　冯有真：《新疆视察记》，世界书局，1934，第22~23页。

至少在大多数情况下是这样的。所有的鞑靼人都会说俄语。屋子里的陈设也是俄罗斯式的，比较富裕并有文化的鞑靼人甚至还订阅俄文报纸。他们中很多人还教自己的孩子学俄文，并认为这样做是很必要的。"[1]在这位领事看来，接受俄国文化就是文明民族，文明等级更高一些，俄属东干人外貌都比中属东干人好看，"只是俄国东干人似乎比中国东干人更柔顺和更坦率一些，这大概是由于俄国的政治体制更为温和，对东干人也更公正一些，对他们的性格造成的影响。他们不像中国东干人那样落落寡合，那样疑心重重。从外表上看，俄国东干人和中国东干人也不一样，中国东干人穿的是汉族服装，留着辫子，这辫子正是大清王朝国民的标志。俄国的东干人则不留辫子，穿着上模仿俄国的穆斯林鞑靼和萨尔特人，就是说，穿长袍，剃光头，头上戴着一顶小小的绣花圆帽"。[2]正如有学者所指出的那样，"俄国实际上不是一个欧洲国家，而是一个'欧洲化'的国家，既明显地领先于亚洲其他国家，也远远地落后于其他欧洲国家。……通过行使帝国恩惠以及教化其亚洲殖民地，俄国将会增强并且发展其成为真正的欧洲国家所应具备的条件。……教化任务不仅仅是上帝赋予的、完全利他的一种责任，也是实现彼得大帝提出的欧洲化的一个重大机遇"。[3]俄国帝国形象的欧洲化包括许多方面，这包括了帝国或宗主国与臣服的殖民国家之间在地域上的显著差别。俄国要看起来像海洋殖民国家，才能获得身份承认。俄国将中国边疆纳入殖民地并不一定都是通过武力手段以及不平等条约，还有一种隐性的殖民手段，是通过空间的与秩序的建构而影响中俄边疆两侧的少数族裔，如近代俄国探险家的科学考察记录本身就是一种文化空间和地理空间的文明控制。文明等级论甚至渗透到各民族的精神空间和历史记忆中，无形中成为承认俄罗斯帝国作为文明国家的重要证据。俄属中亚近代工业化

1　尼·维·鲍戈亚夫连斯基：《长城外的中国西部地区》，第240页。这里的"他们"在引文中指的是来自俄国的鞑靼人。

2　尼·维·鲍戈亚夫连斯基：《长城外的中国西部地区》，第241页。

3　Dominic Lieven, ed., *The Cambridge History of Russia*, Volume Ⅱ, *Imperial Russia, 1689–1917*, p.50.

的起步，特别是铁路的修建，便利了俄国向中国内陆输出商品，俄国在空间上的某些影响和能力超过了主权国家，导致中俄之间的空间秩序出现失衡。1893年，陕甘总督杨昌濬、伊犁将军长庚、新疆巡抚陶模奏请尽快修铁路："俟山海关外铁路工竣，即向西展筑，则秦晋驿道免重重差徭之累，新疆局势无鞭长莫及之忧，军务、矿务、赈务裨益良多。若格于浮议，日后敌人往来神速，新疆稍有疏虞，秦晋亦难安枕，似宜及早筹商。"[1]随着俄国势力沿中亚铁路线的不断推进，在军事上，新疆无法与有着近代化国防的沙俄抗衡，"骆驼与火车赛跑，胜败之数，可想而知"。[2]"俄国"在近代中国长期被误读为一个欧洲国家。

需要客观指出的是，俄国在中亚废除奴隶贸易，改革传统文化陋习，开办现代教育，建设现代交通……这些无疑是具有进步作用的；同时，俄国现代技术和物质文明体现在一些工业品上，这些工业品通过中亚的商业体系传播到内陆边疆口岸城市，如留声机、缝纫机、照相机、自行车、电讯器材、电报、电影等，使边疆地区各族人民比内地更早接触到现代性，体验到现代工业文明的生活方式。正如恩格斯所指出的那样，"俄国同东方相比确实是进步的。俄国的统治，不管怎样卑鄙无耻，怎样带有种种斯拉夫的肮脏东西，但对于黑海、里海和中亚细亚，对于巴什基里亚人和鞑靼人，都起到促使他们文明化的作用"。[3]今天看来，这一分析依然十分中肯。

小 结

诚如一些史家所评论的，俄国，正如对于西方国家一样，他们的殖

---

1 光绪十九年四月十八日陶模折，《宫中档光绪朝奏折》第7辑，"故宫博物院"，1973，第726页。
2 秦翰才：《左文襄公在西北》，岳麓书社，1984，第281页。
3 《恩格斯致马克思》(1851年5月23日)，《马克思恩格斯全集》第48卷，人民出版社，2007，第283页。

民地扮演着构成帝国的重要角色，这在很大程度上帮助俄国稳定了乌拉尔山以西欧洲俄国的新兴身份认同。殖民地居民被看作具有相同而强烈的完全陌生的异国魅力和民族志材料，在造成帝国民族多样性方面付出了巨大的努力。[1] 实际上，中国内陆边疆作为俄国控制下的半殖民地性质的地区，同样成为构建俄国欧洲身份认同的重要资源。近代中国国家建构的"镜像"主要是西洋（欧洲）和东洋（日本），正是以此为蓝本启动了中国从天下向"民族国家"的转型与建设。其实，"俄国·中亚空间"长期被忽略，地广人稀的内陆边疆和"中亚"没有得到应有的重视，但是却构成了现代中国国家建构的第三"镜像"。20 世纪早期的俄国（苏）革命史固有其辉煌的一面，但是也不自觉地掩盖了"文明论"的影响，如地理发现依然深入俄（苏）对东方社会的理解和观察中，而这一意识被近现代中国不自觉地接受，对苏联"老大哥"的认同其实也反映了"文明等级论"对中国社会的深刻影响。

实际上，今天的我们经常对中亚民族关系的变化感到困惑，常常受到 19 世纪俄国历史遗产——文明与空间中族群关系的等级性——的影响。因此，卡罗琳·汉弗莱指出的问题特别重要："国家想象的角色——作为一种文明的'俄国是什么'（what Russia is）这一不断改变的观念——在与中国接壤的东部边疆的建构中所扮演的角色，并且也尝试对这一边疆区域、其自我界定及其独特性之上的意识形态做出解释。"[2] 也就是说，中俄双方的少数族裔对"俄国是什么"的地方性解释（local interpretations），通常要比国家政权中心所做的解释更引人注目。这一视角在本章中也是缺失的，拟另文分析。

马克·巴莘指出了当代俄罗斯国家的欧亚主义对早期帝国类型的

1　Dominic Lieven, ed., *The Cambridge History of Russia*, Volume Ⅱ , *Imperial Russia, 1689-1917*, p.47；Y. Slezkine, "Naturalists versus Nations: Eighteenth-Century Russian Scholars Confront Ethnic Diversity," in D. Bower and E. Lazzerini, eds., *Russia's Orient: Imperial Borderlands and Peoples, 1700-1917*, Bloomington: Indiana University Press, 1997, pp. 27-57.

2　卡罗琳·汉弗莱:《"俄国"观念及其与中国边疆地区的关系》，邢广程主编《中国边疆学》第 7 辑，第 22 页。

反思，传统认为的俄罗斯帝国身份认同所导致的欧洲与亚洲部分的二元格局，很自然地为之后的反殖民主义和民族解放运动提供了合法性基础。而欧亚主义者则宣称，有着欧亚二分格局的俄罗斯不是亚洲的一个部分。欧亚主义者将欧亚理解为与欧洲或者亚洲完全不同的文明。为了替代这种西欧帝国模型，"欧亚主义学者阐述了一种明确的后帝国视角的俄罗斯－欧亚，它将是一种文化、历史和社会的混合体，一方面它是由多民族构成的，但同时它也是一个凝聚的、单一的和不可分割的实体，一种'准'种族或'超'种族单元。他们要求所有居住在这一广大区域的族群认识到并且承认这样一个客观事实，即它们都被一种共同的欧亚精神凝聚在一起"。[1]这种欧亚主义的解释力如何，以及是否会被俄罗斯的主流接受，只能拭目以待。

俄罗斯帝国正是通过去除"鞑靼"和"鞑靼利亚"的历史记忆，将其转化为中央欧亚或者中亚，成功"脱亚入欧"，转而成为新地理秩序的生产者。欧化的俄罗斯似乎切断了与"莫斯科小鞑靼"的历史联系。苏联给中亚诸民族创造出新的身份与民族认同，使鞑靼人转变成中亚民族，也塑造了新的历史过程。但是，在苏联解体后，中亚诸国在构建自身的民族主义的时候，游牧民（"鞑靼"）的历史也被民族主义激活，并进一步复苏。因此，对这一段历史要进行重新的评价和整理，这关系到广大欧亚地区新区域秩序的现在与未来。总体而言，俄罗斯帝国时期国家建构的目的之一，就是使自己成功融入"欧洲"，获得文明者的身份。而这种身份构建是以在中亚建立起"文明－野蛮"的统治秩序为重要基础的。由于俄罗斯帝国与晚清政府签订了多项不平等条约，不仅通过以"治外法权"名义为借口进行的科学地理考察以及建立贸易圈、侨民区等方式从空间上侵蚀了中国主权，而且还向内陆亚洲（所谓的"中央欧亚""中亚"）中国内陆边疆各民族输出"文明－野蛮"的意识形态，

---

1 马克·巴莘:《地理的不确定性: 关于俄罗斯、欧洲和亚洲的四个论题》,《俄罗斯研究》2010 年第4期, 第64页。

以证明俄罗斯殖民帝国作为"欧洲文明"的合法性。近期一位俄国学者在法文著作中指出，在西方或俄国的传统中，"中央亚洲"总是作为一个形态不定的整体出现，它懂得服从于分割视野并接受所有的命名，它不断被降为"文明世界"的边缘，接近"野蛮"。即使在新闻媒体报道中，"中央亚洲"也仍与西方和俄罗斯的新闻社关系疏远，通常只有在灾难发生时才会被报道。[1]鉴于这样的历史背景，对所谓"文明等级论"以及"中亚""中亚欧亚"等概念，从学术史和知识史视角进行研究和重新梳理是十分必要的。

---

1 Svetlana Gorshenina, *L'invention de l'Asie centrale, Histoire de du concept de la Tartarie à l'Eurasie,* Genève: Librairie Droz, 2014, p. 552.

第三章　从鞑靼利亚到亚洲俄罗斯与中亚：东方主义、地理考察与空间建构

　　中亚的地理范围并没有统一的规定："作为一个地理概念，中亚很难有一个明确的定义。""中亚"概念的含混性成为一种知识理解障碍。近年来空间研究的兴起，揭示了空间的等级性，启示"中亚"作为"地域"，其中内含着一种等级结构。"域"这个字，不只是地理，还是具有文化意义的某个范围。决定这个范围的，是生活在那个特定区域之内的人的社会，是族群，是文化，是某种生产方式与社会组织方式，甚至是某种特定的意识形态。因为这个"域"的存在，完整的地理上便有了种种人为的界限。[1]而这个所谓的"人为"界限，无外乎由掌握了知识与权力的人群所

1　《地域或地域性讨论要杜绝东方主义》，《当我们谈论文学时我们在谈些什么：阿来文学演讲录》，陕西师范大学出版总社，2017，第228页。

决定。对于东方主义与中亚知识建构的反思，才刚刚开始。[1] 本章也拟从这个视角对"中亚"的概念进行知识社会学的分析。

一　地理大发现与俄国对"鞑靼利亚"的科学考察

理解"中亚"，必然要从理解"亚洲"的意义开始。亚洲概念的生成离不开地理大发现，或大航海时代。新航路的开辟是 15~17 世纪一次划时代的大事。那两三百年，欧洲经历了知识系统的大破大立大重建，知识系统的变化正是分隔传统社会与现代社会那最鲜明的分水岭。[2] 对欧洲以外的国家和民族而言，地理大发现带来的影响则是复杂而矛盾的，首先是一场对土著居民的掠夺和屠杀。不过，航海大发现作为"双刃剑"对于人类历史的发展，也有促进的一面，特别是物资交换与全球世界体系的形成，还带来了世界知识的重大革新。

首先，地理大发现破除了欧洲当时将印度洋作为"伊斯兰之海"的认知。哥伦布的航行是以日心说为起点的，航海大发现则更进一步证明了地球乃一自转球体的主张，引发人们对于欧洲传统教会观念的强烈质疑。"新大陆"（美洲）印第安人的存在以及东南亚诸国的发现与认知，对基督教《旧约》"创世纪"有关人类起源的说法提出了挑战，冲击了基督教对历史表述的垄断性。欧洲人以各种方式表达他们对新的全球空间和各种文明的想象与观感。地图和地理书就是其中一种独特的工具。[3]其次，从新大陆发现的大量气候海洋交通资料，搜集到的大量动植物标本、民族志资料涌入欧洲，随之而来的是对陆地和前所未知的生物的描述，这刺激了博物学的发展。大量新发现的动植物以及民族志资料要被

1　恽文捷：《19世纪初俄国对新疆和中亚汗国的探索及其影响》，《社会科学》2018年第5期。
2　杨照：《新世界与老亚洲》，于尔根·奥斯特哈默：《亚洲的去魔化：18世纪的欧洲与亚洲帝国》，刘兴华译，社会科学文献出版社，2016。
3　吴莉苇：《欧洲人等级制世界地理观下的中国——兼论地图的思想史意义》，《中国社会科学》2007年第2期。

分类和识别。英国剑桥大学约翰·雷最早提出了有机体分类方法，以及植物分类法的大纲，同时其著作中还提出动物分类法，划分鱼和其他动物的方法。[1]洪堡与李特尔则是19世纪地理学方面的开创性学者，作为新地理学的重要人物，他们都试图阐述出一套"人类家园"的知识，而非神学体系的知识，新的科学世界观正在替代旧的神学世界观。再次，欧洲学者在将"神的世界"改造为"人的世界"的过程中，要对这个"世界"进行重新解释和认识，这就要提供一整套知识框架，从而促进了"东方学"的发展。东方学素来被西欧人视为对异己者的研究；它不是研究某个传统学科（如法律）的学问，而是以"东方"这个有别于西方的地理区域为认知对象。一般而言，东方学的学者可以是任何对中东或亚洲的某个地区或国家有深刻认识的人，包括地理、历史、语言、民族、宗教、哲学、文学、艺术、天文、医学等领域的学者。[2]18~20世纪初是欧洲殖民主义的高峰期，也是"东方学"取得长足进展的时期。

欧洲学者对于世界体系的认识成为主导性的知识体系，取代了神学的世界体系。值得注意的是，在建构这一知识体系的过程中，"欧洲中心论"潜移默化地移植到了其中。如黑格尔认为，地中海基于世界历史的中心，号称光芒的"希腊"就源于此，没有地中海，世界历史就无从谈起了。[3]这种地中海中心论，体现了以欧洲文明作为中心，距离地中海文明越近的区域就是文明程度越深的区域，由此形成一个文化等级的差异区的观点。如以欧洲为"西方"和非欧洲地区为"东方"进行划界，形成现代地区／发达地区／发达社会和非现代地区／欠发达地区／传统社会的分野，构成社会科学的二元图景，这也是进化论观念展开

---

1 杰弗里·马丁：《所有可能的世界：地理学思想史》第4版，成一农、王雪梅译，上海世纪出版集团，2008，第123页。

2 张信刚：《谈东方学、区域研究与丝路探索》，https://cul.qq.com/a/20170406/039483.htm，2018年12月1日查阅。

3 黑格尔：《历史哲学》，王造时译，上海世纪出版集团，2005，第85页。

的后果，造成了线性的历史观念。对于"西方人"来说，东方属于"他者"(the others)。在"西方人"建构的世界地理格局中，"东方人"的身份地位属于政治上及文化上的异类。由此，欧洲进步之快，不仅远超古人，而且将东方伟大的文明（中国、印度与伊斯兰）远远甩在了后面，利用数百年对西方内部问题的关注、对非西方的统治及与东方的牵涉所形成的基础，西方建构了现代性。[1]这种现代性渗透到历史写作和地图绘制的空间之中。

17 世纪末，欧洲学者已经开始将"文明"欧洲与"野蛮"亚洲互为参照，里海北边、多瑙河西边及奥克苏斯河东边的地带，以古代宇宙志学者的"西徐亚"来称呼，被视为历史的源头。到 19 世纪，历史学家兰克将这种二元历史观视为一种历史原则。[2]随着进化论的普及，与文明欧洲相对的"蛮族"成为处于转型与定居、开始制度建构中的游牧民族，以及没有文字与高等艺术、只具备"公民社会与国家体制之雏形"的农业民族。由于农业民族没有长途奔袭到欧洲，而游牧民族多次深刻影响到欧洲，13 世纪欧洲人以"鞑靼人"来称呼分布于西亚、中亚和北亚的许多游牧部族。Tar-tar 原是古代一些游牧民族的部落名称，Tartarus 则是希腊神话中的幽冥地府"塔尔塔罗斯"，13 世纪中叶当蒙古人兵临欧洲之时，英国本笃会士编年史家马修·帕瑞斯怀着恐惧与憎恨之情创造性地把这两个词联系在一起，称这些蒙古人是"撒旦麾下令人厌恶的民族，像来自塔尔塔罗斯的恶鬼一样不断涌现，所以他们该被称为鞑靼人(Tartars)"。从此，"鞑靼人"成为欧亚大陆草原地区各游牧民族的通称，在随后几个世纪的地理学想象中，鞑靼地区都扮演着一个重要角色——威胁文明世界的蒙昧主义的温床。[3]在 17~18 世纪欧洲人绘制的世界地图和亚洲地图上，鞑靼地区都是一个主要形象，由独立鞑

1 齐亚乌丁·萨达尔：《东方主义》，马雪峰、苏敏译，吉林人民出版社，2005，第 44、86 页。

2 于尔根·奥斯特哈默：《亚洲的去魔化：18 世纪的欧洲与亚洲帝国》，第 337 页。

3 吴莉苇：《欧洲人等级制世界地理观下的中国——兼论地图的思想史意义》，《中国社会科学》2007 年第 2 期。

靼（西鞑靼）和中国鞑靼（东鞑靼）组成。这一占据欧亚大陆一半以
上面积的广袤空间在当时欧洲人的观念中没有政权归属，纯然是个文
化区域。[1]鞑靼野蛮的形象深入欧洲的历史观中。鞑靼人居住的区域被
称为"鞑靼利亚"（拉丁文为 Tataria，词根是 Tatar），该词最早出现于
唐代的阙特勤碑。据考证，中世纪犹太拉比和旅行家图德拉的便雅悯
（Benjamin of Tudela）于 1173 年在其著作中首次用 Tartarie 一词称呼蒙
古人及其地方。[2] 13 世纪前期蒙古西征后，欧洲开始以拉丁文 Tartares
称呼蒙古人，以 Tataria 称呼东方蒙古人发源地及其势力范围。

　　1719 年，彼得大帝建立俄国官方制图局。1730 年代，沙皇的地理
顾问才将这一条线向东划至乌拉尔山区。乌拉尔河至里海最后才约定俗
成地被视为欧洲与亚洲的分界线。这个划分具有重要的意识形态意义，
西伯利亚被亚洲化，成了彼得大帝转向西方寻求认同，也就是在国家机
构、统治意识形态领域及精英文化细化下的"欧陆"俄国的殖民储备空
间。这结合了从西方知识体系中借用而来的"大鞑靼"概念。[3]如果俄
国想要被认定为一个西方国家，那它需要构建一条更清晰的文化界线将
自己和亚洲其他东方国家相区分，所有归降沙皇的非基督教部落都被划
为"鞑靼人"，不管他们原有的信仰是伊斯兰教、基督教还是佛教。[4]"作
为一种人为的地理区划，古希腊人最早使用亚洲一词，原意指太阳升起
的东方（the east, Orient），当时主要指波斯帝国。18 世纪以来，伴随着
西欧诸国的全球殖民扩张，以及与此相应的地理学发展，构建出'欧洲
文明'与'落后'非欧洲的地理学，因而欧洲与亚洲的'界限'也逐渐
被固定化：以乌拉尔山、乌拉尔河、高加索山作为欧洲与亚洲分隔的想
象界线，自此成为人们区划欧亚两洲的公式。"[5]欧洲列强在欧亚腹地探

1　吴莉苇：《欧洲人等级制世界地理观下的中国——兼论地图的思想史意义》，《中国社会科学》
　　2007 年第 2 期。
2　恽文捷：《19 世纪初俄国对新疆和中亚汗国的探索及其影响》，《社会科学》2018 年第 5 期。
3　于尔根·奥斯特哈默：《亚洲的去魔化：18 世纪的欧洲与亚洲帝国》，第 250 页。
4　奥兰多·费吉斯：《娜塔莎之舞：俄罗斯文化史》，第 443 页。
5　张锡模：《圣战与文明：伊斯兰与西方的永恒冲突》，三联书店，2014，第 115 页。

险的过程，就是化"鞑靼利亚"为可识别的现代地理区划的过程，其最早就是从西伯利亚开始。[1]

18世纪初地理学家菲利普·布亚赫（Philippe Buache）发展出一种地形学的描述方法，主要用于归纳山脉特征与河川网络。地理学家发现构成亚洲中央的不是无尽的草原，而是不适合人居住的沙漠、盐湖及寒冷的高原。亚洲的中央有一座河流遍布的高原（青藏高原与帕米尔高原或"高地亚洲"——世界屋脊），亚洲的大型山脉从这里扩散开来，主要河流也源自其边缘。这个贫瘠的地区是大河文化的自然源头，这种空间观产生了一种新的北亚、中亚及南亚的自然划分。原先统一的"鞑靼地区"被分割为中亚及北亚、南亚，西伯利亚在地理上被分割出去。[2]另一方面，广袤无垠的鞑靼地区有了更为细腻的面貌，中央高原的知识逐步被欧洲学者接受，喜马拉雅山脉及兴都库什山脉作为世界屋脊成为亚洲的一个地理标志，受到了关注。这种新的空间图像对历史哲学的论述有影响。欧洲的历史哲学家开始将信仰喇嘛教的藏人从鞑靼人中区分出来。[3] 17世纪至20世纪初东方学家、地理学家共同绘制了"亚洲俄罗斯"，这一区域出现了一个地理考察与空间建构的过程。

随着沙皇俄国对西伯利亚的殖民考察，西伯利亚不再是一个垦殖地区，而是帝国之内与欧洲领土相对称的部分，依据帝国意识形态来扮演自己的角色，区分帝国的版图为亚洲及欧洲部分，首度成为地理上及政治上的问题。将顿河［古希腊罗马地理学家笔下的"塔内斯河"（Tanais）］及和黑海相邻的亚速海视为欧亚间界线的古希腊罗马传统，

1　英国学者约·弗·巴德利在1919年完成的《俄国·蒙古·中国》一书中以相当详尽的篇幅介绍了有关鞑靼利亚地图向亚洲地图的转变过程，如引用了詹金森1562年的鞑靼地图、亚·奥特利乌1570年的鞑靼地图、约·艾恩森1657年的鞑靼地图、戈都诺夫1667年的地图、北亚民族志地图（1673）、施莱辛地图（1693）等多幅地图，对"鞑靼地图"如何转变为现代地图进行了讨论。参看氏著《俄国·蒙古·中国》上卷第1册，地理部分，吴持哲、吴有刚译，胡钟达校，商务印书馆，1981。

2　于尔根·奥斯特哈默：《亚洲的去魔化：18世纪的欧洲与亚洲帝国》，第345页。

3　于尔根·奥斯特哈默：《亚洲的去魔化：18世纪的欧洲与亚洲帝国》，第347页。

在 17 世纪仍具影响力。俄国 1701 年出版的《列麦佐夫地图集》中收入的第 23 幅地图名为《关于托博尔斯克城、其他城镇、居民区和草原以及整个西伯利亚的领土与边界现状地图》，该图是在西伯利亚大主教科内利乌指导下于 1673 年绘制的，虽然精度不高，但是已经将东部俄罗斯、中亚、北亚地区居住的各民族部落的地点、区域、领土标志清楚。这幅地图正如研究者指出的，最大的特征是民族志的标注：如博格多（满洲人）、使用马和驯鹿的基里亚克人和布里亚特人、拉穆特人、堪察加人、科里亚克人、楚克奇人、尤卡吉尔人、雅库特人、通古斯人、达呼尔人、乌梁海人、奥斯佳克人，以及土尔扈特、和硕特、准噶尔与杜尔伯特等四部。图上还标出车列米西人、沃佳克人、沃古尔人、楚瓦什人、巴什基尔人、卡拉卡尔帕克人、捷普佳尔人，等等。这幅图中的地理标注错误很多。[1] 不过，"鞑靼利亚"已经具体化了，变成了众多民族的居住地。

二 东方学与地理建构："亚洲俄罗斯"与"中亚"的形成

俄国将欧洲俄罗斯与亚洲俄罗斯分成两个不同的部分。"亚洲俄罗斯"指的是俄罗斯的亚洲版图，在绘制地图过程中，就是"俄罗斯"借用西方的眼光描述亚洲。乌拉尔山以西俄国人是基督徒，以东是野蛮人。为了使其更加亚洲化，俄罗斯采取西方对于西伯利亚的称呼"大鞑靼"（Great Tartary）。大草原被塑造成一个荒野粗蛮之地，这是一块与欧化俄罗斯截然相反之地，等着俄罗斯去开发。[2] 这就决定了"亚洲俄罗斯"文化等级低于欧洲俄罗斯，比如地理学家谢苗诺夫指出，"在亚洲俄罗斯，在乌拉尔和阿尔泰之间的幅员辽阔的西西伯利亚南部低地上，我所看见的完全是另外一种类型的草原。西伯利亚草原和南俄罗斯

---

1 约·弗·巴德利：《俄国·蒙古·中国》上卷第 1 册，第 260 页。
2 奥兰多·费吉斯：《娜塔莎之舞：俄罗斯文化史》，第 444~445 页。

黑土草原，有着共同之处，即在它们的整个幅员上，没有一点山地，它们同样也有着极其丰富的草本植物，它们的植物群和我们草原的植物群有极大的相似之处。但是它们也有不同之处，不同之处是，虽然西伯利亚草原也有着富饶美丽的草地，而这些草地经常交叉着面积相当大的小森林地带（小树林）。这些小树林是由宽叶树（桦树、白杨树、杨树等）构成"。[1] 亚洲与欧洲在景观上呈现出很大差异，亚洲俄罗斯与欧洲俄罗斯具有不同的生态学特征。

　　亚洲俄罗斯的另一个重要特征体现在多元化的宗教，特别是与基督教世界相对立的伊斯兰世界。18 世纪以前基督教世界的人民首先用宗教名称而非民族名称来称呼他们的邻居，一般土耳其人及摩尔人等民族名称也具有和"穆斯林"相同的宗教意味。[2] 亚洲不是基督教传统地区，在克里米亚半岛，欧洲学者又对奥斯曼的东方专制制度和克里米亚鞑靼汗国进行了研究，鞑靼人不信仰萨满教和佛教，而是伊斯兰教，这个克里米亚的汗国有一个中央政府，一个法律结合了奥斯曼及中亚部分的法律体制，一个有高度城市人口阶层区分的社会制度，一个活络的外貌，一个并不逊于奥斯曼及莫斯科公国的教育体制，甚至还有"鞑靼"的编年史学家为伊斯兰史学做出重要的贡献，由此可证明克里米亚鞑靼人并非"野人"，俄国和奥斯曼不比他们"文明"多少。[3] 欧洲与奥斯曼土耳其的长期对立，已经使欧洲将其近邻视为伊斯兰世界的核心区域，而且这一原则深刻影响了包括俄罗斯在内的各国学者。日本学者羽田正已经分析了东方学家何以将伊斯兰世界作为与欧洲对立的部分的原因，而且证明了俄国东方学家巴托尔德同样采取了将伊斯兰世界与欧洲对立的学术观点。[4]

1　谢苗诺夫：《天山游记》，李步月译，西北大学西北历史研究室编《西北历史资料》1980 年第 2 期，第 51 页。

2　羽田正：《"伊斯兰世界"概念的形成》，第 85 页。

3　于尔根·奥斯特哈默：《亚洲的去魔化：18 世纪的欧洲与亚洲帝国》，第 350 页。

4　羽田正：《"伊斯兰世界"概念的形成》，第 110~111 页。

"亚洲俄罗斯"的第三个特征是以"黄种人"居住为主。[1]16世纪欧洲人认为亚洲居住的主要是蒙古人与鞑靼人，都是"蛮族"，也就是"黄种人"。似乎从西徐亚人、匈奴人到土耳其人、蒙古人，再到统一中国的满族人等所有历史上的"上帝之鞭"，都来自那个"亚洲"内陆的可怕大地。[2]俄国科学院院士B.B.拉德洛夫，曾在西伯利亚、阿尔泰山区、中亚各地、蒙古鄂尔浑河流域进行了长达十年的考古发掘和民族学田野考察，在他的倡议之下，成立了俄国中亚和东亚研究委员会。俄国著名学者D.H.阿努钦利用人类学、民族学和原始考古学等方面的材料撰写了上百种历史论著。他创造的"三位一体法"即综合利用民族学、考古学和人类学材料解决历史民族学和当代民族学的问题。

生态、宗教与种族是构成"亚洲俄罗斯"的重要特征。随着调查和统计的开展，人口密度、区域划分、气候、水文、土地资源、海拔、植物等标注取代了原来的"鞑靼利亚"地图。中亚三汗国作为原鞑靼利亚的"西鞑靼"地区也被纳入新的地理科考范围中。

随着19世纪世界地理轮廓的日益清晰，西方强国围绕着新的战略要冲的竞争日益白热化。俄国与英国、奥斯曼土耳其围绕黑海进行博弈，俄国失败后，将目光转向了内陆亚洲腹地，对于哈萨克草原与中亚浩罕、布哈拉与希瓦三个汗国具有战略利益诉求；俄国驻奥伦堡的总督则致力于扩大从奥伦堡经锡尔河的咸海入海口和克孜勒库姆沙漠到布哈拉的马帮贸易，巩固俄国与布哈拉的外交关系，并深入了解中亚三汗国的自然、人文和社会状况。[3]各路考察队员的考察报告为俄国的中亚扩张奠定知识基础，并使欧洲学界认识到，中亚和新疆贸易路线的开辟和发展可促使下诺夫哥罗德和阿斯特拉罕成为亚欧大陆桥的贸易枢纽，以

1　19世纪的俄国地理学家谢苗诺夫说："早在16世纪中期，欧洲和亚洲在人种学上的界限，与今天所适用的欧亚两大洲的地理界线全然不同。……在发现美洲的时代里，也是喀山陷落的同一时期，欧洲的俄罗斯才开始在欧洲的东边接连不断地开发亚洲，这种殖民化首先使欧洲占据了人种学上的属于亚洲的大片土地，然后从整个古北极地区扩展到太平洋。"

2　于尔根·奥斯特哈默：《亚洲的去魔化：18世纪的欧洲与亚洲帝国》，第334页。

3　恽文捷：《19世纪初俄国对新疆和中亚汗国的探索及其影响》，《社会科学》2018年第5期。

联通里海、黑海和波罗的海贸易网，加强欧亚与黎凡特地区的商品流通。俄国报告亦引起英法东方学界的关注，不仅激发了英俄的中亚竞争，更推动了欧洲东方学界"中央亚细亚"概念的确立及其知识体系建构。[1] 由于俄国具有地缘优势和极力南扩，所以对这一区域的地理考察走在了前列。

1856~1879 年，俄国地理学会出版了德国地理学家李特尔著、谢苗诺夫翻译的《亚洲地学》1~4 卷，其中第四卷内容主要涉及东西伯利亚地区的开发和居住史，并将原来最不为人知的"西鞑靼地区"各种地理要素和民族志描绘出来。1888 年，地理学家谢苗诺夫完成了外里海及费尔干纳盆地考察旅行。在谢苗诺夫、格里戈里耶夫等的建议下，俄国地理学会理事会拨款给另一位地理学者拉德洛夫，支持其进行中亚地区的考察。谢苗诺夫等亲自为此次考察制定了详细的指南手册，并将考察的重点放在中亚民族学研究上，而对当地"塔尔特人"的研究也成为本次考察的一个重要成果。由于得到当时的突厥斯坦总督的支持，拉德洛夫在考察过程中到达了之前从未有旅行家踏足的地区，并走遍了整个布哈拉汗国的东半部。[2] 俄国地理学会还委托哈内科夫绘制有关亚洲腹地地区的地图。哈内科夫与另一位地图绘制专家波洛托夫一起绘制中亚西北地区图，哈内科夫将该地区分为咸海和希瓦汗国图、伊塞克湖及其周边地区图、北波斯图和里海图等四部分，逐一绘制并分别出版。第一部分咸海和希瓦汗国地图一经发表就引起了地理学界的关注，被法国巴黎地理学会翻译成法语出版。而哈内科夫本人也因此图被普鲁士国王授予二等红色英雄勋章。[3] 除了搜集和整理地理信息外，俄国考察报告对布哈拉、希瓦和浩罕汗国的种族构成、政治体制、社会经济、军事力量和文化习俗进行了详细研究，为俄国政府及其驻高加索和西伯利亚的总

1　恽文捷：《19 世纪初俄国对新疆和中亚汗国的探索及其影响》，《社会科学》2018 年第 5 期。

2　张艳路：《1917 年前俄国地理学会的中国边疆史地考察与研究》，南开大学博士学位论文，2013，第 46 页。

3　张艳路：《1917 年前俄国地理学会的中国边疆史地考察与研究》，第 29 页。

督提供了重要参考资料，为俄国对中亚汗国的征服奠定知识基础。如对中亚三汗国的人口、社会结构、宗教组织、农艺水平、贸易种类、社会经济都进行了详细的评估。1911 年的亚洲俄罗斯被划分为西西伯利亚、东西伯利亚、远东区、草原区与突厥斯坦区，土地面积为 1453.2 万平方公里，人口约 1969.34 万人。[1] 1914 年，俄国官方出版的"亚洲俄罗斯地图集"统计，吉尔吉斯人 450 万人，萨尔特人近 200 万人，乌兹别克人 60 万人，塔吉克和土库曼人 150 万人。此外，还有希瓦人和布哈拉人 250 万人。他们都是从"鞑靼－突厥人"中被识别和标记出来的"民族"。[2]

俄罗斯东方学家塑造的"中亚"属于亚洲俄罗斯部分，在文明等级上低于"欧洲俄罗斯"，中亚三汗国复杂的社会结构，又使中亚的文明等级高于西伯利亚地区。正如俄国学者巴托尔德指出，"突厥斯坦与西伯利亚不同，俄罗斯政府在突厥斯坦完全有可能实现自己的政策。国家疆界向西伯利亚的扩张是与人民群众的自发活动相连的"，西伯利亚是一块"无主地"，俄罗斯人的扩张是"合理"的，"人口比较稠密、文明水平相对比较高的突厥斯坦不能以西伯利亚那样的方式并入俄罗斯，占领突厥斯坦是根据政府当局的命令来进行的，被占领地区及其居民的命运也是根据政府的命令来进行的"。[3] 这就为俄罗斯文明统治"落后"的中亚进行了政治辩护。梅彦多夫认为，曾经跻身世界知识中心的布哈拉文化没落、教条主义盛行，社会发展仍处于低级阶段，需要用欧洲文明来启蒙，由此带动中亚的进步。"俄国文化启蒙的发展进步使这个大国有责任促使那慷慨的观念成为现实。俄国有义务给中亚各汗国带来有益的促进，在这些国家推广欧洲文明的成果。"[4] 这也为俄罗斯统治中亚地

---

1 Глафного Управления Землеусгройства и Земледелия.Атлас Азиатской Рассия.Издание Переселенческого Управления.Г.Петерпург.1914.No.8.

2 Глафного Управления Землеусгройства и Земледелия.Атлас Азиатской Рассия.Издание Переселенческого Управления.Г.Петерпург.1914.No.25.

3 《中亚历史：巴托尔德文集 第 2 卷第 1 册第 1 部分》，第 322 页。

4 恽文捷：《19 世纪初俄国对新疆和中亚汗国的探索及其影响》，《社会科学》2018 年第 5 期。

区提供了政策依据。

　　俄国考察报告清晰地展现了欧洲东方学从侧重语言、历史和民族志的研究模式向对中亚区域自然状况、政经制度和社会文化进行多学科全面和实用研究的演进趋势。在一批学者如纳扎罗夫、穆拉维约夫、梅彦多夫、克拉普罗特和洪堡等的推动下，术语"中部亚细亚"（СредияяАзия、Middle Asia、Asiedumilieu）和"中央亚细亚"（Центральная Азия、Central Asia、Asie Centrale）开始取代流行了数百年的"鞑靼利亚"，成为俄国和欧洲学界用以称呼内陆亚洲地区的地理和地缘政治概念。[1] 来自东方学的知识填充了人们对内陆亚洲的地理环境和族群、人群认识的空白，但这不过是以西方或俄罗斯的"镜像"认识中亚。"虽然这种具有一致性但又经常被重写的理论和实践只是存在于西方之东方的荒诞故事、神话，以及对现实的有目的的再创造，但是，对于西方而言，这是一种常态（normality）与理性（reason）的循环。这种理论和操作模式就是东方主义。"[2] 这种具有浓厚的东方主义色彩的知识建构长期主导了人们对于"亚洲"和"中亚"的认知。

三　反思东方主义：空间建构背后的文明等级观

　　"亚洲俄罗斯"以及"中亚"的出现，既是欧洲列强扩张乃至地缘竞争的后果，也是西欧诸国展开所谓的"地理大发现"而创造出的近代主流地理观的后果。"世界作为一体"的观念之前，不同区域人类社群所抱持的观念，并非世界作为一体的单数观点，而是普遍认为存在复式世界（worlds）或复数世界体系（worlds-systems）。[3] 而现在只有一个以欧洲为坐标的世界体系了。"地理大发现"其实就是一场"文明"大发现。欧洲人在海外探险的过程中，将分布在空间中的人群差异整理为历

1　恽文捷：《19 世纪初俄国对新疆和中亚汗国的探索及其影响》，《社会科学》2018 年第 5 期。

2　齐亚乌丁·萨达尔：《东方主义》，第 86 页。

3　张锡模：《圣战与文明：伊斯兰与西方的永恒冲突》，第 18 页。

史的差异，也就是把空间的分布诠释为时间的分布，又将时间的差异解释为文明进化程度的差异。[1]欧洲列强开化和启蒙半野蛮地区就有了冠冕堂皇的理由。"俄国在中亚所处的地位，是任何一个不得不与一些半野蛮、不拥有稳定的社会组织的游牧民族打交道的文明国家所处的地位。在这种情况下，文明程度较高的国家不得不为了其边界的安全和商贸利益，而对其不安分的、不受欢迎的邻居保持一定的优势。对袭击和劫掠行为必须进行镇压。为此，边界地区的部落必须保持时刻服从的状态。"[2]

1858 年，俄国哈萨克青年军官瓦里汉诺夫作为中亚探险的一位重要学者，在中国新疆进行过相当详细的调查。这位接受过"西方"近代教育的知识分子，对中亚就采取了东方主义者的傲慢："如果这个地区不是古代所说的那种一味的神秘莫测，而关于中亚地区的民族，我们几乎是一无所知的"，"现行的社会制度使中亚变得极其忧郁荒凉，呈现出发展中的病态危机"，"撒马尔罕、塔什干、费尔干纳、希瓦、布哈拉和其他城市的图书馆和撒马尔罕的天文台都一去不复返的毁于鞑靼破坏文物和布哈拉的暴行中了"，"或确切地说，中亚与文明隔绝，因此，俄国与英国想进一步了解她的不开化的邻居的企图总是难以实现的"。[3]其实，瓦里汉诺夫看到的只是中亚的一面，在一个世纪前，浩罕汗国才迎来了它的鼎盛时期。而清朝同样在西部获得了巨大成功，体现出勃勃生机，不仅挡住了俄罗斯的东进步伐，同时对天山南北进行了有效的行政管辖。这一成功的景象，被传教士用大捷的绘画图像记录了下来。[4]具有嘲讽意味的是，这位游牧民出身的东方学家已经对自己的世居地域完

1 刘禾：《序言：全球史研究的新路径》，刘禾主编《世界秩序与文明等级：全球史研究的新路径》，三联书店，2016，第 22 页。
2 Alexis Krausse, *Russiain Asia: A Record and Study*, p.224.
3 乔汗·瓦里汗诺夫：《准噶尔概况》，王嘉琳译，魏长洪、何汉民编《外国探险家西域游记》，新疆美术摄影出版社，1994，第 50~51 页。
4 范发迪：《知识帝国：清代在华的英国博物学家》，袁剑译，中国人民大学出版社，2018，第 212 页。

全"陌生"化了，完全没有考虑本土时空的连续性。

地理学家所谈的世界，是他们对世界的主观再现（representation），而不是客观反映，而主观再现的凭借手段只有语言，世界是在语言讲述中浮现出来的。[1]亚洲历史的建构可以看作全球化历史进程的产物。现代全球历史是作为时间上彼此为历时性关系的陆续的单独时刻被描述的，在空间上它们只与西方有关，它们与地球其他部分的共时性关系未被考虑。[2]地域作为一种显性的空间、一种隐性的疆界，只是文本的一个背景。但是，当这种书写不是发生在文化中心，而是转移到那些被视为边疆的、被视为蒙昧世界的地带，书写的对象变为某个少数族群时，人们却会有意无意间开始强调地域这个概念，这时，它的意思已经悄然转换，变成了"异域"。这个"异域"，正是萨义德所指称的东方主义的两个特征之一。[3]中亚的"异域化"，就是东方主义与东方学的后果，只建立了与西方的单边联系，是空间重新建构的过程，而切断了与周边特别是与中国的共时性关系。必须指出近代"中亚"的建构是沙皇俄国的"亚洲俄罗斯"的组成部分，具有强烈的俄式东方主义色彩，也具有某种地理民族主义的含义。拉铁摩尔将被污名化的"鞑靼－蒙古"从东方主义的历史观中恢复出来，给予游牧社会以应有的历史主体性，对"东方"的历史和亚洲历史予以新的解释，这种开创性的研究视角给学界带来很大的启示。[4]

中国在被动进入世界体系之时，原有的朝贡秩序也逐渐退出历史舞台。近现代的世界整体格局改变了中国的对外视野，中国逐渐形成了

---

1 唐晓峰、李平：《文化转向与后现代主义地理学——约翰斯顿〈地理学与地理学家〉新版第八章述要》，《人文地理》2000 年第 1 期。

2 卡尔·瑞贝卡：《世界大舞台：十九、二十世纪之交中国的民族主义》，高谨译，三联书店，2008，第 272 页。

3 《地域或地域性讨论要杜绝东方主义》，《当我们谈论文学时我们在谈些什么：阿来文学演讲录》，第 230 页。

4 参见以下学者的讨论：唐晓峰《长城内外是故乡》，《读书》1998 年第 4 期；姚大力《拉铁摩尔的"内亚视角"》，《读书》2015 年第 8 期；黄达远《边疆、民族与国家：对拉铁摩尔"中国边疆观"的思考》，《中国边疆史地研究》2011 年第 4 期。

更为明晰的周边与域外概念。近代中国接受了"亚洲"的概念，也就是接受了欧洲的分类体系。近代民族国家的构筑，关于疆域空间的认识日益深化，传统的"西域"认知在新的时代背景下逐渐分化，转变为对作为国内组成部分的中国新疆地区和作为国外区域的中亚的分类性认知。[1]在东方主义的知识体系中，"中亚"已经不再与中国具有共时性的联系。中亚曾经长期作为中国天下体系中的组成部分，被大量记录在清代以"西域"为题的官修私修的史志中，不过这种记录也带有明显的"华夷之辨"特征。

今天在"一带一路"倡议中重新理解作为异域的"中亚"，需要在知识上超越俄式的"东方主义"，同时，也不能简单回到传统的"天下秩序"中去，而是要基于大量域外民族志研究。通过扎实的社区研究和专题调查，或可更接近中亚的人文与社会，以与中国共时性的视野来实现政策沟通、设施联通、贸易畅通、资金融通、民心相通，形成"人类命运共同体"。需要注意的是，"丝绸之路"也是一个东方学的概念。不过，它今天可以被赋予新的含义，它是内陆亚洲之间从不间断的内部空间联系路网，从关中平原、河西走廊、天山南北到两河流域，经伊朗高原直到地中海，它作为巨大商路网络连接起游牧、农耕与绿洲世界。丝绸之路其实完全可以作为欧亚世界体系的代名词。

总之，中国需要一套超越东方主义的关于世界体系的知识，来理解自身以及周边与域外。

1　袁剑：《从"西域"到"中亚"：中国的中亚认知及其历史变迁》，《文化纵横》2018 年第 2 期。

第四章 "绿洲桥"视野下的河西走廊、历史中国与区域性世界

2015 年中央电视台与甘肃电视台联合制作的电视系列片《河西走廊》的创新性和思想性体现在"跳出河西看河西""跳出走廊看走廊"。首先，该片将游牧与农耕之间的关系置于欧亚史"国际化"的宏大背景下，超越了民族国家背景下的"甘肃史"和"民族关系史"的眼光，凝练出"河西走廊关乎国家经略"这一主题；其次，拓展了季羡林先生提出的四大文明汇流中心在敦煌和新疆的著名论断，把敦煌进一步扩展到河西走廊，与新疆一起构成文明交汇的中心；再次，全景式地聚焦地理生态、历史、民族、宗教、外交、贸易等区域特性，具有典型的"区域研究"（area studies）特征，凸显了河西走廊作为文明走廊和国家走廊的重要性；最后，在传播手段上，历史场景的

生动再造形成了视觉冲击，主题音乐融雄浑与婉约于一体，解说词也紧扣人心。该电视片是一次成功超越传统民族国家"边疆研究""民族研究"范式，采用创新性"区域"叙述范式的尝试，这种整体的区域史观体现了河西走廊作为欧亚国际世界"绿洲桥"的意义。[1]

一般而言，历史进程的分析应该以有意义的时间和空间单元展开，这正是区域研究的理论基础。日本学者松田寿男指出，如果把公元前 121 年以来散布于天山山脉南北两麓的绿洲进行连接，再将丝绸之路与之连接起来的话，这一部分正是东西交通的枢纽，是一座连接中国与中亚的桥梁，称作"甘肃绿洲桥"。近年来西方学者也开始使用这一称呼（Kan-su "oasis bridge"）[2]，今天则被引申为"大陆桥"。笔者认为，松田氏河西走廊"绿洲桥"的比喻恰到好处："绿洲桥"能把丝绸之路上异质性的历史空间连接起来。一个区域的形成无论是政治上、经济上、社会上、文化上都有一种内在的联系，构成了一个各种因素相互关联的共同体。如果缺乏这种内在的联系，哪怕是地缘上很接近的地方也不能算一个区域。只有存在这种内在联系的，才是区域性的。[3]"绿洲桥"尽管是对河西走廊区域特性的一个形象比喻，却反映了复杂的历史区域关系：蒙古草原、中原农耕、西域绿洲与雪域高原叠加在河西走廊，时空的关系尺度如光谱色彩斑驳，亦反映了历史中国和世界的关系需要超越现代民族国家的思考范式。

---

1 参见沙武田《河西走廊关乎国家经略——由河西走廊电视片引发的思考》，《河西学院学报》2016 年第 3 期。沙武田教授作为河西走廊电视片的总顾问，重在介绍以国际化为背景的河西走廊系列片的选题、主线和结构过程。笔者与沙武田教授多有讨论，受益良多，在此鸣谢。

2 松田寿男：《青海史论：古代亚细亚国际交流之记载》，秦永章、李丽译，《青海民族研究（社会科学版）》1993 年第 4 期。

3 王国斌：《区域性世界与世界性区域》，《史林》2007 年第 5 期。

一　中亚史视域下的中国：单线社会形态说与文明等级论的局限

作为近代地理概念的"中亚"边界不定。1930 年，张星烺编注出版了《中西交通史料汇编》，第七编即"古代中国与中亚之交通"，它涵盖大宛、渠搜、康居、月氏及昭武诸国。1936 年，曾问吾出版的《中国经营西域史》一书中专题论述"中亚"的边界是东接天山南、北路，西临里海，西北界乌拉尔岭，东南界印度，南界伊朗高原，这与国内当今认同的"中亚五国为中亚"定义相一致。1984 年，中亚史家张广达提出，关于中亚范围大小的定义因人而异。因为在不同的历史时期，从政治形势看，从四周几大文明的交互影响看，中亚的范围也确实可大可小。今天，人们比较一致的看法是把阿姆河、锡尔河流域的几个苏联中亚加盟共和国看成中亚的本部，而把与之毗邻的地区也包括在中亚的范围以内。[1] 因此，中亚地理向来有狭义和广义之分。中国世界史学科的奠基者陈瀚笙采取 1979 年联合国教科文组织的定义：阿富汗，伊朗，巴基斯坦，中国的新疆、青海、甘肃河西走廊、宁夏、内蒙古，蒙古国的西部，印度西北部和苏联境内的乌兹别克斯坦、吉尔吉斯斯坦、土库曼斯坦构成了中亚。中亚是欧亚大陆上两千多年来文化荟萃的地区，它的文化东面来自黄河—长江流域，南面来自恒河流域，西面来自幼发拉底河和底格里斯河两河流域以及伊朗高原和地中海东部。[2] 中亚史家王治来则给出的范围是中亚地区位于内陆亚洲中部，地当欧亚交通干道要冲，是世界上历史最悠久的地区之一。[3]

---

[1]　张广达：《研究中亚史地的入门书和参考书（上）》，《新疆大学学报（哲学社会科学版）》1983　年第 3 期。

[2]　陈瀚笙：《中亚文化与我国历史的关系》，《世界历史》1984 年第 6 期。

[3]　王治来：《中亚文明与中亚研究》，新疆社会科学院中亚研究所编《新疆维吾尔自治区社会科学院首届学术报告会论文选集》，第 1 页。

中华人民共和国成立以后至 20 世纪 80 年代，历史学界并没有专门的"中亚史"研究这一分支学科，相关内容分别设置在"蒙元史"、"北方民族史"和"西北边疆史"等课程中。在苏联入侵阿富汗影响中国内陆边疆安全的背景下，1980 年，中亚史专家项英杰率先在贵州师范学院招收中亚史专业的研究生并翻译出版了中亚史相关资料，贵州师范学院成为国内少数的招生单位之一，重点开拓了中亚国际关系史领域。国内还有一些科研单位开始进行相关研究，新疆社会科学院成立了中亚研究所，1984 年，痛感国内相关人才和成果缺乏，中亚史家王治来呼吁加强"中亚史的教学和研究"。[1]这种划分当时令人费解，同一个"中亚"区域空间被分别切割划入两个历史地理空间，可以称为"中亚两段论"。中国史与外国史的时空坐标完全不一样，如近代的划分，中国以 1840 年鸦片战争为时间坐标，而外国主要以英国 1640 年的资产阶级革命为起点，这就无法将"中亚史"作为历史学的整体区域问题进行讨论，造成同一个民族一部分在"近代时间"，另一部分还在"古代时间"的尴尬情况。王治来指出："1949 年建国后，我们在历史课的设置上仿照苏联的制度，把中亚地区的阿富汗、伊朗等国放在亚洲史中讲，把苏联中亚地区放在苏联史中讲，而苏联史又主要是讲俄罗斯，很少讲少数民族，甚至图书馆的分类法中也缺少中亚一类。西方资产阶级的史学书以欧洲为中心，也很少讲中亚。至于中国的西北地区，在一般的中国通史教材中，也讲得不多。"[2]苏联与中国都是采用社会形态单线进化论来构建彼此的边疆部分，当时的中国历史是以中原王朝为中心进行建构，而中原王朝之外的游牧政权历史则被纳入少数民族史中；而苏联的历史是以俄罗斯史为中心书写，中亚民族史是苏联的少数民族史。如苏联东方学家加富罗夫的《中亚塔吉克史》，这种以纵向时间为中心的历史建构

1　王治来：《论开展中亚史教学和研究的必要》，《湖南师院学报（哲学社会科学版）》1984 年第 4 期。

2　王治来：《论开展中亚史教学和研究的必要》，《湖南师院学报（哲学社会科学版）》1984 年第 4 期。

过程，其核心是欧洲的"五阶段社会形态说"，背后是线性的"文明等级论"。

古代的中亚地区被称为世界"文明的十字路口"（the Crossroad of Civilization）。在中世纪，中亚的文明居于世界先进地位，远远胜过西欧。然而历来的世界史教科书，都是以欧洲历史为中心，很少讲到中亚。[1] 而"文明等级论"乃是近代西方人对世界各地不同风土人情所划定的一套等级秩序，有分为野蛮、蒙昧、半开化、启蒙、文明五个等级的，也有分为三个等级的（野蛮、蒙昧、文明），还有分成四个等级的（野蛮、蒙昧、半开化、文明）。这套等级秩序其实既有着空间上的内涵，也潜藏着时间上的指向，在给不同地区和人民进行贴标签式定义的同时，也暗藏着对这些地区当时处境和未来走向的限定。[2] "文明等级论"体现了欧洲的话语权，航海大发现使欧洲对于世界体系的认知走在前列。地理是描绘新世界的重要方式和技术手段，欧洲学者建立了基于"西方—东方"的二元结构体系并以此划分了欧洲与亚洲。跻身欧洲国家的沙皇俄国在亚洲腹地有巨大利益，其通过科学考察，描绘出精确的地表、地貌等地理要素，将原来欧洲人认为的"鞑靼利亚"建构为"亚洲俄罗斯"，基于文明等级的世界地理观念来统治亚洲腹地，从空间上重新建构了"中亚"。在以西方为中心的观察中，"中亚史"就是落后的东方"鞑靼史"，从地域上被"少数民族化"和边缘化了。

王治来指出中亚史与"中国史"存在重叠部分：一是中亚史就是中国北方少数民族的历史；二是中亚史也是中国西北边疆的历史；三是中亚史也是中外关系史（或者叫中西交通史、中西经济文化交流史）。而中亚史的外国史部分就是苏联的少数民族史。[3] 社会学家、民族学家谷

1 王治来：《论开展中亚史教学和研究的必要》，《湖南师院学报（哲学社会科学版）》1984 年第 4 期。

2 王鸿：《全球史、文明等级论与中国近现代史》，《中华读书报》2017 年 1 月 25 日。

3 王治来：《论开展中亚史教学和研究的必要》，《湖南师院学报（哲学社会科学版）》1984 年第 4 期。

苟对此体察最深：

> 中国从春秋战国之交便进入了封建社会，但是对我国的边疆地区和各个少数民族来说，并非都是从此时进入了封建社会的。这就需要根据各个地区和各个少数民族的具体情况（所处的社会发展阶段），作出符合实际的论断。解放前，旧中国的社会性质为半封建半殖民地社会。由于历史发展的不平衡，每个地区、每个民族所处的社会发展阶段是互不相同的。[1]

谷苞不主张采取线性的社会形态说作为"西北边疆"和"民族史"建构的依据，而认为应依据各民族所依存的具体和客观的社会条件。

"中亚"概念是来自海洋地缘政治的产物，与亚洲的构建关系密切。从 18 世纪晚期到 19 世纪，"一种崭新且全面的地缘政治形势在广阔的中亚地区发展确立"。这一时期最重要的标志是，"在西方的史籍中，'中亚'一词开始取代'鞑靼'地区，随着它在俄语、英语、法语及其他语言的译文中大量使用，'中亚'的提法在 19 世纪后半期已被广泛接受"。[2]以海洋为中心的中亚视角取代了以欧亚大陆游牧民（所谓"鞑靼"）为中心的视角，也取代了中国历史的"西域"视角。在俄罗斯帝国和欧洲的观念中，中国被分为"长城外"（游牧鞑靼区）和"长城内"（农业区）两个地缘板块，农耕和游牧人群被绝对化并按照单线社会形态说纳入不同的时间序列中。"中国"被分为鞑靼民族史与中原史（汉族史）两个层面。因此，无论是社会形态学说还是民族主义的划分，背后依然采取的是时间进化模式和文明等级论，以"点与点"和"线与线"将这

---

1 谷苞：《关于补充意见的再补充》，内部打印稿，1993 年前后完成，蒙谷苞先生女儿谷凤女士赠稿。谷苞先生类似的观点散见于其《论正确阐明古代匈奴游牧社会的历史地位》（中国民族学会编《民族学研究》第 8 辑，民族出版社，1986）、《关于西北历史文化特点》（《兰州大学学报》2003 年第 3 期）等文章中。

2 黄达远：《从鞑靼利亚到亚洲俄罗斯与中亚：17~20 世纪初的东方主义、地理考察与空间建构》，《青海民族研究》2019 年第 2 期。

一区域的历史整体性切割了，严重淡化了这一区域异质性社会共生和共时性的关系。因此，谷苞在大量农牧区调研的基础上进一步指出：

> 把历史上的游牧民族说成是"随畜逐水草""肉食酪饮"是不准确的。游牧民族并非"随畜逐水草"，而是根据牧民多年积累的天文、地理的知识，世代相承的游牧经验，按不同的季节进行游牧的。游牧不是随畜，而是根据牧民的意志游牧的经验。游牧民族也非一概都是"肉食酪饮"。粮食和乳制品在其食物构成中的比重是相当大的。毗邻农业区的牧民是没有不吃粮食的，一般中等牧民和贫苦牧民所占有的少量畜群是经不住常年"肉食"的。[1]

从中西交流的空间看，从关中平原、河西走廊、天山南北到七河草原、阿姆河和锡尔河流域，本来存在共时性、流动性的空间"丝绸之路"，在单线社会形态学说下，沿线区域均被"民族化"或"民族国家化"，形成了静态的历史地理空间，丝绸之路整体性呈现撕裂化、碎片化。

二　中国史视域下的中亚——以"外族盛衰之连环性"为中心

陈寅恪在《唐代政治史述论稿》之《外族盛衰之连环性及外患与内政之关系》这一名篇中指出：

> 所谓外族盛衰之连环性者，即某甲外族不独与唐室统治之中国接触，同时亦与其他之外族有关，其他外族之崛起或强大可致某甲外族之灭亡或衰弱，其间相互之因果虽不易详确分析，而唐室统治之中国遂受其兴亡强弱之影响，及利用其机缘，或坐承其

1　谷苞：《关于补充意见的再补充》。

弊害。故观察唐代中国与某甲外族之关系，其范围不可限于某甲外族，必通览诸外族相互之关系，然后三百年间中国与四夷更迭盛衰之故始得明了，时当唐室对外之措施亦可略知其意。盖中国与其所接触诸外族之盛衰兴废，常为多数外族间之连环性，而非中国与某甲外族间之单独性也。[1]

"外族盛衰之连环性"发生的重要地缘空间就是中亚。张广达指出，陈寅恪以大量例证说明，研究唐代政治史，必须通观诸族的相互关系，始能了解唐代三百年间中原与边疆民族的更迭盛衰情况。陈先生的这一看法，也可以应用于中亚历史上民族关系的研究。在中亚历史上，充满了看来似乎是孤立的、互不相关的偶然事件。有些事件经过后来历史风云的验证，证明确实是无足轻重的细枝末节；另外一些事件则不然，例如民族的迁徙，往往需要在数十年、数百年的历史时期内弄清其起讫、原委和后果。而民族迁徙的影响往往波及四周的某些欧亚国家，给这些国家的政治局势以深刻的影响，使这些国家的历史面貌发生巨大的变化。[2]蔡鸿生教授称赞其为"一个惠及后学"的卓识：该文是以现代国际观念来看唐史的典范性的学术演示，"这种对历史联系的网络式理解，把双边与多边结合起来，构成一个互动的视野，有特别重要的意义"。[3]

公元前2世纪，原生活于中国境内的古代月氏人在匈奴和乌孙的打击下，被迫西迁至中亚阿姆河以北区域，从而引发了张骞出使西域、全线贯通丝绸之路的壮举。古代月氏西迁中亚是丝绸之路历史上的重大事件，对欧亚大陆古代东西方人群和文化的交流产生了

---

1 陈寅恪：《唐代政治史述论稿》，第182页。
2 张广达：《研究中亚史地的入门书和参考书（上）》，《新疆大学学报（哲学社会科学版）》1983年第3期。
3 《蔡鸿生史学文编》，广东人民出版社，2014，第591页。

深刻的影响。[1] 这就是一种典型的"外族盛衰之连环性"。汉朝将帕米尔东西统称为西域，或可将帕米尔以东称为"内西域"，而将帕米尔以西称为"外西域"。从西汉时期的经略看，采取的是先"外西域"而后"内西域"的方案，有轻重缓急之分，先"外西域"而后"内西域"，关键之点均在"外西域"，如李广利伐大宛以及唐代高仙芝出奇兵至葱岭以西西域诸国，河中地区一通，整个丝绸之路基本就通了。因此，历史上的西域或中亚存在着不同的区域核心，这些区域核心基本上决定着整个丝绸之路的走向和命运，也是构成走廊通道空间的动力机制。河西走廊与河中地区就是权重最为关键的区域。在宋代以前，陇右河西一直是中原统一王朝重点经营的区域，因为在海上交通还不发达的时期，受中国特有的地理位置和自然环境的制约，东南的大海是当时难以逾越的天然屏障，西南则是长年冰雪、氧气稀薄的青藏高原，而北部则是难以通行的大漠，加上西南、东北和北方长期以来为各少数民族占领，人口分散，不易供给，因此中原王朝向外交往发展的空间主要是经过陇右穿河西达西域中亚的丝绸之路。[2] 这种打通河西走廊的努力，只有依赖大规模的政治力和组织力即国家政权的力量方能实现。除了核心动力机制以外，通道空间还受到地理环境（主要是绿洲受水资源限制）和政治环境的制约。无论如何，丝绸之路在地缘上依赖的绿洲通道，其生态环境和政治环境相对脆弱，通道空间通行的安全，也同样依赖于国家力量的保护。

张骞通西域之前，绿洲之间的道路也是存在的，但是以中央政权的行为将其变为有组织和有效率的"绿洲路"则是张骞凿空西域后完成的。河西走廊原来是匈奴右贤王的辖地，霍去病的汉军击败匈奴后，该地设立河西四郡作为中原的战略屏障和地缘连环区，意义重大。正如

1　王建新：《从东天山到西天山》，《中国社会科学报》2017 年 3 月 30 日。

2　沙武田：《河西走廊关乎国家经略——由河西走廊电视片引发的思考》，《河西学院学报》2016年第 3 期。

西汉末年扬雄在《凉州箴》中所总结的地缘性，"南排劲越，北启强胡。并连属国，一护彼都"。[1]可见该地区既是"南排劲越，北启强胡"的南北分割的战略区，也是"并连属国，一护彼都"的东西间的连接区和缓冲区。唐代对河西的重视有增无减。崔融在《拔四镇议》中也提到了河西地区军事战略地位的重要性，如安西四镇无军驻守，则"西域既动，自然威临南羌，南羌乐祸……则河西危，河西危，则不得救"；[2]作为国防前哨重镇的凉、甘、肃、瓜等州应成为战略后方或边疆缓冲区，其重要性犹比吐谷浑故地的河湟地区之于吐蕃。[3]不过，唐政权的周边形势比汉代更为复杂，除了北方突厥以外，还有西南方吐蕃和西方大食的兴起。突厥一旦和吐蕃联合反唐，则河西走廊与安西四镇就岌岌可危。如高宗仪凤四年（679），西突厥阿史那都支与李庶匐率众侵逼西域，联合吐蕃，唐朝遣派重臣裴行俭前往征讨。裴提出以护送波斯王子泥涅师为名"便宜从事"，最终将叛乱平定。[4]河西走廊与安西四镇形成了唇亡齿寒的关系，与帕米尔以西地区亦有强烈的关联性。陈寅恪对此有深刻分析：

> 唐关中乃王畿，故安西四镇为防护国家重心之要地，而小勃律所以成唐之西门也。玄宗之世，华夏、吐蕃、大食三大民族皆称盛强，中国欲保其腹心之关陇，不能不固守四镇。欲固守四镇，又不能不扼据小勃律，以制吐蕃，而断绝其与大食通援之道。当时国际之大势如此，则唐代之所以开拓西北，远征葱岭，实亦有其不容已之故，未可专咎时主之黩武开边也。夫中国与吐蕃既处于外族交互之复杂环境，而非中国与吐蕃一族单纯之关系，故唐室君臣对于吐蕃施行之策略亦即利用此诸族相互之关系。易言之，

1 《初学记》卷8《陇右道第六》，中华书局，1962，第181页。
2 《文苑英华》卷769《拔四镇议》，中华书局，1966，第4049页。
3 《旧唐书》卷97《郭元振传》，中华书局，1975，第3043页。
4 《新唐书》卷108《裴行俭传》，中华书局，1975，第4086页。

即结合邻接吐蕃诸外族，以为环攻包围之计。[1]

李鸿宾通过推论"外族盛衰连环性"总结了唐朝衰亡的原因：安史叛乱直接导致西域疆域的丧失；北方草原的脱轨，使吐蕃进占河西陇右；西域腹地丢失，河西走廊的地位也就不存在了。晚唐五代敦煌出现过沙州归义军政权，它试图与长安朝廷沟通以彰显自身的法理地位，但在周边各种势力的夹击和阻遏之下，危殆之中使出浑身解数也只能求存图安。[2] 在一系列的连锁反应之下，唐朝必然衰亡。如果进一步引申该论点，就是唐朝疆域是由若干地缘板块黏合在一起的，而衔接这几大板块的就是河西走廊。在大一统时期，河西走廊就作为一个整体地缘板块出现，而在南北分治时期，在地缘上就显示出"破碎地带"的特征：以敦煌为中心的河西走廊西部地区、以张掖为中心的河西走廊中部地区、以武威为中心的河西走廊东部地区，形成相对独立发展时期。不过，河西与中原在文化上的纽带不仅不会中断，反而保留了精髓。陈寅恪独具慧眼称：

> 惟此偏隅之地，保存汉代中原之文化学术，经历东汉末、西晋之大乱及北朝扰攘之长期，能不失坠，卒得辗转灌输，加入隋唐统一之混合之文化，蔚然为独立之一源，继前启后，实吾国文化史之一大业。[3]

无论是汉朝通过联系乌孙、大月氏等异质性政权对抗匈奴，还是唐朝通过联系帕米尔以西昭武九姓的胡人城邦政权来对抗东突厥、吐蕃和大食，河西走廊都是距离帕米尔以西地区最近和最重要的通道。从历

---

1 陈寅恪：《唐代政治史述论稿》，第 136~137 页。
2 李鸿宾：《唐代地缘政治中的河西走廊》，《陕西师范大学学报（哲学社会科学版）》2020 年第 2 期。
3 陈寅恪：《隋唐制度渊源略论稿》，上海古籍出版社，2020，第 21 页。

史上看，若游牧政权控制了西域，中原王朝对西域的经营常常是远交近攻。对天山北路附属于游牧力量的西域诸国进行打击，而对天山南路、岭外诸国进行联合，在从侧翼围攻游牧力量的同时，也确保了东西之间的通道；反之，在游牧力量内附或西迁的情况下，中原王朝通常试图对西域采取全盘经略，而这种全盘战略，除了保障东西贸易通道之外，主要还是防范游牧力量的回迁。[1]中原政权对西域经营的不稳定及其具体策略，体现的正是内陆亚洲作为农耕文明与草原文明的过渡地带在各自的王朝兴衰中扮演的重要作用。[2]但在这些政权中，兴起于草原的蒙古政权又不一样：其（蒙古）是先定西域而后击中原。在一定程度上，这是草原游牧力量与西域力量结合得最好的一次，也是草原力量第一次彻底统治中原地区。清朝击败了准噶尔蒙古后，彻底完成南北结构整合，基本解决了"外族盛衰之连环性"的问题。正如左宗棠力争塞防时说："祖宗朝削平准部，兼定回部，开新疆、立军府之所贻也。是故重新疆者，所以保蒙古；保蒙古者，所以卫京师。西北臂指相连，形势完整，自无隙可乘。"[3]"西北臂指相连"即以"张国臂腋以通西域"的河西走廊为喻，可见中亚的空间意义是动态和关联的。

　　作为区域体系的"中国史"与作为民族国家史意义的"中国史"二者之间亦不重合，但其中有着强烈关联，如果不把中国历史的变化追溯到帕米尔以西地区，中国历史的整体性就难以描述。可见"外族盛衰之连环性"始终是理解历史中国与欧亚世界的一把钥匙。

三　河西走廊"绿洲桥"中的历史中国与区域性世界

　　"绿洲桥"作为一种区域与整体的关系和空间舞台，直接体现了

1　黄达远、李如东：《中国与中亚地区历史关系研究》，潘志平等：《中国与中亚地区国家关系研究》，经济科学出版社，2018，第23页。

2　拉铁摩尔：《中国的亚洲内陆边疆》，第302~323页。

3　《左文襄公（宗棠）全集》卷50《奏稿》，文海出版社，1979。

"外族盛衰之连环性"发生的重要整体性的地缘空间意义。"桥"就是通道，桥的一端是长安、洛阳等中国腹心城市，另一端是昭武九姓等河中地区城市，更远的地方则是地中海腹地城市。"桥"更多的意义是异质性社会的中转站。最早因军事政治动因建设的"绿洲桥"，却以屯垦戍边将士的庞大后勤供给，又史无前例地拉开了一张"网"。

唐代经营西域，延展了汉代在中亚的格局，河西四郡、安西和北庭两大都护府以及安西四镇的设置，将突厥和吐蕃的联系切断，从而促成了丝绸之路的繁盛。唐代西域的碎叶城（今天吉尔吉斯斯坦境内的托克马克附近就是突厥可汗庭）位于草原道和绿洲道的交会处，成为一个新兴的贸易城市。而突厥则以碎叶为依托，与东罗马帝国通商，粟特商人活跃一时。[1]可见中西交流史反映的不仅是中原与西域的关系，还有草原与西域的关系；除了北方的蒙古高原外，南方的青藏高原也是中西交流的一部分。作为河西走廊"绿洲桥"平行部分的青海路，青藏高原河湟地区也发挥了连接塔里木盆地和关中平原的功能。通过分岔的道路网，丝绸之路又像毛细血管一样渗透到周边的"胡、戎"之地，形成互动与杂糅的网络。这张路网既是历史中国的一部分，也是世界的一部分，具有重合性。这张网由若干个贸易体系叠加：丝绸贸易与其他贸易结构更多的是一种朝贡结构，而非单纯的贸易结构。

拉铁摩尔曾分析说，在中国，国家征收具有地域代表性的产品作为贡物。如丝绸之路奢侈品部分进入国库，部分作为礼物赏赐给朝臣、贵族、行政官员，扩而充之，也作为礼物让蛮族使节带回给游牧首领和那些在塔里木盆地绿洲的小王公们。这一贸易导致了一种新的贸易形式，在特权人之间最好称为礼物贸易（gift-trade）。皇帝的礼品必须比朝贡的贡品更为慷慨，那些在汉人与游牧部落以及

1　姚大中：《姚著中国史 2：古代北西中国》，华夏出版社，2017，第 285 页。

接近他们的内陆亚洲绿洲团体之间直接流传的东西，都是接着以这一类似的方式辗转，直至中国的商品最终到达地中海地区，而遥远的西方区域的商品进入中国。[1] 朝贡贸易是体现中国"区域性世界"的一个重要内容，朝贡贸易也带动了区域民间贸易。如《史记·大宛列传》颜师古"正义"引康泰《外国传》曰"外国称天下三众，中国为人众，秦为宝众，月氏为马众也"，[2] 清晰地将不同区域的特性表达出来。大黄、茶叶、瓷器、药材、香料、动物、音乐、舞蹈、魔术、食物等都是丝绸之路日常生活的一部分。在前现代，贸易主要通过畜力运输，高昂的交通成本必是考虑的因素，而河西走廊的区位恰好在四大板块（蒙古高原、青藏高原、西域绿洲和关中平原）的中心，敦煌自然就是十字路口。诚如松田寿男指出，敦煌作为联系绿洲世界、游牧世界和农耕世界的中心，也是一个区域性世界的中心。[3] 季羡林则认为，世界四大文明汇聚的中心只有新疆与敦煌。[4] 向达也提出，自张骞凿空西域以后，陆路方面，敦煌一隅缩毂中西之交通，海路通西域则率取道徐闻、合浦。[5]

　　绿洲可耕可牧，是商队和过往各种人群的天然补给站和中转站。绿洲人群保持着半农半牧生活，但是纯游牧部族在此也能够找到很理想的生态环境：山谷适合于养畜，在夏季开始温暖的时候可以从事耕种农作；高原草原适合饲养绵羊、山羊、牛和马匹。因为前述这一系列原因，这些占有战略性位置的复合型社会成为游牧政权与中央王朝政治角力的舞台。它们在此交融、协商各自的身份认同并进行斗争，这个状态一直持续到近代。它们正好把自己置于不同生态文化类型的交错与汇合点，不断从某个文化区转移到另一个文化

1　拉铁摩尔：《历史的疆域》，牛咂咂译，张世明等主编《空间、法律与学术话语：西方边疆理论经典文献》，黑龙江教育出版社，2014，第369~370页。

2　《史记·大宛列传》，中华书局，1959，第3162页。

3　松田寿男：《丝绸之路纪行》，第18~21页。

4　季羡林：《敦煌学、吐鲁番学在中国文化史上的地位和作用》，《红旗》1986年第3期。

5　向达：《唐代长安与西域文明》，河北教育出版社，2001，第30页。

区，构成了一种疆域中的"边缘社会"（marginal society）。[1] 在大一统瓦解的时候，河西走廊"绿洲桥"的功能中断，"桥"又还原成一个个绿洲"岛"，成为各种异质性人群组成的边缘社会的避难所。

丝绸之路的相对衰退与16世纪以来欧洲开辟的海上商路有关。19世纪中叶以后，工业化的交通工具在时空连接上更为便捷，在效率上达到传统时代运输能力的数十倍，促进了区域与外界的联系，从而引发了全世界范围内不同区域之间政治的、经济的、社会的也包括文化的发展与变化。从前的"区域性世界"被整合为"世界性区域"。[2] 如俄国进入中亚以后，铁路随之修建到了中亚，工业化的运输效率自然远超畜力运输，"骆驼与火车赛跑，胜败之数，可想而知"。[3] 以俄国工业化带动的全新的欧亚大陆世界性区域已经成为主体，"中亚"即新秩序的一部分。区域性世界整合进世界性区域后，并不意味着它就消失了，它依然会作用于世界性区域并且对世界性区域的发展产生非常重要的影响，这种影响甚至造就了区域与区域之间的差异。[4] 原有的"区域性世界"被以"民族贸易""边境贸易"的方式保持下来，并受到现代商业贸易的影响，呈现一种叠合的空间。如20世纪初的伊犁，"商业、市场极其繁荣，可以看到汉、满、回、维商人为主，锡伯、索伦、额鲁特、蒙古、哈萨克、俄国喀山州的伊斯兰教徒、柯尔克孜、安集延、塔什干、浩罕、犹太、俄罗斯人……各族商人之多，为天下一大奇观"。[5] 因此，我们以"中亚史"作为一种世界性架构的时候，需要区分不同的空间性质，否则就会陷入早期西方和俄国认知论的陷阱中；[6] 或者说我们应将区域关系

1 托玛索·泼罗瓦朵：《以民族走廊的研究成果论中国西北边缘社会的文化边界》，《青海民族研究》2015年第2期。

2 王国斌：《区域性世界与世界性区域》，《史林》2007年第5期。

3 秦翰才：《左文襄公在西北》，第281页。

4 王国斌：《区域性世界与世界性区域》，《史林》2007年第5期。

5 《日野强及其伊犁纪行》，蔡锦松、蔡颖译，《新疆社会科学》1985年第3期。

6 袁剑：《区域、文明，还是历史连续体？——中国的中亚叙述及其话语分类》，《西北民族研究》2019年第1期。

的平等互动视角投射到中亚史,如"绿洲桥"就是一例。正如陈瀚笙所说,中亚地区的文化与我国的历史关系源远流长,丝绸之路沿线的历史都曾受到其他国家的影响,绝不是孤立的。[1] 而许倬云指出中国体系之成长,有两个层面:一是向外扩大,即国家体系在空间上的扩展;二是向内充实,即国家体系内部的充实。[2] 从以河西走廊"绿洲桥"为枢纽的"区域性世界"中,我们发现中国还有一个自外向内充实和自内向外流动的结合过程。

小 结

河西走廊"绿洲桥"是欧亚大陆的"十字路口"和枢纽,肤色各异、身份各异、南北往来的各族人群总是要在"桥"上会聚起来,"桥"就不仅仅发挥过路的功能,而是作为"十字路口"一个特殊的空间出现,也是异质性文化交汇的中心。因此,河西走廊"绿洲桥"作为一种区域研究路径,既改变了历史研究向来以"中心"为对象的局面,又超越了中心对中心、中心对边缘的研究视角。以往的历史研究是以西方(欧洲)为参照的东西二元论,将西方视为高于东方的等级,将西方时间视为比东方时间先进,导致中亚的地域与社会呈现不平等的结构与"失语化"。而通过河西走廊"绿洲桥"可以观察到"游牧、绿洲与农耕"的异质性社会均可以利用绿洲以搭建各自的舞台,形成共时与交汇的关系,由此我们可以对中国自身的历史世界进行深入细致和复线化的认识与讨论,从"区域性世界"层面更深刻地理解"河西走廊关乎国家经略"的意义。

今天,现代丝绸之路上繁忙的火车、管道运输和航空运输早就取代了大漠驼铃,驿使也被电子邮件和微信等网络工具取代。不过,

---

1 陈瀚笙:《中亚文化与我国历史的关系》,《世界历史》1984 年第 6 期。
2 《许倬云自选集》,上海教育出版社,2002,第 32 页。

空间的缩短并不代表异质性社会与文化上的隔阂和误读就会随之降低。丝绸之路上的河西走廊"绿洲桥"曾经作为多元和异质性文明共生的历史空间的意义值得追思。张广达指出，人们为自己铸造的精神壁垒有时还远不如高山、巨浸、戈壁、沙漠等易于打破。[1] 如果要超越地理、族群、社群和意识形态的时空与文化壁垒，历史区域中的河西走廊"绿洲桥"依旧有不可替代的启迪性。

1　张广达：《古代欧亚的内陆交通》，中国史学会编《第十六届国际历史科学大会中国学者论文集》，中华书局，1985，第389页。

第五章　从周边与域外重新理解中国

——以丝绸之路研究的区域转向 为中心

在"一带一路"倡议的观念下，边疆转为核心区，这种空间转向与近年来史学发展变化的趋势相符：区域研究与世界体系（全球史）结合起来，这就意味着边疆、边界、区域这些议题必须加以重新思考，中国需要自身的区域研究。近年来，笔者就"西北研究的空间转向"反思了以往西方单一民族主义知识体系下的"去地域化"，[1] 而区域研究则能恢复地域的中心性：采用草原、绿洲、农耕、森林、沙漠空间地域上的关联性视野，也就意味着避免使用早期西方的"有色透镜"进行文化解读。全球史家威廉·麦克尼尔指出，围绕跨文化这一概念，似乎存在着某种共识，这

1　黄达远：《欧亚时空视野中的"西北"：论"一带一路"战略背景下的地缘区位观》，《陕西师范大学学报（哲学社会科学版）》2017年第3期。

种现象使世界上不同地区之间的联系浮出水面——否则，研究单个社会
或文明的历史学家看不见这些联系。因此，未被发现的联系网最终会展
示以前单独考虑的"区域"历史之间存在的"系统关系"。[1] 这就需要采
取一种整体性的社会科学方法进行研究。

一　丝绸之路的区域转向：恢复农耕、游牧与绿洲的地缘关联

当下的丝绸之路研究依然没有摆脱欧洲中心观，而深陷于民族国
家模式中。本发源于欧洲后来又成为全世界所遵循的民族国家模式，以
固化的王朝国家形态——单一中心的历史形态，将人群和地域印刻在人
们的脑海中，以至于人们形成这种以自我为中心的认知记忆和以王朝架
构为中心的认同记忆。李鸿宾指出，对丝绸之路的历史理解和阐释模
式"无非就是以通道的方式联结两端或中间的若干点域，但本质上仍旧
是各个国家和地区自身历史的发展演变"，[2] 仍然跳不出以民族国家为预
设的背景，这一问题实质依然是单一民族主义知识体系"去地域化"的
后果。

2015 年联合国教科文组织批准的"丝绸之路：长安—天山廊道
路网"的申遗文本，体现了中国、吉尔吉斯斯坦、哈萨克斯坦三国学
者对"丝绸之路"的新理解，申报文本首创了丝绸之路区域研究的
范例。"长安—天山廊道路网"是指"丝绸之路"东段由一系列具有
代表性、独特性的遗址点串联而成并具备突出价值的跨国系列文化遗
产，属文化线路类型。公元前 2 世纪至公元 16 世纪，古代中国"中原
地区"和中亚区域性文明中心之一的"七河地区"之间建立了直接的、

1　William McNeill, "The Changing Shape of World History," *History and Theory*, 1995 (34), p.14.
2　李鸿宾：《从全球史语境看唐史研究新范式出现的可能性》，《陕西师范大学学报（哲学社会科学版）》2018 年第 3 期。

长期的联系，[1]这一区域体现出游牧与定居、东亚与中亚之间从未间断的联系，极大突破了民族国家的静态视野，以一种欧亚整体史观衡量"长安—天山廊道路网"在人类文明史中的地位与特征。四个异质性区域构成了这一路网的地理基础：中原地区（农业核心区）、河西走廊（绿洲区）、天山南北（南为绿洲，北为草原绿洲）和七河流域（草原核心区），它们共同组成了长度 8000 多公里，由 33 处遗产点联结起来的巨大路网。三国学者提出区域共性的一面是持久的沿用时间、丰富的各类遗存及其相互间的内在动态关联、丰富的文化交流内容、多样的地理环境。[2]这清晰地展现出公元前 2 世纪至公元 16 世纪亚欧大陆上，发生在不同文化区域间的广泛互动，特别是在游牧的草原文明与定居的农耕、绿洲或畜牧文明之间。[2]"长安—天山廊道路网"申遗文本明显采用了年鉴学派的观点，关注长时段的日常生活。

20 世纪 60 年代布罗代尔以及年鉴学派的"整体史"，将地理时间纳入史家的关注当中，体现了对日常生活的社会史的重视；1985 年，西域史家张广达先生较早吸收了年鉴学派的观点，已经将山脉、沙漠、绿洲对于丝绸之路对东西文化交流的作用纳入欧亚交通史研究当中。[3] 2008 年，他进一步指出中古"西域"是当时世界上各种宗教、信仰、文化的交汇处，汉族中国的儒家与道教、南亚印度的佛教、西亚甚至欧洲的三夷教（景教、祆教、摩尼教），都在这里留下痕迹，因此也可以把它看作另一个路上"地中海"。[4]葛兆光提出，一方面，汉文明在那里与其他各种文明互相激荡，因而使"西域"形成了一个极其错综的"历史世界"；另一方面，"西域"虽然是汉代文献中就已经有的地理词语，但对这一特殊地域的考察，将其作为一个有意识地连接各国历史、语言

---

1 中国建筑设计研究院建筑历史研究所：《丝绸之路：长安—天山廊道路网》，《中国文物报》2014 年 6 月 25 日，第 3 版。

2 王建新：《丝绸之路：长安—天山廊道的路网》，《世界遗产》2015 年第 Z1 期。

3 张广达：《古代欧亚的内陆交通》，张广达编《西域史地丛稿初编》，上海古籍出版社，1995。

4 张广达：《文书、典籍与西域史地》。

和宗教的"历史世界",是随着 19 世纪欧洲东方学、日本东洋学的兴起才得以形成。[1] "丝绸之路:长安—天山廊道路网"重建了中原、绿洲、游牧之间密不可分的区域联系,超越了西方中心观,也超越了中原中心观,呈现了世界性的区域关联,一定程度上再现了"陆上地中海"。

丝绸之路沿线区域景观丰富多样,农耕区、游牧区与绿洲区构成了核心的环境支撑。公元前 2 世纪汉朝出使西域的张骞在大宛一带,看到既有"行国",也有"其俗土著,耕田,田稻麦"的农耕民。[2] 16 世纪至 17 世纪末的布哈拉文献资料记载农村、冬营地和草原居民之间的区别,也即定居农民、半游牧民和游牧民之间的区别。[3] 可见,从日常生活看,尽管族群发生迁移变化,但在千年的尺度下,中亚的环境和生计方式并没有变化。丝绸之路要被置于游牧世界和农耕世界的关系中理解,"自然现象的重要性各不相同,唯有对人类影响最大的那些地理现象才是最重要的"。[4] 游牧与农耕两大类型的出现,是与人类对地理环境适应以及对其资源与能量的使用分不开的。世界史名家吴于廑教授指出,"自人类由食物采集者发展成为食物生产者之后,这两个世界必然并列形成",农耕与游牧之间一方面形成相互依存的关系,[5] 另一方面形成相互对立的关系,表现在游牧社会与农耕社会内部阶层分化而发生的矛盾上。"游牧世界诸部族向农耕世界的几次大冲击,必须从超越地区和国别的广度,来考察它们在历史之所以成为世界史这个漫长过程中的意义以及这种意义的限度。"[6] 这就超越了以西方为中心的历史分期,提出了欧亚古代世界体系的问题。特别是吴于廑先生提出从"食物采集

1 葛兆光:《从"西域"到"东海"——一个新历史世界的形成、方法及问题》,《文史哲》2010 年第 1 期。

2 《史记·大宛列传》,第 3160 页。

3 《巴托尔德文集(第 2 卷上编)》,莫斯科:东方文献出版社,1963,第 467 页。

4 詹姆斯·菲尔格里夫:《地理与世界霸权》,胡坚译,浙江人民出版社,2016,第 8 页。

5 谷苞:《论正确阐明古代匈奴游牧社会的历史地位》,中国民族学会编《民族学研究》第 8 辑,第 179 页。

6 吴于廑:《世界历史上的游牧世界与农耕世界》,《云南社会科学》1983 年第 1 期。

者"到"食物生产者"的转变，按照人与环境的类型就可以划分出农民、游牧民、绿洲民、森林民等类型。对于游牧民，苏联学者哈札诺夫提出，"将牧民游牧定义为食物生产经济的一个特殊形式，依据的应该是那些经济特性的总和，就是在这些经济特性上，牧民游牧与其他性质、形式甚至不同类型的经济活动有所不同"。同时，"还要基于数世纪以来牧民自己的传统观念和标准"。[1]可见，文化也是一条重要的标准。

那么，绿洲是否也构成一种食物生产经济的特殊形式呢？长期以来，在农耕与游牧两大力量之间，绿洲能量级较小，长期从属于游牧形态或农耕形态，是依附性的存在。不过，绿洲具有世界史上独一无二的意义。随着西方的地理大发现，"丝绸之路"的概念被提出，绿洲作为"通道"的意义才受到重视。张广达先生深刻阐述了绿洲在"通道"环境下呈现的能量：草原游牧民族也好，农耕定居民族也好，都因为崇山峻岭和浩瀚沙漠之间存在着绿洲而获得了莫大便利。绿洲是广阔沙漠之中的绿色生命岛屿，这些岛屿的存在打破了流沙世界的"生物真空"。[2]绿洲的能量不能以宜农或宜牧的环境为尺度衡量，而是在沙漠尺度下才能体现其生物能量的意义和价值，由此也可以划定以绿洲为生计方式的"绿洲民"。

20世纪上半叶，随着欧亚大陆地缘政治的进一步发展，中、苏、日等国在欧亚大陆的地缘竞争中高度重视中亚的地缘价值。绿洲作为"通道"与"枢纽"的双重性质被拉铁摩尔、松田寿男等学者引入中国史与世界史之中。20世纪80年代中苏关系逐步缓和后，苏联中亚与中国新疆的丝绸之路再次受到关注。民族学家谷苞先生提出西汉王朝将河西走廊绿洲改造为农耕区后，形成了与天山绿洲桥的连接，并进而与帕米尔以西的绿洲打通，共同促成丝绸之路的开通，这一观点对中国史与

1　阿纳托利·M.哈札诺夫：《游牧及牧业的基本形式》，贾衣肯译，朱新审校，《西域研究》2015年第3期。

2　张广达：《古代欧亚的内陆交通》，张广达编《西域史地丛稿初编》，第381~382页。

世界史产生了重大影响。[1] 20 世纪 90 年代历史地理学家黄盛璋先生则发表《论绿洲研究与绿洲学》一文，确定绿洲作为一种专门的食物生产经济类型是存在的，要将自然地理与人文历史两个层面结合起来研究，倡导将"绿洲学"作为一门学科进行研究。[2] 21 世纪初，谷苞先生撰文指出，西北地区文化有三个重要的体系：一是以蒙、藏、哈萨克为代表的游牧文化；二是以维吾尔族为代表的绿洲农业文化（包括河西走廊地区）；三是以汉族为代表的黄土高原中西部旱作农业文化。明确将绿洲作为与游牧、农耕并立的三种文化之一。[3] 2011 年，人类学家崔延虎教授则提出绿洲生态人类学研究需要重视一个小型生态区域的生态环境过程，同时需要揭示相关小型社会的社会与文化变迁以及两者之间的复杂关系，从而正式提出"绿洲社区研究"。

　　绿洲作为历史空间单位被学界逐步认可。美国史家韩森的《丝绸之路新史》一书则提供了"绿洲史"研究的范例，在从长安到撒马尔罕沿线不同的绿洲如吐鲁番、敦煌、和田等出土的多语文献和实物中，恢复了丝绸之路上"走卒商贩"等最普通人群的衣食住行、情感，以及地方市场网络。这些看似很烦琐细小的"日常生活"，其实反映了"丝绸之路"除商业贸易外，还有绿洲人群的存在，他们本应是历史在场者，可是过去史家重点关注的是"物"，这些普通人则被埋没了。[4] 韩森重视绿洲在丝绸之路时空中的节点作用，重视绿洲的日常生活，这使该书获得较大的社会声誉。在全球史家纳扬·昌达看来，世界全球化从未停止，普通人如商人、传教士、冒险家和武夫是几千年来四种对全球化起重要推动作用的人，是他们把世界联系到一起。[5]

1　谷苞：《论正确阐明古代匈奴游牧社会的历史地位》，中国民族学会编《民族学研究》第 8 辑，第 173 页。

2　黄盛璋：《论绿洲研究与绿洲学》，《中国历史地理论丛》1990 年第 2 期。

3　谷苞：《关于西北历史文化的特点》，《兰州大学学报》2003 年第 3 期。

4　芮乐伟·韩森：《丝绸之路新史》。

5　纳扬·昌达：《绑在一起：商人、传教士、冒险家、武夫是如何促成全球化的》，刘波译，中信出版社，2008。

"丝绸之路：长安—天山廊道路网"申遗文本提出了对该区域性质的共性理解：中原、草原、绿洲三大异质性区域之间的关系并非简单的物理叠加，而是整体意义超过其所有组成部分的个体相加之和。在"长时段"视角下，形成这一区域的关键动力在于区域之间或地缘空间上的"共生互补"关系。[1]这体现了丝绸之路区域研究与内陆欧亚区域研究之间的问题意识基本是同质的：关注点不在于国别、单一文明区域的独特性，而在于重视异文化群体的跨文化联动、交通与比较。[2]在欧亚历史的叙述框架中，超越了"内陆欧亚""东亚"这种传统的区域范畴。丝绸之路区域研究力图摆脱旧有史观的束缚，将问题意识转向草原、农耕、绿洲、森林、渔猎、采集等多元社会形态的整合、互动，强调异质性文明之间的共生，形成以地缘关系、地缘社会为中心的视角。

二　绿洲与丝绸之路：从区域史连接世界史与国别史

全球史家杰弗里·巴勒克拉夫指出："最好是把'地区研究'或'区域研究'看作通往规模较大的世界历史观念道路上的一个阶段，看作是一种把那些相互有关的研究单位中的历史知识组织起来的实际手段。"其意义在于"这些地区研究或区域研究补充了国别史的研究成果，而且在一定程度上纠正了国别史的错误"。[3]有学者发现，在晚清，面对来自海洋帝国的"冲击"，时人不仅发出"数千年未有之变局"的感叹，而且重新审视中国与世界的关系，认为近代中国的历史过程就是加入世界万国之林（持此观点者以梁启超最具代表性）；自觉不自觉地将中国史视为世界史之外的历史进程。这种历史观的转变，实际上将传统中国

1　中国建筑设计研究院建筑历史研究所：《丝绸之路：长安—天山廊道路网》，《中国文物报》2014 年 6 月 25 日，第 3 版。

2　孙昊：《从"内陆欧亚"到"东部欧亚"——区域视域与契丹 - 辽史研究》，魏志江编《欧亚区域史研究与丝绸之路——滨下武志先生执教中山大学十周年纪念文集》，社会科学文献出版社，2019，第 16 页。

3　杰弗里·巴勒克拉夫：《当代史学主要趋势》，第 239~242 页。

史内含的"世界史"及其书写的主体性让渡出去了，同时将现代西方变成了一个近似"绝对他者"的角色。[1] 现有的以"民族国家"为单位的知识体系形成了"中国史 + 外国史 = 世界史"或是"中国史 + 世界史"的学科模式，这是早期的欧洲中心观与西方社会科学体系影响的后果，忽略了"中国"本来就是世界体系的一部分。

区域史研究是联系世界史与国别史的重要纽带，是不可或缺的一环。丝绸之路经济带倡议不得不让学界重视中国史与世界史的关系，"丝绸之路"作为国际化的路网、广义层面的"西域""陆上地中海"，说明历史中国始终是世界性文化空间的重要一维。在过去历史和现实的双重关照下，"丝绸之路：长安—天山廊道路网"提供了一个实证性的文化遗产网络，体现了"周边与域外"曾经与"中国"共享一个历史空间意义，并围绕丝绸之路的"陆上地中海"展开。近代以来帝制中国的落后与崩溃趋势，不仅导致日本对于中国东北与朝鲜、俄国对于蒙古与新疆、英国对于西藏、法国对于安南的领土要求，也特别容易促成人们对"中国"的重新界定。[2] 这种话语权的丧失导致我们在叙述"域外"和"周边"的时候不得不采取"外国史"的立场，这无疑是退回到"欧洲中心观"中，不得不将中国历史研究的空间范围局限在主权国家边界内：形成"边疆史"或"民族史"；而"边界外"则成为中亚史、南亚史等，成为"外国史"和"世界史"研究范畴；中亚、南亚各民族成为世界民族的研究范畴。这就难以反映他们与中国历史曾经具有共享的历史空间与历史过程。

通过区域史研究，或可打通世界史与中国史的内部关联。美国学者拉铁摩尔作为区域研究的大师，所研究的"边疆"不是限定在主权国家边界内，而是广义的，具有"内陆亚洲"形态的中国利益边界一直延伸

1　李如东：《民族国家与地方知识》，在"拉铁摩尔会议：边疆议题、知识焦虑与中国方案"会议上的发言，http://www.sohu.com/a/145448683_467440，2017 年 6 月 2 日。

2　葛兆光：《从"西域"到"东海"——一个新历史世界的形成、方法及问题》，《文史哲》2010年第 1 期。

到欧亚腹地的黑海。[1]从政治地理的态势上看，中国内陆"边疆"与"边界"并不重合，影响边疆的事件本身更是远远溢出了现代国家边界。18世纪和19世纪中叶至少在黑海区域发生了若干深刻影响中国近代历史的重大事件。其一是18世纪中叶在黑海附近俄国与土耳其的战争，俄国征调土尔扈特部众为其征战土耳其，引发不满。在伏尔加河游牧的土尔扈特部在首领渥巴锡带领下回归中国，并引起了欧亚草原地缘形势的连锁反应：俄国与哈萨克对土尔扈特的围追堵截以及他们势力范围的变化深刻影响了欧亚腹地的地缘格局和民族分布。其二是19世纪中叶黑海地区的鞑靼新兴工商阶层发起的近代革新运动"扎吉德运动"，对中亚民族主义运动产生了深远影响。如果近代中国内陆边疆的问题源头不追到黑海附近欧亚大陆的博弈，那么仅靠国别史将无法深刻理解这些问题。其三是俄国与以后的苏联在其欧亚腹地开展的现代化进程，如铁路的修建、现代城市的建设、现代教育与现代社会阶层的形成等，对中国内陆边疆地区形成了地缘空间优势和影响力，中国政府不得不调整政策予以回应，这也直接或间接地影响了中国的疆域形态。这些影响中国近代史的重大事件，必须在欧亚史的区域视野中才能予以发现。

　　拉铁摩尔总结出"内陆亚洲研究法"："在研究整个中国社会全部所及区域发展和社会自身各阶段的演进过程中，我们将会发现，在地理单元的大小和占有并利用它的社会系统的结构和功能之间总是存在着一种平衡。"[2]这种以"内陆亚洲"为单位的"区域研究法"借鉴了物理学和生态学的概念，是一种能量守恒状态—— 一个系统总能量的改变只能等于传入或者传出该系统的能量的多少。拉铁摩尔使用"平衡"一词，将其转化到以欧亚历史为背景的中国历史的观察中，这种共时性研究就带有了强烈的社会科学的含义。不过，拉铁摩尔的研究范式也蕴含着强

1　拉铁摩尔：《历史的疆域》，张世明等主编《空间、法律与学术话语：西方边疆理论经典文献》，第373页。

2　拉铁摩尔：《历史的疆域》，张世明等主编《空间、法律与学术话语：西方边疆理论经典文献》，第407页。

烈的"结构—功能论"意义。这种区域研究法，已经有了一种社会科学的意义。借助于上述研究视角，清代乾隆时期天山北麓"伊犁九城"、古城—乌鲁木齐城镇群、巴里坤满汉双城的开发体现了这一地缘空间的剧烈变化，表现了双重的意义——不仅是中国史的重大事件，而且是欧亚史的重大事件。如果按照拉铁摩尔区域研究法的"平衡"原则，从中国史看，伊犁河谷绿洲匮乏的资源不能保障、维持和支持数万将士家属的驻防实边的巨大开支，只有通过北京调剂江南的财赋"协饷"才能维系军政费用，而当地军民也必须进行屯田、贸易以补充和支持财政开销，这就导致了"长城—天山走廊"的出现。[1] 从八旗驻防捍卫主权、威慑中亚的意义看，"天朝""惠泽远方"的天下秩序观，就体现在伊犁将军的驻防之城——号称"小北京"的惠远城。其某种意义上是为对冲和平衡俄国在欧亚腹地扩张的影响，而清朝的影响同样是延伸到欧亚腹地。正是因为清朝打败了准噶尔，黑海附近伏尔加河游牧的土尔扈特部才进一步坚定了东归的决心。

1985 年，哈佛大学傅礼初教授遗作《整体史：早期近代的平行现象与相互联系（1500~1800）》是以欧亚史为背景展开的，认为相对于此前各地区的独立历史进程而言，欧亚大陆在 16~18 世纪的早期近代阶段终于具有了共同的一体化历史，而中国也在其中。其总结出，内亚这一区域的联系性自 16 世纪以来明显加强，以新兴城市为基础的定居国家实力的愈发强大则促使以往由定居世界和游牧力量维持的势力均衡逐渐瓦解，传统的游牧人也越来越多地向定居化过渡。[2] 傅氏提出的"异地共生"概念引起学界极大兴趣。

赵世瑜将"整体史"理论应用到中国研究中，他重新考察了明朝历史上的"北虏南倭"与隆庆、万历年间的族群关系：在明代的南部山区、西南地区，以及西部地区，都程度不同地出现了族群关系的动

1　黄达远：《长城—天山走廊上的国家记忆》，《中国民族报·理论周刊》2017 年 12 月 29 日。
2　傅礼初：《整体史：早期近代的平行现象与相互联系（1500~1800）》，董建中译，《清史译丛》第 11 辑，商务印书馆，2013。

荡，其动因是大体相同的，甚至是相互关联的。明朝隆万之际的主政者或许是被动地触摸到了时代变化的脉搏，所以尽管是短暂的，但他们采取了积极应对的策略，使此时期的明朝边略具有了时代性和整体性。[1] 这一成果意味着将"整体史"视野纳入明史研究，不同的异质性边疆、不同的族群关系和全球史、东亚史时空联系起来，以寻求这一时期不规则的历史脉动，这是王朝史、区域史、民族史、全球史的融通之作，将边疆研究和民族研究的"边缘"视角转到全球史和中国史的"中心"视角，极大丰富了中国北方社会史的内容，是一个将边疆"内外"整合的极佳研究案例。正如作者在另一篇文献中解释了他的研究旨趣：与只关注游牧政权和王朝政权不同，他更关注游牧与农耕政权是如何营造出一个（也许是多个）位于他们之间的地域社会，关注这个由两大力量板块"夹击"而成的地域社会是如何形成的，或者说如何"结构"的。[2] 实际上，河西走廊、天山南北、中亚两河流域的绿洲都是在游牧与农耕两大板块力量的夹击下形成的，绿洲或是游牧力量占主导，或是农耕占主导，或是半农半牧的形态，绿洲因腹地的狭窄，物资的补充很大程度上借助于远距离转运贸易，形成复合型的空间形态，也形成自己的特色。[3]

　　丝绸之路区域研究反映了全球史、整体史与区域史的关系，是游牧与农耕关系的世界史（全球史）的一部分，也是中国史与世界史的重叠部分，不过也有相对突出的"专门史"的意义：丝绸之路汇聚了古老的中国文明、印度文明、波斯—阿拉伯文明与希腊—罗马文明、中亚文明以及其后的诸多文明，沟通了亚欧大陆上游牧民族与定居民族之间的

1　赵世瑜：《明朝隆万之际的族群关系与帝国边略》，《清华大学学报（哲学社会科学版）》2017年第1期。

2　赵世瑜：《如何深化中国北方的区域社会史研究——〈长城内外：社会史视野下的制度、族群与区域开发〉绪论》，《河北广播电视大学学报》2015年第4期。

3　黄达远、王鹏：《多重复合的绿洲空间：区域视野下的"内陆边疆城市"》，《云南师范大学学报（哲学社会科学版）》2019年第2期。

文化交流，促成了人类历史上多元文化的发展。[1] 其中与欧洲史最具差异的部分就是绿洲史，丝绸之路区域特色就是草原、绿洲与游牧的交互性。

　　近代中国学术界在学习西方民族国家经验，按照西方社会科学体系构建中国民族国家史的时候，开始进行学科分类，"陆上地中海"从"历史世界"逐步变为主权国家的区域和边界，重新划定时间、空间和社会，这就要纳入主权国家可识别的时空范畴，这就与历史书写和建构有关。从连续的时间长河中按照特定标准切出一段加以研究，是分期史的做法，例如古代史、中世纪史、近代史以及以王朝为单位的断代史等；将互相联系、紧密联络的人类社会按照特定标准分类研究，是专门史的做法；在绵延的地球表面按照特定标准划出一定范围进行研究，是分区史的做法。[2] "陆上地中海"的"历史世界"被切割到不同学科的研究范畴中，仅仅在历史学中，以"民族国家"为单位研究的就有边疆史、民族史以及中亚史。超越"民族国家"研究单位之外的跨文化、跨社会、跨国家研究有丝绸之路史、中西文化交流史等。边疆史和民族史从时间上又分成不同的断代史：汉代边疆史、唐代边疆史、清代边疆史等；从研究内涵上又分为经济史、社会史、文化史等。这些历史分析方法大多是借助于西方的学科体系，没有兼顾历史的整体性。如果从"陆上地中海"的整体性和历史延续性看，其实无论汉、唐、元、清是否在场，自从张骞凿空西域，在农耕、游牧、绿洲的区域关系史中，"中国"一直都在那里，从未离开。对这一整体史的把握，已经体现在学者关注不同层次的空间关系中。由于民族国家历史叙事的影响，以往的中国作为世界体系的一个重要维度，其重要性被淡忘了。如美国学者近期关注

1　中国建筑设计研究院建筑历史研究所：《丝绸之路：长安—天山廊道路网》，《中国文物报》2014 年 6 月 25 日，第 3 版。

2　董少新：《从"东亚"到"东亚海域"——历史世界的构建及其利弊》，复旦大学文史研究院编《全球史、区域史与国别史——复旦、东大、普林斯顿三校合作会议论文集》，中华书局，2016，第 33 页。

到清朝在欧亚腹地投入的大量白银、茶叶和丝绸对周边区域经济的深刻影响，这是带动中亚区域经济市场的重要动力。[1] 采用区域视角研究边疆，并不是说国别史下的边疆研究不重要，而是跳出线性的时空框架，以丰富和补充国别史视野下的边疆研究，形成更精细化的研究视角。诚如学者的反思，"在中国边疆史研究中，不能仅仅局限在边疆区域史范围来研究边疆史，更不能以静态的、粗放的方式来对待边疆史"。[2] 需要考虑早期西方社会科学体系的适用性，比如"绿洲"作为特殊的历史空间单位，并没有受到重视。

三　丝绸之路区域研究与社会科学视野的创新

1960 年代，欧美的中国学研究发生了一次从"汉学"到"中国研究"的重大"范式"转换，从重视语言文献考据的汉学转向以问题研究为导向的区域研究——中国研究。区域研究是一种文化翻译，即"一种谋求通过一个跨学科的透镜来了解、分析和阐释外国文化的事业"。这首先要求外来者努力理解另一种社会和文化的假设、含义、结构和动态，但也为他们创造了机会，去扩展，甚至挑战他们对自己的社会和文化的理解。"跨文化的透镜"是不可或缺的，因为任何单一的学科都无法充分地理解另一种社会或文化。[3] 长期以来中国在西方的知识体系中属于被研究的客体，这是一个从属关系，不是一个平等意义上的关系。[4] 丝绸之路区域研究很大程度上突破了静态的历史地理学和近代欧洲对于

1　赵佳文、张莉：《评 *Borderland Capitalism: Turkestan Produce, Qing Silver and the Birth of an Eastern Market* (By KWANGMIN KIM. Stanford: Stanford University Press, 2016)》，《历史人类学学刊》2018 年第 2 期。

2　田澍：《互动与融通：新时代中国边疆史研究的客观要求》，《中国边疆史地研究》2018 年第 3 期。

3　D.L. 桑顿：《美国区域研究的起源、性质和挑战》，耕香摘译，《国外社会科学》2004 年第 1 期。

4　昝涛：《一带一路、丝绸学与区域研究》，魏志江编《欧亚区域史研究与丝绸之路——滨下武志先生执教中山大学十周年纪念文集》，第 13 页。

这片区域的定义：中亚、南亚的观念是一种僵化封闭的空间地理观念，"这种历史地理学和东方专制主义观念一起，塑造了作为正统印度史学基石的印度文明观念"。[1]

丝绸之路经济带的倡议使中国开始成为现代化的发动者，是实施新一轮扩大开放的重要举措。追求的是沿线各国政策沟通、设施联通、贸易畅通、资金融通、民心相通，这"五通"构成了新一轮开放的基本特征。实现五通之一的"民心相通"，就要破除欧洲中心观与中原中心观对丝绸之路沿线国家和区域的知识遮蔽，即完全将其视为静态的地理空间，将域外和周边视为"外国"；或者将域外和周边视为"野蛮""边缘"之地。早期以西方民族国家为背景形成的社会科学知识体系，对周边与域外采取博物学、民族志的划分以安顿其世界秩序，这都是以欧洲为中心的安排，具有淡化和切断与中国的共时性联系的特征。而从地缘关联性和地域社会的特征看，中国历史与周边、域外的影响持久而深远。因此，不能陷入近代欧洲区域研究陷阱中。区域研究不过是"东方学"的另一种表现形式，深含着西方的扩张"话语"。不管多么强调中国中心观，历史学家始终无法摆脱局外人的立场。[2]因此，需要以新的社会科学视野进行丝绸之路区域研究。

第一，考虑以当代的社会科学体系为基础，以中国与周边、域外共建、共享、共有的视野重建丝绸之路的社会科学体系。与传统的以民族国家为视角的视"丝绸之路"为单一的自然区域和统一而封闭的文明区域不同，将"绿洲""游牧"作为历史研究的空间单位，以农耕、游牧与绿洲的关系重新释放"通道""走廊"的意义，可以将"丝绸之路"建构为一个开放和多元的地理和历史空间。自史前至现代，不同的路网和通道以纵横交错的机动地带将亚欧大陆的东部和中部、西部

1　王立新：《从历史文明到历史空间：新印度史学的历史地理学转向》，《世界历史》2017年第4期。

2　Benjamin I.Schwartz, *Area Studies as a Critical Discipline: China and Other Matters*, Cambridge, London: Harvard University Press ,1996, pp.98-113.

的异质性区域联结在一起，由此我们可以发现不同区域的活力和
与中华文明之间的有机联系。

　　日本学者应地利明在农耕与畜牧关系中论述欧亚的生态、生存方式
和民族的兴亡。其背景是"从网络建构原理的角度来看，沙漠与海洋甚
至是同一类型，一个是广漠的沙砾世界，而另一个则是浩渺的水世界，
都是人类不能居住的广袤空间"。绿洲和港口散落各地，连接绿洲与绿
洲之间的路线是商路，连接港口与港口之间的路线是航线："此构造是
把绿洲和港口作为点，把商路和航线作为边的网络。'沙漠的丝绸之路'
和'海上丝绸之路'均属于'由点和边构成的网络和网络流量'构造，
显示了百分之百的同型性。"[1] 区域比较研究是跨文化解读的重要方法。

　　第二，重视不同层面的关联，特别是日常生活的空间关联。丝绸之
路只是一个跨区域交往的贸易网络代名词，其实还有"茶叶之路""大
黄之路""瓷器之路""布匹之路"等关系到沿线民众日常生活的贸易
往来。除了贸易之外，与日常生活相联系的还有"医药之路""植物之
路""动物之路"，等等。如从唐代开始，回族先民对香药推广应用贡
献颇多，如用香药防治疾病、熏洗衣物、化妆美容、调味食品、祛邪防
腐等。到唐末五代时，最负盛名的回回医药家李珣，人称李波斯。他著
有一本独具风格的药学著作《海药本草》，所收录的药物多来自海外。[2]
中医采用的芳香型药物用药方法大多是从古代丝绸之路的中亚和波斯传
入的。

　　第三，重视人类学方法，开展海外民族志调查。丝绸之路区域研究
面临的问题，一是持续的民族群体迁徙使这一地区历史发展轨迹曲折复
杂，社会组织形态多样且缺乏稳定；二是语言文字文化起源多样、不均
衡发展，该地区缺乏统一持久的历史记忆和区域认同；三是各类宗教信
仰以及相关文化传承的互渗并存使内陆亚洲各民族群体间价值体系保持

1　饭岛涉、泷田顺平：《中央欧亚环境史》，欧文东译，《当代日本中国研究》2014 年第 2 期。

2　潘伯荣、刘文江、束成杰、张丹：《古丝绸之路对我国民族医药学的影响》，《中国野生植物资
　　源》2016 年第 5 期。

着非常突出的异质性。[1] 由于近代对这些群体的了解都是以欧洲为中心的，殖民色彩浓厚，所以，以文化人类学的社区调查方法来理解中亚、周边与域外的各民族群体、宗教群体，开展丝绸之路沿线的社区调查研究不失为一个好的方法。除了专业的人类学训练之外，因为丝绸之路沿线族群宗教相当复杂，还要有语言文化研究人才的储备。

第四，考古学、人类学、历史学、社会学等研究方法的综合。"我们所构筑的基于整体理解的中亚人类学框架与路径，必须与西方既有研究中的殖民学术色彩划清界限，与此同时，又必须汲取东方学认知中的合理要素，并整合既有的历史学、民族学资源，从而形成具有整体性特征的、中国的'中亚人类学＋'的研究路径与分析框架。"[2] 中国学者组织的"中亚游牧考古"率先取得了重大进展。长期以来，国内外学术界普遍认为游牧人群的生活状态是"逐水草而居，居无定所"，这直接影响到考古实践，导致考古学主要进行墓葬的发掘与研究，忽视了居住遗迹和聚落遗址的存在及岩画与聚落遗址的共存关系。西北大学王建新教授团队在长期考古实践的基础上，提出对古代游牧文化遗存的基本要素——居住遗迹、墓葬、岩画进行"三位一体"的综合研究，这极大丰富了古代游牧文化考古研究的内容，在理论和实践上具有国际领先水平。[3] 提到游牧就要提到农耕与绿洲，因为单独的游牧是无法生存的，而这种共生互补的区域特色也是丝绸之路长期延续的基本特点。

丝绸之路区域研究需要超越线性的民族国家观念，把世界性的眼光重新寻找回来，认识到中国是内在于世界体系的单元，由此丰富对中国自身的认识，同时也要认识到中国的国家建构过程与欧亚其他国家相比有特殊的一面。要建设具有中国主体性的社会科学体系，就要重建历

1　王建新：《丝路发展视域下的内陆亚洲社会文化研究》，《陕西师范大学学报（哲学社会科学版）》2018 年第 1 期。

2　袁剑：《固化与流动——中亚民族学与人类学研究的背景、演变与范式转型》，《西北民族研究》2019 年第 4 期。

3　王建新、席琳：《东天山地区早期游牧文化聚落考古研究》，《考古》2009 年第 1 期。

史－文化和空间视野，必须考虑不同弹性的区域尺度和历史空间单位，并以此重新思考周边、域外与中国的关系。"在任何一个区域建立历史关联，都可以是全球性的，也可以是区域性的，我们应该在不同的区域历史过程中发现尺度不一的历史关联，以充满弹性的方式来对待全球性或者区域性。"[1]

---

1 赵世瑜：《在中国研究：全球史、江南区域史与历史人类学》，《探索与争鸣》2016 年第 4 期。

第六章　欧亚时空视野中的"西北"

——以绿洲、游牧和农耕的互动为中心

当代主流的历史叙述，总是不自觉地把中国历史等同于中原史或汉族史。某种意义上说，这是现代性进入历史时空叙述的一个后果，现代民族国家往往形成以单一中心为时空坐标来叙述历史的话语体系和认知结构，从而导致地理与区域观念出现某种断裂。地理学家最易发现这一现象：近代中国史上一种最重要的地理事实，就是对海洋新关系的认识。以前面向西北时，太平洋是"后门"，离长城不远的玉门就是中国的"前门"。对于内陆亚洲和西北诸省，它在国家历史上肩负并完成了重要的任务。但今日的情形都已改变了：中国的大门朝向太平洋，于是上海、广州、天津取代了西安和北平的地位，玉门关只不过是供诗

意凭吊与回忆。[1]民族学家谷苞先生明确指出,近代中国的历史时空视野从以内陆为中心转换为以海洋为中心。这种转换长期影响着中国的区域感。2003 年,谷苞先生在给《西北通史》写序时,针对长期以来人们观念中的"西北边疆"提出了问题,说人们对于西北的含义存在着不同理解,需要有一个统一的认识。不能把西北地区统称为西北边疆,在西北地区虽有边疆,但西北地区的很大一部分不属于边疆。[2]他以西北文化的三个特征思考提出不能把西北"边疆化":(1)西北地区的文化是中华民族文化形成的一个重要的源头;(2)西北地区一向是一个多民族聚居的地区;(3)西北地区是古代丝绸之路的主道所经过的地区。[3]西北不是"铁板一块"的均质化区域,不是文化落后的蛮荒之地,是不具有清晰的地理、文化与行政边界的"区域"。如兰州是国家几何地理中心,陇东一带是华夏文化诞生地,"嘉峪关外"还有举世闻名的丝绸之路文化中心——敦煌。

在建设"丝绸之路经济带"的视野下,国家提出以"新疆为核心区"的新战略区位观,这就使"西北"战略定位也在同步发生着变化,围绕着"化边疆为中心"的理论命题,学界已经展开了一些讨论,笔者认为,"西北"是一个多中心互动的历史空间,这一历史空间长期被另一种视角遮蔽,而厘清此问题,对于认识"丝绸之路经济带"背景下的地缘战略具有相当的重要性。

一 "欧洲中心观"与世界史的时空断裂:被遮蔽的"游牧史"

近代中国的时空转向与全球史(世界史)的产生密切相关,在全球史当中产生一种社会科学化的视野,就是将欧亚大陆划分为不同的区

---

1 葛勒石:《中国区域地理》,湛西达译,正中书局,1947,第 34 页。
2 谷苞:《关于西北的历史文化特点》,《兰州大学学报(哲学社会科学版)》2003 年第 3 期。
3 谷苞:《关于西北的历史文化特点》,《兰州大学学报(哲学社会科学版)》2003 年第 3 期。

域，以便现代国家在地缘政治和国际关系的需要下识别出不同的文化—地理空间。正如华勒斯坦等指出，社会科学实际上也是以一种特殊的空间性观念为基础的。按照社会科学学者的假定，人类生活必须要通过一组空间结构来加以组织，而这些空间结构便是共同界定世界政治地图的主权领土。这些政治疆界确定了其他关键的互动领域（如社会学家眼里的社会、宏观经济学家眼里的国民经济、政治学家眼里的国家、史学家眼里的民族）的空间参数。[1]源于西方的现代世界秩序与国家体系，以西方的经验来重组世界秩序，这就确立了以西方为中心的认知视角。基于对殖民主义地理与文化传播论的反思，布劳特分析指出，对于欧洲以外地区认识的迅速形成有着复杂原因，但是最重要的原因就是殖民主义的发展，它在两个方面产生了特别影响：一是获得了关于欧洲以外地区人们的大量信息，尽管这些信息是被高度歪曲的；二是关于欧洲以外的地区的世界和人民的情况，证实哪些是真实的，哪些是不真实的，具有了现实的、政治的和经济的利益，这两个过程紧密地联系在一起。[2]按照西方殖民世界的需要，重新绘制世界地图，以海洋为中心的构图成为一个大趋势，这就势必要"去大陆化"。在19世纪和20世纪初的全球殖民体系中，"现代全球历史是作为在时间上彼此为历时性关系的陆续的单独时刻被描述的，在空间上它们只与西方有关，它们与地球其他部分的共时性关系未被考虑"。[3]著名社会学家戴维·哈维则认为，"世界的空间……都被去地域化了，剥去了它们原先的意义，然后依照殖民和帝国主义政权的需要重新地域化"。[4]这一后果就是时间与地域（空间）的分离。

1　华勒斯坦等：《开放社会科学——重建社会科学报告书》，第28页。

2　J.M. 布劳特：《殖民者的世界模式：地理传播主义和欧洲中心主义史观》，谭荣根译，社会科学文献出版社，2002，第26页。

3　卡尔·瑞贝卡：《世界大舞台：十九、二十世纪之交中国的民族主义》，第272页。

4　David Harvey, *The Condition of Postmodernity: An Enquiry into the Origins of Cultural Change*, London: Blackwell, 1989, p.264；卡尔·瑞贝卡：《世界大舞台：十九、二十世纪之交中国的民族主义》，第272页。

中国学界对以欧洲为中心的世界史的局限性表达了不满。[1] 20 世纪 80 年代初，世界史学者吴于廑先生提出纠正性的"整体史观"，希望将被"海洋史观"屏蔽的欧亚大陆的历史"空间性"释放出来。整体史观从世界历史的整体发展和统一性方面考察历史，认为人类历史的发展过程是从分散向整体发展转变的过程，主张世界各个民族、各种文明在各自和不断交往的发展中，逐步打破孤立、分散状态，最终融合成密切联系的全球统一体。[2] 吴于廑先生认为，古代社会的主要矛盾存在于游牧文明与农耕文明之间，并非存在于奴隶与奴隶主、地主与农民之间。无独有偶，就在吴于廑先生这篇著名文章发表的次年（1984），在天山南北深入田野实践数十年的民族学家谷苞先生在另一个学科领域中指出，在我国悠久的历史进程中，广大的农业区和游牧区一直是并存的。农业区诸民族与游牧区诸民族的关系问题，一直是我国最重要、最持久的民族关系问题。因此游牧社会与农业社会之间关系的主流始终是互相依存、互相促进。农业区经济与游牧区经济的结合，才构成了我国古代封建经济统一的整体。[3] 一南一北两位不同学科的著名学者无意中形成了一种默契共识：农耕和游牧的关系是世界史上最普遍、最"日常"的一种关系，既是一种生产关系，也是一种地缘关系，更是一种交往关系。既要在更为广阔的欧亚大陆整体史和文明史基础上，也要从最普遍的"日常生活"中去理解历史上的"国际关系"与"民族关系"。这也是古代欧亚世界体系中的"国与国""族与族"之间的基础。中国史、"民族史"也不例外，农耕与游牧的关系同样是理解历史的基本线索，由此恢复出被海洋时间压抑和遮蔽的游牧社会"空间"性意义。

中东史专家彭树智先生则在"整体史"的基础上阐发了"文明交往

1　马克垚：《困境与反思："欧洲中心论"的破除与世界史的创立》，《历史研究》2006 年第 3 期。

2　吴于廑：《世界历史上的游牧世界与农耕世界》，《云南社会科学》1983 年第 1 期。

3　谷苞：《论西汉政府设置河西四郡的历史意义》，《新疆社会科学》1984 年第 4 期；谷苞：《关于西北的历史文化特点》，《兰州大学学报（哲学社会科学版）》2003 年第 3 期。

论"，在畜牧农耕的自然经济时期，地缘关系上升为主导地位，地域空间的交往范围越来越大。游牧世界和农耕世界之间各种形式的交往特别频繁。交往主体随着地域的扩展而表现为种族、民族乃至社会、宗教共同体，而等级制、宗法制、伦理道德体系成为文明交往的社会、政治和精神中枢。[1] 文明交往论强调地缘关系的重要性，同时突破了对于游牧社会的"野蛮"想象。以往的中亚史地研究同样受到"欧洲中心观"的强大影响，具有"时空断裂性"。俄国学者巴托尔德将中亚衰退的原因归结为海路的兴起取代了陆上贸易以及乌兹别克游牧人瓦解了中亚帝国的完整性，造成了中亚游牧力量终于被欧洲人取代。这一传统经典论断在近期遭到了中国学者的质疑，褚宁和马建春认为，16~17世纪"布哈拉人"依旧奔走在欧亚大陆，"布哈拉人"作为一个泛化的商业群体，这一时期通过教缘与地缘关系，将中亚诸城镇、草原以及印度、波斯、俄国、中国连接在一起，构建起一个颇具规模的欧亚内陆贸易网络。[2] 苏联东方学家也并不否认这一点，M. 库特鲁科夫认为海路的开辟并没有破坏旧的商道。它继续使中亚、印度、俄国与中国保持联系，而中亚和叶尔羌的商人仍是这些国家之间贸易的中间人。他援引16世纪40年代访问过中国的土耳其旅行家赛菲的著作指出，"（叶尔羌汗国）开采玉石绝大部分运往中国。吐鲁番是各国商人云集之地，这里集结了数千名来自亚洲各国而准备去中国的商人，他们选出自己商队的首领，经叶尔羌汗批准后前往中国；因担心居住在此地的卡尔梅克人的抢劫，许多商队不能前往中国"。[3] 不止一份穆斯林文献证实，欧亚大陆之间的文化与商贸交流一直没有中断，从上述文献中也可以窥见，草原、绿洲与农耕区之间的相互关系对于这种商贸和文化交流有着深刻的影响。

---

1 彭树智：《世界历史：人类文明交往的新自觉时期》，《史学理论研究》2011年第2期。
2 褚宁、马建春：《16~17世纪"布哈拉人"与欧亚内陆贸易网络的构建》，《世界历史》2016年第6期。
3 M. 库特鲁科夫：《15世纪至17世纪叶尔羌汗国与中原王朝的关系》，苗普生译，《中国边疆史地研究导报》1990年第5期。

　　中亚史地学者潘志平等认为，所谓15世纪后丝绸之路断绝的说法，很可能是受到西方基督教传教士的影响。基督徒视为畏途，并不能证明此路不通。如果将丝绸之路理解成东西文明的交流之路，东西文明的交流不存在中断问题。[1] 由此质疑"丝绸之路"概念背后有一种基督教的文明观念在起作用，使"丝绸之路"呈现出一种对东方的"想象"。由于19世纪是西欧的知识体系、价值观、国家观及文明观在全球化过程中普及的时期，所以对于西方中心观书写下的世界体系必须保持足够的警惕。"中央欧亚"这一区域游牧社会的历史几乎被遗忘，如弗兰克指出的，中亚仍然是一个天文学观念上的"黑洞"。中亚对那些外围民众所在文明而言，处于中心位置，而这些民众的生活空间被吸进中心的"黑洞"当中。中亚也是所有那些外围民众及其文明彼此交汇互动的地方。中亚真正成为欧亚和世界历史的"缺失一环"。[2] 华勒斯坦尖锐批判欧洲社会科学研究是以"区域研究"为基础，而划分这一区域的方法确实是欧洲中心主义的。有学者反思，"我们对于世界历史与各大区域文明的认识与定位在某种程度上都是欧洲中心主义的，在对欧亚大陆的认识上也有鲜明体现，历史叙述的主要内容都给了欧亚大陆的东西两侧，而忽视了这一大陆的中间地带"。[3]

　　然而，要填补游牧社会历史的"黑洞"和历史的缺位，必须放宽知识视野，包括突破建立在西方知识范式下的"区域研究"。而近代以来的中国人文与社会科学是纳入西方的"区域研究"当中的，"区域地理"就是最典型之一。这就出现了"西北"被如何定义的问题："西北"作为中国历史上游牧民与农耕民交汇的力量中心，也是世界四大文明交流的中心，是以大陆史观中的"前门"为中心书写，还是以海洋史观的"后门"——"边疆"来书写呢？

1　潘志平、王智娟：《鸟瞰中亚宗教、民族之历史与现状——兼评亨廷顿的"文明模式"》，《西北民族研究》1994年第2期。
2　安德烈·贡德·弗兰克：《论中亚的中央性》，袁剑、刘新成译，《全球史评论》2017年第11期。
3　袁剑：《中央欧亚、游牧民与世界秩序》，《晶报·深港书评》2014年9月7日。

二　两种世界文明交往体系的碰撞：作为区域的"西北"

两种不同的世界文明交往体系，一种是以游牧区与农业区互动的欧亚大陆为主体的文明交往体系，一种是自航海大发现时代以来以欧洲文明为中心的全球化体系。而在前者欧亚大陆的文明交往体系中，"游牧区"有了特指的"中央欧亚"定义。中原农业区是欧亚大陆最大的农业区，在游牧与中原农耕力量的互动中讨论"西北"的区域中心性，日本都市史学者妹尾达彦做出了重大的贡献。他高度重视生态与人文环境的互动，特别是以农业与游牧力量互动的欧亚大陆世界史的视野来讨论"西北"的中心性——聚焦点是唐代长安城。他提出了几个重要观点，不乏启发性。

第一，妹尾达彦界定了人类历史文明的发源地之一就是以黄河流域为中心的农牧交错地带，农牧区的物质交换刺激并促进了城市的诞生。城市主要诞生在农牧交错带接壤的农业地域的一方，功能主要是交易和军事场所，由此发育出了不少城市，"到了纪元前 1000 年时，联合起来形成了国家，遍布中国内地的城市网络由此诞生。由此而诞生的城市网络的至今 3000 年间的变迁，汇集在中国五个历代都城变迁的形式之中"。[1] 西安、洛阳、北京、南京与开封作为中国历史上的五大古都，也分别是城市网络的中心。

第二，妹尾达彦注意到 4~7 世纪北半球进入一个寒冷期，从而导致北方人口向低纬度地带南迁，游牧民大规模越过农牧交错地带而进入以农业为中心的地域，人与文化的移动导致历史时期的又一次显著性变化，就是建立起了游牧人的"征服王朝"。长安恰恰处于这一次人口大迁徙之路的东端，正是这样跨越亚欧大陆的人口流动，加大了长安都市文化的国际意味。在南北方向上，长安地处农业区与游牧畜

---

[1]　妹尾达彦:《东亚都城时代的诞生》，杜文玉主编《唐史论丛》第 14 辑，陕西师范大学出版总社有限公司，2012。

牧业区的交界，有利于统合农业文化和游牧文化；在东西方向上，长安处于欧亚大陆人口迁徙之路的东端，是"西方"文化与中国文化的连接点。这两方面共同造就了长安的国际大都市地位。[1] 长安城作为欧亚大陆十字路口，大规模人口流动带来的文化交流推动了其国际化都市地位的形成。向达也说："第七世纪以降之长安，几乎为一国际的都会。各种人民，各种宗教，无不可于长安得之。""异族入居长安者多，于是长安胡化盛极一时，此种胡化大率为西域风之好尚。"[2]

　　第三，妹尾达彦还进一步指出中国都市网络体系并非一成不变，而是逐步转移，即 9 世纪以后，东亚的主干交通路线渐渐地开始由陆路向海路转移，主要游牧民的政治据点由中国内地西北部移向东北部，粮仓地带由中国北部移至中南部。因此，使中国的城市网络由内陆部的以长安为中心的城市网络向沿海部的以北京为中心的城市网络转变。[3] 这种城市中心的转变并不一定意味着长安在联系游牧与农耕社会区域意义上的地位降低。

　　民族学家马长寿先生就意识到西北民族格局形成中"吐蕃北上、蒙古南下"因素的重要性，周伟洲教授继承并发扬了这一观点，认为西北疆域特征受到四大文化区的相互影响：周秦文化区（即中原文化区，今陕西、甘肃东部及宁夏南部、黄河中游一带）、甘青文化区（即河西走廊与河湟地区，以游牧为主，农业为辅）、新疆北部天山文化区（也包括今天甘肃西部一直延伸到蒙古北方的游牧区）、新疆南部天山文化区（以绿洲的农业定居生活为主，射猎生活为辅）。由此，这些区域在地缘上彼此互动，"西北"出现了不止一个"游牧—定居"的区域形态。不过以吐蕃与蒙古两股游牧势力影响最大，特别是蒙古，是奠定今日西北地区民族分布格局的重要要素。民族互动也带来了文化的互动，汉族传统文化，中亚、印度的佛教文化、伊斯兰文化，北方游牧文化均从

1　妹尾达彦：《东亚都城时代的诞生》，《唐史论丛》第 14 辑。
2　向达：《唐代长安与西域文明》，商务印书馆，2015，第 44 页。
3　妹尾达彦：《东亚都城时代的诞生》，《唐史论丛》第 14 辑。

四周不断沁润着、影响着西北少数民族多元文化，促使其发生了两次重大的变异，而最终定型。[1] 这说明以长安为中心的"西北"区域是由游牧与农耕、绿洲大小不一的空间统合而成的，这就突破了单一性的"游牧—定居"形态分布在中原黄河流域的视角——体现了中国西北疆域形成的空间性、多样性，将多中心互动的历史揭示出来。

地缘关联性不是断裂的，而是持续的。长安曾经长期保持着东亚都城体系中心的地位，高度国际化，其意义溢出了"中国"；另一方面，即使在农牧交错的中心城市转到更大的北方中心城市北京以应对东北方向"游牧—森林"力量的崛起时，西安仍不失为一个具有国际中心意义的都市，其意义并没有断裂。从政治上看，西安始终保持着作为游牧与农耕交汇地带的中心城市的作用。"大中国"由不同层次的空间统合而成，必须保持对农耕与游牧两种生产方式和文化类型的影响力，但是为了更为有效地同时控制这两个地区，王朝的都城必须设立在农业区与游牧区的交叉地带，所以从唐王朝建都长安就可以断定它是"大中国"，而只控制农业区，就可以称为"小中国"，如洛阳、开封、南京、杭州等所对应的王朝，无一例外都是统治空间局限于农业区的。[2] 无论是在"大中国"还是在"小中国"，西安在联系周边游牧与农业区的地缘位置上不会变化，即使在明清时期，西安依然是北方的统治中心之一。明季的西安是秦王的驻藩之地，秦王的地位仅次于燕王，称为"塞王"；而清代则在西安驻扎八旗，修筑满城，由西安将军驻节，显示其军政地位的重要性。

从文化上看，西安仍然承担着部分中央政府维护大一统——"扶绥蒙藏"——的功能。妹尾达彦指出，"大中国"的统治者多来自游牧民族，或者具有非汉族血统，而这样的"大中国"，为了使政权正统化，需要能够包容汉族和非汉族两者的某种意识形态。[3] 所以，"大中国"的

1　周伟洲：《古代西北少数民族多元文化的发展及变异》，《中国历史地理论丛》2003 年第 3 期。

2　妹尾达彦：《长安的都市规划》，高兵兵译，三秦出版社，2012，第 72 页。

3　妹尾达彦：《长安的都市规划》。

王朝，都特别重视不问民族、出身的世界宗教——佛教。长安曾经是整个欧亚大陆最大的"佛都"，发挥过整合游牧民与农业定居民，成为其精神世界的作用。即使在明清时期，王朝的行政中心转移至北京，西安作为佛教中心城市的重要性依然受到统治者的关注，清康熙四十四年（1705），康熙来陕西巡视时，拨专款敕建广仁寺，使之成为像灵鹫山一样的灵山圣境、香城净土，借以吸引"五陵六郡之众"和"外藩属国"，从而达到"助王化""锡民庥"，使边疆乃至整个国家"长治久安"的目的，同时也是为长安"满城"内的蒙藏上层人士提供信仰服务。康熙皇帝赐名广仁寺，同时为之亲书"慈云西荫"横匾和撰写《御制广仁寺碑铭》。[1] 广仁寺位于明城墙内西北角，有千佛殿，同时是文成公主在长安的奉地。这一寺院还是达赖和班禅、西北康藏一带的大喇嘛、高僧在西安的驻锡、朝觐之地，至今寺中还保留有达赖和班禅的住房。广仁寺为内地唯一主道场，也是陕西地区唯一的一座藏传格鲁派寺院，香火旺盛，体现了蒙藏汉满"四海一家"的大一统文化。

从经济上看，以西安为中心的商业市场辐射范围仍遍及藏、蒙，并通过河西走廊远至天山南北和七河流域。明代陕甘大道、清代陕甘—甘新大道仍然是以西安为中心形成辐射整个西北的市场网络。以西安、泾阳、三原为全国性货品的加工与转运中心，以兰州为二级货物分销点，以西宁、哈密、宁夏、古城等地为三级批发市场，形成了西北地区大宗货品茶叶、布匹，杂货以及毛皮、药材的东输西运网络。[2] 明清时期，虽然以嘉峪关为界，有"关内"和"关外"的区分，出关还要有官府出具的"过所"，实际上在官方视野之外，民间贸易一直存在，前往天山南北"走私"玉石、大黄的陕甘商贩始终不绝于途。无论是大一统时期还是地方割据时期，西安始终是维系中国北方草原、西南藏区和河西走廊、天山南北联系的一个中心节点城市。

1　《广仁寺：陕西唯一的藏传佛教寺院》，中国民族宗教网，http://www.mzb.com.cn/html/report/150432003-1.htm，2017年2月19日查阅。

2　张萍：《官方贸易主导下清代西北地区市场体系的形成》，《清史研究》2016年第4期。

随着 15、16 世纪之交以来的海路大发现，西方殖民者带来的坚船利炮也冲击到欧亚大陆，原来游牧民与定居民的流动—定居共生体关系进入一种更大的尺度与更复杂的结构。俄国不仅成为新的"草原帝国"，而且还具有新的工业技术因素支持下的武力和机动性，通过南下和东征使欧亚大陆基本连为一体。同时，西欧国家的海上力量向东方世界的扩展，其流动性是通过资本主义经济和海洋权力实现的，这更是一支全球性力量，绝不限于一隅。[1] 英国越过印度一直扩张到阿富汗、帕米尔地区和西藏。清政府也通过对准噶尔的战争，再次统一天山南北。拉铁摩尔指出，这三重进程标志着近代世界历史的汇合。[2]中国、俄国与英国势力交汇的轴心就是在中国西域、俄属中亚与阿富汗。

英、俄殖民力量进入中亚，首先瓦解的就是中国西部朝贡体系。魏源记述说：

> 盖新疆内地以天山为纲，南回北准；而外地则以葱岭为纲，东新疆西属国。属国中又有二：由天山〔北〕路而西北为左右哈萨克，由天山南路而西南为左右布鲁特，虽同一游牧行国，而非准、非回、非蒙古矣。逾葱岭而再西北为安集延；西南为巴达克山，为爱乌罕，虽亦皆回教城郭之国，然岭以西之属国非岭以东之郡县矣。[3]

清朝西部朝贡体系其实也是一个内外之间有多重划分的防御体系，新疆内以天山为界，"南回北准"，而"东新疆西属国"则以帕米尔为界线，天山、帕米尔代表了不同层次的内外关系，可见传统时代多层次多

1　施展：《西北望长安》，《领导者》2015 年第 6 期。

2　Owen Lattimore, *Pivot of Asia, Sinkiang and the Inner Asian Frontiers of China and Russia*, Boston: Little, Brown and Company, 1950, p.16.

3　《圣武记》，《魏源全集》第 3 册，岳麓书社，2011，第 174 页。

中心的疆域体系——行省、新疆、属国，在俄国和英国的殖民入侵下，属国以及伊犁将军管辖的西域部分疆域被纳入英、俄帝国的版图和势力范围。

　　一方面，殖民入侵过程打断了欧亚世界史中"游牧—定居"原有的转换关系，在殖民主义和民族主义知识的传播和塑造下，"游牧—定居"关系被"民族主义化"。正如弗兰克评价说，自 15 世纪以来，中亚民众在两方面几乎都成为失败者。他们在自己的土地上输给了别人，而他们所在的中亚故土也不再是世界历史的中心。此外，这些损失迅速在彼此间关联起来：富有吸引力的世界历史中心转移到了外围、海洋和西方。[1] 另一方面，在英、俄、日等国家的压力下，中国不得不进入新的世界体系当中，仿照西方体制实现民族国家的建设，现代地理边界被条约体系限定以后，"也正是在这种无奈的权力关系格局下，我们不得不学着用西方的概念来转述和表达我们自古沿袭的领土诉求，重整清帝国之后破碎的河山。而中国的国家建设进程也就是重塑民族、创制人民的过程"。[2] 国民政府定都东南的南京，西北自然成为边缘、边疆。[3] 以东南的时空经纬为准绳，不自觉地降低了游牧与农业社会的互动关系在整个中国历史上的重要性，"西北"文化被碎片化，区位被边缘化。

　　吴于廑先生指出，原来在游牧世界和农耕世界的接壤地区，并不存在一个明确的、不可逾越的界线。古代国家的疆界，去中心越远越模糊，不能用近代有精密地图为据的国界线的概念去看古代国家的疆界。总有一个双方都可出入、两不相属而又两皆相属的所谓"边界"。边界

1　安德烈·贡德·弗兰克：《论中亚的中央性》，《全球史评论》2017 年第 11 期。

2　高杨：《主权的地理之维——从领土属性看中国民族国家之形成》，《历史法学》2010 年第 3 期。

3　有学者研究了"西北"一词在中国历史上的使用情况，明清时代的水利论所用的"西北"往往指大运河北段地区，有时包括北京周边。到 19 世纪后半叶，清朝官僚为了对付回民起义或者处理伊犁问题，将陕西、甘肃、新疆地区称为"西北"。"西北"成为中国国内的地区名称是在 20 世纪初，作为"方位"与"区域"，二者结合起来。参见吉泽诚一郎《明清以来"西北"概念的变迁》，《华东师范大学学报（哲学社会科学版）》2015 年第 4 期。

对于古代国家，是一个沿其领域而延伸的狭长的面的概念，而非线的概念。[1] 现代民族国家强调的是主权边界，"由边界定中心"取代了"由中心定边疆"。边疆与"华夷界限"的关联意义开始分离，转而成为"中外之防"的意义。因此，现代民族国家书写的历史视角紧缩进被边界条约束缚的版图内，游牧社会的一维被碎片化了，游牧力量与农耕力量之间互动的历史也被"去空间化"。在这两种不同的世界文明体系中，"边疆"与"边界"的意义之间存在着某种张力，在民族国家的体系中，"西北"区域是地理坐标，是均质化的国土面积与人口；而在大陆史的"国家"与"民族"传统中，"边疆"依然存在着"面"的概念。

三　接续中国处理"游牧社会"的历史经验

"日常"的历史地理学家和历史学家早就注意到，地域和空间是历史经验的基本概念。[2] 中国近代的转折就是被纳入现代世界体系的过程，即纳入全球史的范畴，由此，中国从"天下观"转入"民族国家观"，按照民族主义的要求书写历史，显然这很容易落入西方的"时间优于空间"的历史书写"陷阱"中。这种时空断裂性体现在中国史的叙述中心从内陆的西安、北京和玉门关转向沿海的上海、广州和天津。在以欧洲为中心的历史观念下，中国近代史基本上被以"冲击—回应"理论框架写成了回应海洋危机的历史，大陆史从而成为海洋史的附属。即使在"大陆史"的写作中，也是以游牧—农耕互动的历史为中心。

一方面，"国族缔造"的核心就是"国史"建构，历史与区域差异造成的"中心—边缘""文明—野蛮""先进—落后"等二分的方式，无形中是通过历史叙述的话语权重得以表达。费正清提出的朝贡体系分为三圈，汉字圈（以"中国"为中心的、等级制的"中国"外交关系）、

1　吴于廑：《世界历史上的游牧世界与农耕世界》，《云南社会科学》1983 年第 3 期。

2　卡尔·瑞贝卡：《世界大舞台：十九、二十世纪之交中国的民族主义》，第 71 页。

内亚圈和外圈，从而形成文化等级差别和亲疏关系，构成中国的世界秩序。[1] 这种以儒家汉文化为中心形成的"环形圈层"，无疑是西方"文化传播论"的翻版，同时预设了文化的等级秩序。另一方面，近代以来从西方传入的资本、新技术、新知识与市场网络主要在沿海地区传播，刺激了当地经济的发展，导致地理区域上的不平衡性进一步加剧。铁路网基本上集中在沿海和东北地区，广大的西北内陆地区直至新中国成立前夕，除了正在修建的兰州—天水铁路外，兰州以西"无一寸铁路"。不仅造成西北经济严重落后于沿海地区，更为重要的是加深了沿海与西北的认知断裂，"沿海地区空间剧烈的缩减，在许多社会经济和政治现象里已反映出来……但西北和西南地区的人事现象，并未反映出同程度的空间收缩。在地理上的距离，沿海地区之离新疆比离欧美近得多，然而沿海人民对新省边事，还不如对欧美事情了解的真切"。[2] 民国时期，知识界大多接受了从西方传入的知识观念，如时人的见解："盖所谓西北，第一论其方位，当在中国全境之西北隅；第二目的既在开发，必须中国实力所能达到之地；第三非荒凉不需开发，所开发者必系地广人稀、经济文化落后之地，则西北之地域，当包括新疆、青海、甘肃、宁夏、陕西及绥远之地。"[3] 国民政府高参蒋君章等认为："我国领土的几何中心是在甘肃省之凉州（武威），其地之纬度为北纬 38 度，经度为东经 103 度，以此方位将中国分为东北、西北、西南、东南四个部分，蒙古西部和帕米尔的北部属于西北部，西北边疆则包括蒙古和新疆的全部。"[4] 游牧或定居在西北土地上的少数族群也被"一视同仁"地视为落后"民族"。"西北"被固化为一个地理 - 行政区域。不过，由于文化与行政边界的不一致，对于陕西、兰州是否划分到"西

1　费正清编《中国的世界秩序：传统中国的对外关系》，第 2 页。
2　杨庆堃：《中国近代空间距离之缩短》，广州岭南大学校友会编《纪念社会学家杨庆堃教授》，内部印行，2005，第 74 页。
3　王金绂：《西北之地文与人文》，商务印书馆，1935，第 18 页。
4　蒋君章、张国均等：《中国的边疆地理》，文信书局，1944，第 9 页。

北"区域一直存在争议。[1]

抗战前就来到中国考察的美国汉学家拉铁摩尔清醒地认识到这一问题，他形象地用"前门""后门"来比喻大陆观与海洋观下的新疆地缘角色：

> 新疆是中国的一个省份，其人口的绝大多数是非汉族的其他民族。它地处古老印度帝国的后门，现在在该地起作用的是印度自治领和巴基斯坦自治领新的政治、经济和社会势力。新疆又地处苏联的前门之一——对于在美国外交政策支配下的种种类型的势力、威望和影响来说，是最难以接近的前门。最后，新疆还处于连续几个世纪被认为是中国后门的内地边疆的一角。但两千年前它就是中国通往亚洲心脏地带的前大门，而且今天又一次成为中国陆地最重要的前大门之一。[2]

拉铁摩尔强调"亚洲心脏地带"的重要性，需要再次识别"中央欧亚"的历史空间性，而丝绸之路经济带所通过的地区并不是西方所指的单向意义上的"中央欧亚"历史区域，而需要注意它与中原农业力量相互交汇的历史面向，注意其中心互动的历史特征。以往的单中心的"西北区域史"导致这一疆域当中的空间多样性被淹没，导致本文开篇中谷苞先生的疑问。民族学家费孝通先生晚年语重心长地提示我们：

> 在历史上的两个中心主义，汉族中心主义和西方中心主

1　彭南生、邵彦涛等指出，抗战后期，知识界爆发了关于民国建都问题的第四次争论。北平与南京的南北之争多集中于政治斗争，而西部各地与南京的东西之争则更多的是理念和原则的冲突。东西之争表面是"陆防"与"海防"的冲突、开发西北与发展东南的争执，实质则是近代以来的"海国精神"与传统的"陆地中国"观念的对抗。参见彭南生、邵彦涛《陆地中国还是海洋中国？——民国时期第四次建都论战中的东西之争及其内涵》，《人文杂志》2014年第2期。

2　"Introduction," Owen Lattimore, *Pivot of Asia,Sinkiang and the Inner Asian Frontiers of China and Russia*.

义，……一提就是汉族的东西，其实西部不仅仅是汉族；一提就提西方的力量，不重视本土的力量。在这两个中心主义之下把西部的这一广大地区的人文资源给掩盖起来了。西部是一个多民族的地区，我们要承袭它的文化的多元性，这些不同民族的存在，都是根据自己不同的自然环境和人文环境形成了自己的不同的民族文化。这些民族的文化历史和汉族一样长、一样重要和一样珍贵。[1]

在游牧社会与中原农业社会的互动关系中理解费先生这段话就再合适不过了。

历史上的地缘关联性，如游牧、农业区和绿洲构成的大小不一的空间，形成了中国大一统格局，一直有其延续的一面，"西北"历史是农耕、绿洲与游牧的区域关系史，几乎等同于中国史，也是世界史的一部分。在中原农耕社会与游牧社会的力量交汇处，才能看到西安（长安）的真正意义——中国大历史形塑的中心之一，而非与"东南"对应的"西北"——指向"落后"与"边疆"的意义。历史上，中国根本不缺乏与游牧社会互动的经验，历史上的"大中国"在包容和处理不同异质性空间方面有娴熟的经验，无论是游牧政权还是农业政权，都重视和使用佛教的象征性资源来弥合游牧民与农耕民之间不同的意识形态，便利了政权正统化。唐代长安城作为"佛都"来统合四方之民，清朝康熙皇帝在西安修建广仁寺扶绥满汉蒙藏就是生动的例子。[2]"游牧社会"作为历史的一维早已深深融入中华民族的历史血脉中，只不过在当代民族国家历史的书写中被"淡忘"了。弗兰克指出，历史的连续性远比任何不连续性重要得多，所谓这种重大的新起点标志着世界历史的一个不连续

1　方李莉：《关于西部开发的人文思考——费孝通先生访谈录》，《中国文化》2001 年第 17、18 期。

2　黄达远：《边疆的空间性："区域中国"的一种阐释路径——对"中华民族共同性"论述的新思考》，《陕西师范大学学报（哲学社会科学版）》2016 年第 3 期。

的断裂的观念，主要是由一种欧洲中心视角造成的。[1]

　　西北长期是游牧文明与农业文明互动最为频繁的区域，形成了深厚的历史传统。尽管历史上的北方游牧民一批批南下，人群与文化的变动性很大，相当多的游牧人群与农业人群混合了。但是不变的是农业社会与游牧社会在物质上的互相补充与互相支援的关系，从地缘关系和文明交往看，这种空间延续性体现在农牧交错带人们的日常生活中。应当超越"欧洲中心观"对"西北"是"边疆"以及"野蛮"文化等级的偏见，并在与欧亚大陆整体史观的互动中重新恢复"大中国"接续和处理游牧社会的历史经验，这就需要在欧亚时空中重新定义"西北"乃欧亚大陆的重心所在。这一方面有助于在"整体史"视角中进一步思考"中华民族共同性"；[2] 另一方面，农牧交错带的"日常生活"与文化交流的部分共性特征从西北延伸到了中亚，我们可以借助历史经验讨论"一带一路"背景下的中国特色的地缘区位战略——其重要性不言而喻。

1　贡德·弗兰克：《白银资本：重视经济全球化中的东方》，刘北成译，中央编译出版社，2013，第 321 页。

2　谷苞先生曾经从游牧社会与农业社会互动角度较为完整地讨论过"中华民族共同性"，亦可参见黄达远《边疆的空间性："区域中国"的一种解释路径——对"中华民族共同性"论述的新思考》，《陕西师范大学学报（哲学社会科学版）》2016 年第 3 期。

第七章 "过渡地带"视野下的河西走廊*

河西走廊有两张名片。一张是嘉峪关。西北有句民谚:"一出嘉峪关,两眼泪涟涟。往后看鬼门关,往前看戈壁滩。"西北的人常把嘉峪关看作"口内"与"口外"、内地与边疆的分界线。另一张是敦煌。敦煌是丝绸之路的中心,也是中华文明的源头之一,但敦煌又位于人们视为"口外"之地的"边疆"。作为分界线的嘉峪关与作为丝路文明中心的敦煌,文化边界并不一致,这恰恰体现出历史上的河西走廊是一个"过渡地带"。因此,要理解河西走廊的过渡性质,不能以单线的中原视野,而要以中原、北方草原、青藏高原、西部绿洲等多元互动的空间视角,以中华民族多元一体的整体性视角进行观察。

---

* 本章与沙武田合作。

一 游牧与农耕在河西走廊上的交融共生

（一）从绿洲视野认识河西走廊

"绿洲"在唐诗中已经出现，但其作为地理学概念，源出希腊语，后以 Oasis 通行于西方地理学文献中，中文曾译为"沃洲""沃野"等，现在则统一为"绿洲"。何为绿洲？不同学者有不同的定义。提出"绿洲学"概念的黄盛璋先生指出，绿洲是干旱地区通过灌溉而使农牧业发展的地方，是荒漠地带特有的地理现象，也是人类长期改造、利用自然环境的产物。我国绿洲主要分布在西北的新疆和河西走廊两个地区，尤以新疆最为集中和典型。河西地区的绿洲在拉铁摩尔看来，是一种"次绿洲"，"在东、西部中间，有一片可称作'次绿洲'的地带，特别是在甘肃西部，从兰州向西，沿南北山麓直到安西，从安西开始是艰苦的沙漠道路，西北直至哈密，再西到罗布泊。这个地理区域可以加上流入蒙古腹地的额济纳河地区和兰州到宁夏的黄河地区"。[1] 相对而言，河西走廊上"次绿洲"的交通条件要优于塔里木盆地中的沙漠绿洲。

就河西走廊（或称河西地区）的地理范围而言，人们意见不一。按照地理学家朱兴运教授、任继周院士等的界定，河西地区指黄河以西，吐鲁番盆地以东，古丝绸之路的中段，东西长千余公里，南北约百公里。大致划分为东（乌鞘岭—山丹）、中（山丹—嘉峪关）、西（嘉峪关—甘新交界处）三段。走廊夹处于南、北两山之间，其南部是祁连山系统，分布有林地、灌木林草地和高山草甸，涵养水源，灌溉着中部绿洲，祁连山以东西走向为主，与天山、昆仑山遥相呼应；其北部屹立着以阿拉善平原荒漠系统为背景的马鬃山、合黎山、龙首山，北山山脉与东天山余脉相接。在南山、北山之间，洪积、冲积的绿洲星散其间，形成绿洲带。

1　拉铁摩尔:《中国的亚洲内陆边疆》，第 107 页。

从绿洲的角度看，没有祁连山，就没有河西走廊。祁连山犹如一座伸进西部干旱区的"湿岛"和"绿岛"，是河西走廊的生态屏障。祁连山脉的高山和谷地大部分海拔在 3500 米以上，高低不等的谷地和平原形成大小不一的草场和草甸。由于海拔高，多数地区宜牧不宜农，游牧比农耕发展要早。祁连山曾是匈奴人的优良牧场，匈奴人称"天"为"祁连"，祁连山亦被游牧民称为"天山"。《史记》中也曾有"祁连天山"的记载。祁连山的冰川融水形成黑河、石羊河、疏勒河、党河等内流河，自南向北流入沙漠戈壁，而河流的冲积扇则形成了武威、张掖、酒泉、敦煌诸绿洲，这些绿洲历史上常被总称为河西。

（二）廊道和基底：河西走廊的双重角色

河西走廊是以山地、绿洲、荒漠为主体的复合系统，其中绿洲系统是人类主要的聚居地，很早就有人在此活动，历史上是众多民族聚散的舞台，特别是张骞通西域以来的两千余年，河西走廊承担了既是廊道（corridor）又是基底（matrix）的双重角色。

在走廊之上，绿洲如同一个个"岛屿"，成为商业中转站，也给过路商队提供补给。这些"岛屿"通过商路"以线串珠，以线带面"，形成网状和带状分布，使绿洲连缀起来，形成地方市场和商业网络，河西走廊亦以此为基底，成为丝绸之路主动脉的关键一段。同时，整体的河西走廊又是一个山地—绿洲—荒漠系统的地理复合体，有限的资源总量，特别是水资源约束和限定了人类的活动，难以发展出如同关中盆地的人口与市场规模，而是以一个较为广大的"面"支持了丝绸之路这一条"线"。

将视野扩展到欧亚大陆，河西走廊的绿洲带又组成了东西交通要道上的"绿洲桥"。"绿洲桥"或是"绿洲路"使河西走廊举世闻名，也是其作为过渡地带的核心特征之一。

开通"绿洲桥"的重大动力之一来自西汉王朝。1984 年，民族学家谷苞指出，在西汉王朝设置河西四郡以前，在中国大地上存在着一个广大的农业区和一个广大的游牧区。在西汉王朝设置河西四郡以后，河西地区由游牧区变为农业区，也使我国原来连成一大片的游牧区分成两大片游牧区，即匈奴、东胡、乌桓、丁零、乌孙等游牧民族的北方游牧区和西羌等游牧民族的西北至西方游牧区。正是西汉王朝在河西走廊开发出了农业区，使河西走廊将塔里木绿洲与中原农业区，进而与葱岭以西的古老农业区联系起来，为东、西方经济文化交流提供了通道，促成了丝绸之路的形成。另一方面，河西绿洲农业区在实现了西汉王朝的"隔绝羌胡"作用的同时，也嵌入游牧经济圈中，成为一个农牧接触带，促进了农牧民族之间的交融与共生。

（三）游牧与农耕的交融地带

河西绿洲农业区一方面体现为"华夷边界"，如阳关、玉门关和嘉峪关是历史上著名的关隘，又如护卫绿洲的长城依托走廊地形而展开；另一方面，它又是游牧民以毛皮和牲畜来交换粮食的重要集市，发挥着"接驳之地"的作用，吸引游牧人群始终参与和支撑着"绿洲桥""绿洲路"的交通。如果没有游牧人群就近提供骆驼和马匹，连接绿洲桥的远距离交通显然是不能实现的。

正如谷苞先生所强调的，虽然汉、匈之间的冲突与对峙史不绝书，但汉、匈关系的主流是经济文化的交流，这种交流对农业区和游牧区的各族人民都是有利的。战争作为"特殊现象"，是史书记载的重点，但实际上，民族交往才是河西走廊上"年年月月"都发生着的"常态"。谷苞先生还指出，无论是战争还是和平时期，有相当多的汉人补充了匈奴的人口；同样匈奴人口也大量进入农业区，充实了汉人人口。

河西走廊的绿洲是任继周院士提出的"山地—绿洲—荒漠系统复合体"中的一个耦合系统，自汉代之后，山地游牧、荒漠游牧始终与绿洲农业相伴生。虽然中原王朝把河西走廊的若干核心绿洲开发为农耕区，但走廊上大小不一的谷地、冲积平原、戈壁和沙漠上错落分布着的众多绿洲，还有相当多一部分保持着农牧共生状态。在汉代设置河西四郡和玉门关、阳关之后，尽管在河西走廊上有了明显的"夷夏"边界，其中大部分作为游牧者的草原民族向西域、中亚一带移动，但是仍有大量小月氏、匈奴和卢水胡人游牧于敦煌南山，说明河西仍然与西域、中亚各民族有着紧密关联。正如巴菲尔德所说，历史上由游牧民族所建立的政权无一不在与汉族相邻的边缘地带发展和壮大自身的势力。游牧区对于农业区出产的粮食、布匹、茶叶、丝绸等生活物资有很强的需求，而河西走廊上绿洲农业区的形成，使游牧人群可以不必远涉中原，就近在河西走廊换取农产品和手工业品等物资。另一方面，农业区同样需要游牧区的畜产品，其农产品和手工产品也要借助游牧人群覆盖欧亚大陆的贸易圈才能获得收益。在河西走廊上发生的这种生计与产品的共生、互补、交流形态也导致了农牧民之间文化的共生、互补与交流。

从事人类学研究的李建宗教授同样关注到河西走廊上形成的"山地游牧—绿洲农业—荒漠游牧"错落分布的空间形态。走廊两边的山地形成了山区草原牧场，在山下的戈壁地带形成戈壁牧场，在戈壁中的绿洲上则出现了水利灌溉的农业区。

在历史上的不同时期，游牧人群和农耕人群在进退之间对河西走廊进行周期性和交替性的控制，游牧文化和农耕文化在河西走廊上此消彼长。当以游牧人群为主体建立的政权势力蔓延到河西走廊时，游牧文化兴盛一时；当中原王朝统治的"强波"向河西走廊辐射时，农耕文化在这里开始复苏。农牧关系在时空上的错综复杂和盘根错节的关系，是河西走廊一个重要特点。或许在人们的观念中，河西走廊贯穿着一条游牧文化和农耕文化的分界线，但事实上，这条文化的分界线在历史上不时变更，很多时候甚至是模糊不清的，体现着游牧文化和农耕文化交融共生的特征。河西走廊是游牧文化和农耕文化的"交融地带"。

二 从"过渡地带"理解历史中国

（一）"胡汉共治"中的多元化和一体化策略

以绿洲为核心的农牧交错带深刻改变了河西地区的区域化进程，河西走廊历史上出现的大小不一的地方性政权，大多具有"胡汉共治"的特征。汉魏晋时期在河西实行的移民屯边政策，加上内地官员大族迁入，使河西的汉文化得以迅速发展，河西四郡因为地缘关系更加紧密地联成一个整体。从两汉交替之际窦融"保据河西"，到西晋末年张轨"出镇河西"，汉文化在河西的传播与影响不断加强。到了十六国时期，中原动荡，河西相对安宁，其遂成为内地世家大族的重要移民避难地区，汉文化得到有效保护并发扬光大。建立唐朝的李氏家族是关陇集团的代表，其制度渊源上承汉魏，中继北朝的魏、齐，河西五凉是其间的重要中介。故陈寅恪先生称，河西文化"上续汉、魏、西晋之学风，下开（北）魏、（北）齐、隋、唐之制度，承前启后，继绝扶衰，五百年间延绵一脉，然后始知北朝文化系统之中，其由江左发展变迁输入者之外，尚别有汉、魏、西晋之河西遗传"。[1] 河西在历史文化传承过程中的重要地位，于此可见一斑。

河西走廊的区域性政权也为大一统王朝提供了重要的文化与制度资源。武威（曾称凉州、姑臧）和张掖（曾称甘州）的重要性完全不亚于嘉峪关和敦煌。河西地区的政治、经济、文化中心一直在武威，而不是敦煌，而石羊河流域的武威绿洲和黑河流域的张掖绿洲，也远比疏勒河流域的敦煌绿洲要大。《后汉书·孔奋列传》记："姑臧称为富邑，通货羌胡，市日四合，每居县者，不盈数月辄致丰积。"五凉时期的前凉、后凉、北凉均立国于凉州，隋唐时期凉州成为陇右的中心，唐代河西节度使治所亦在凉州。《大慈恩寺三藏法师传》称："凉州为河西都会，襟带西蕃，葱右诸国，商侣往来，无有停绝。"[2] 到了明清时期，更有"金张掖""银武威"之说。

从事历史文化地理研究的学者张力仁注意到在归义军时期，河西分别出现分属于不同民族的政权体系，如甘州回鹘牙帐、肃州龙家、凉

1　陈寅恪：《隋唐制度渊源略论稿》，上海古籍出版社，1982，第 41 页。

2　慧立、彦悰：《大慈恩寺三藏法师传》，中华书局，2004，第 11 页。

州蕃汉联合政权、敦煌归义军政权等。只要有绿洲,就有人从事定居农业,绿洲为地方割据政权提供了稳定的统治基地,其社会也都由"胡"、汉人群共同构成。东晋十六国时期,西凉政权占据了敦煌和酒泉两个核心绿洲,北凉政权则占据了张掖绿洲,南凉政权则占据了武威和西宁绿洲。西夏党项政权统治的核心区之一也是在河西走廊,凉州武威的"西凉府"地位仅次于西夏国都"兴庆府"。

而这些地方政权和中原、游牧政权之间发生着不同的关系,既有战争,也有长时段的和平交流,农区、草原和绿洲之间力量的互动使河西走廊呈现出鲜明的区域性特色。为了适应治理区域内的农耕与游牧人群的需要,地方政权的统治者往往接纳多元文化。西夏时期,河西走廊就是"多语并存"的多元文化区域。如现存的"凉州碑"(全称为"凉州护国寺感通塔碑")一面是西夏文,一面是汉文;发行的货币,既有西夏文又有汉文。西夏惠宗时期深受汉文化的影响,对内大兴儒学,提倡汉文化与技术,废行蕃礼,改用汉仪。元至正八年(1348)刻的西宁王速来蛮重修莫高窟的功德碑,就是用西夏、汉、藏、回鹘、八思巴、梵文六种文字刻成,这几种语言文化在河西走廊都有分布。

除了多元文化政策以外,河西治理者也采取一体化政策,特别是为了弥合游牧与农耕的意识形态差别,一些时期的统治者特别推崇佛教,成为佛教传播的重要推手。河西最早的石窟就是在卢水胡人北凉沮渠蒙逊政权时期开始营建的,敦煌藏经洞的文献涉及十多种文字。在吐蕃、党项、回鹘、蒙古政权占据河西走廊时期,佛教依然为各族统治者和民间所推崇,得以长盛不衰。吐蕃赞普大规模推行佛经抄译,敦煌成为抄经并向外传播的中心之一。近年,藏地一些寺院发现的吐蕃时期的经典,其抄经人就是敦煌的写经生群体,可见敦煌在吐蕃文化中的重要地位。敦煌有"善国神乡"之称,吐蕃占领敦煌后,赞普赤松德赞邀请敦煌的禅学高僧摩诃衍入藏,亲自询问有关禅宗的问题,敦煌人王锡随摩诃衍一道入藏,并撰写了《顿悟大乘正理决并序》记录这一过程。摩诃衍和王锡在拉萨、昌珠、琼结等地传布禅法,使汉地禅宗思想在吐蕃得到迅速发展，影响颇巨。在汉僧与印度僧人的大辩论中，摩诃衍与王锡一道阐述了汉地禅宗的见解。河西走廊通过佛教成为青藏高原、蒙古高原与中原的文化纽带，佛教也是不同民族的统治者高度重视的政治资源。

（二）河西走廊对于民族格局、历史疆域形成的作用

无论是农耕政权还是游牧政权入主河西走廊，都要依凭类似的生态－文化因子；山地游牧、荒漠游牧和绿洲农业都能在这里获得相互理解的渠道，形成"胡汉共生"的多元文化格局。民族学家马长寿先生曾提出，"吐蕃北上"和"蒙古南下"是奠定中国西北民族格局的重要力量。周伟洲教授继承并发扬了这一观点，认为西北民族格局的形成受到四大文化区的相互影响（见本书第六章）。其中甘青文化区主要包括河西走廊与河湟地区，是与其他文化区的分界带、接触带、缓冲带以及融合带。

这一过程中，最为显著影响中国历史"大一统"进程的就是"凉州会盟"。1247 年，藏传佛教萨迦派领袖萨迦班智达与蒙古王爷阔端在凉州会盟，这一重大历史事件使西藏正式成为中央政府管辖的行政区域。为什么选择在凉州进行会盟？除了凉州是蒙古游牧势力南下青藏的战略要地，更为重要的就是蒙古世俗贵族和西藏僧侣高层在这里找到了彼此所需的政治与文化资源，使相互理解及合作成为可能。据藏学家马进武先生考证，在萨迦班智达到凉州之前，阔端身边已有几位藏传佛教僧人，但在举行祈愿法会时，均由也里可温（波斯人对基督教徒的称呼）和萨满教巫师坐在僧众上首。萨迦班智达到来后，其关于佛教的讲授令阔端叹服，由此更加崇佛，于是下令祈愿法会改由萨迦班智达为首的佛教僧众坐于上首，率先祈愿。另据史金波教授的研究，阔端在见萨迦班智达之前，已在西夏故地凉州接纳和弘扬藏传佛教，为凉州会盟奠定了思想和信仰基础。在凉州会盟之后，萨迦班智达在《告蕃人书》中明确指出，蒙古势不可当，顺服其统治乃是大势所趋。在凉州，蒙古贵族的

精神世界受到藏传佛教的影响；西藏高僧看到了蒙古武力的强大，之后，萨迦派在雪域高原的教派竞争中也因此获得了优势。

（三）作为"过渡地带"的河西走廊与"绿洲路网"

河西地区东接中原，北望大漠，南达青藏，西通天山，恰好处在内陆欧亚"十字路口"的交通枢纽，处于独特的区位。河西"绿洲路"除了"丝绸之路"的主路外，另外两条道路是"河南路"和"居延古道"。"河南路"亦被称为"吐谷浑道""羌中道""青海道"，它以西宁和张掖为枢纽，从河湟谷地的西宁往西，循青海湖北部，沿柴达木盆地北缘，穿越阿尔金山的嘎斯口到达新疆若羌，承东启西，通达南北。而"居延古道"则是一条南北向的道路：自张掖沿弱水（今黑河）—巴丹吉林沙漠—居延海（今内蒙古额济纳旗）—蒙古高原，或者从居延海往西抵达东天山。而最便捷的道路则是东西方向的"丝绸之路"。这一"绿洲路网"也属于整个欧亚大陆交通路网的一部分。

绿洲路既有军政交通的功能，也是商贸交通之路和文明交往之路。往来于丝绸之路的商队，若从关中平原、北方蒙古高原、中亚两河（锡尔河、阿姆河）流域绿洲三个方向出发，敦煌和吐鲁番大致处于三方的平均距离区间，三方商队在此交会。因此，河西走廊与东天山的连接区就成为欧亚十字路口的"枢纽"，来自草原、农耕区和绿洲的商人在这里休整、居留，促成了民族与文化的交往、交流、交融。

中古时期的"西域"是世界多元宗教、文化的交汇处，仅以宗教而言，中国的道教，南亚印度的佛教，西亚甚至欧洲的景教、祆教、摩尼教，都在这里留下痕迹，历史学家张广达先生就此提出了"陆上地中海"的概念。敦煌和吐鲁番是"陆上地中海"的核心港口，某种意义上，"敦煌—吐鲁番学"成为反映"陆上地中海文明"的考古学。

以敦煌为代表的河西走廊成为"华戎交汇"之地，不少从事远途贸易的中亚商人在此定居繁衍，从敦煌至凉州的绿洲城市里，"胡人"聚落绵延不绝。如唐代敦煌附近的从化乡是粟特人村庄，人口达1400余人，兴胡泊是昭武九姓的"胡人"聚居之地。唐代诗人岑参的诗句"凉州七里十万家，胡人半解弹琵琶"，正是大量西域人口聚居河西的反映。唐以后的少数民族政权统治敦煌时期，"华戎交汇"的场景大量出现在敦煌石窟的壁画上。正如季羡林先生指出，世界上历史悠久、地域广阔、自成系统、影响深远的文化体系只有四个——中国、印度、希腊、伊斯兰，再没有第五个；而这四个文化体系汇流的地方只有一个，就是中国的敦煌和新疆地区，没有第二个。

三　从河西区域经验理解"中华民族多元一体格局"

对于各民族的民间交往，季羡林先生于《在敦煌》一文中有极为生动的描述。

> 我曾想到，当年中国境内的各个民族在这一带共同劳动，共同生活。有的赶着羊群、牛群、马群，逐水草而居，辗转于千里大漠之中；有的在沙漠中一小块有水的土地上辛勤耕耘，努力劳作。在这里，水就是生命，水就是幸福，水就是希望，水就是一切，有水斯有土，有土斯有禾，有禾斯有人。在这样的环境中，只有互相帮助，才能共同生存。在许多洞子里的壁画上，只要有人群的地方，从人们的面貌和衣着上就可以看到这些人是属于种种不同的民族的。但是他们却站在一起，共同从事什么工作。我认为，连开凿这些洞的窟主，以及画壁画的艺术家都决不会出于一个民族。这些人今天当然都已经不在了。人们的生存是暂时的，民族之间的友爱是长久的。这一个简明朴素的真理，一部中国历史就可以提供证明。[1]

1　姜德治、宋涛编《莫高窟记忆》，甘肃人民出版社，2009，第283页。

河西走廊作为过渡地带，游牧与农耕在此交汇，形成了复杂多变的关系，恰恰成为中华民族多元一体格局发展进程的重要动力和组成部分。在河西走廊的历史上，既有中原农耕政权占据河西的时期，也有游牧政权占据河西的时期，或是出现游牧和农耕政权各据一方的情况，还有河西绿洲自我发展形成"胡汉共治"格局的时期。同时，在历史的演化进程中，只有在"大一统"时期，河西走廊作为"十字路口"，作为游牧区、农耕区之间的枢纽，才最为繁荣。

在河西的历史上，各民族在往来互动之间形成了"你中有我、我中有你"的关系和交往格局。这一复杂的历史进程和社会文化现象从大量描述河西风情的唐诗中可见一斑。例如王建的《凉州行》：

> 凉州四边沙皓皓，汉家无人开旧道。
> 边头州县尽胡兵，将军别筑防秋城。
> 万里人家皆已没，年年旌节发西京。
> 多来中国收妇女，一半生男为汉语。
> 蕃人旧日不耕犁，相学如今种禾黍。
> 驱羊亦着锦为衣，为惜毡裘防斗时。
> 养蚕缫茧成匹帛，那堪绕帐作旌旗。
> 城头山鸡鸣角角，洛阳家家学胡乐。

虽然诗人以中原人的视角表达着对凉州陷落的慨叹，但诗中生动展现着"胡"、汉人群的通婚、社会交融、农牧生活方式的转换，具有深刻的文化意义。

从国家视角看，酒泉的钟鼓楼有四向券门，分别题写着"东迎华岳""西达伊吾""南望祁连""北通沙漠"，城楼二楼的东西两边各自高悬"声震华夷""气壮雄关"的匾额，与十几公里外、嘉峪关城楼上"天下第一雄关"的楼匾遥遥相对，这是河西走廊作为国家通道的历史明证。具有"过渡地带"特征的河西走廊是"南北统一体"的"汇合"之处，其中一定蕴含着重新发现和解释中国整体史的可能。由此，我们需要调整以往的研究视野，重新认知民族交往的地域属性，理解民族交往也是在一个地域形成过程中的共同体经验。中国边疆地区的历史不应该被理解为诸多世居民族各自历史的集合，而是多民族共享一个地域、在民族交往互动中求得共同发展的历史进程。从河西区域经验出发，我们可以尝试以一种"区域关系史"的新视角来解读中华民族多元一体格局。

第八章 "长城—天山"商路与近代中国国家建构的东西轴线

1935 年，在美国学习的经济学者冀朝鼎试图通过中国历史上"基本经济区"（Key Economic Areas）的转移这一事实，论证导致中国历史上王朝统一与分裂的经济基础。"中国历史上的每一个时期，有一些地区总是比其他地区受到更多的重视。这种受到特殊重视的地区，是在牺牲其他地区利益的条件下发展起来的，这种地区就是统治者想要建立和维护的所谓'基本经济区'。"由此，他从空间性视角分析了中国的历史特征："（中国）不像现代国家那样是用经济纽带联结成的整体，而是通过控制基本经济区的办法，用军事与官僚的统治组合而成的国家。这样的统一是不能持久的，而且当基本经济区的优越地位一旦受到挑战，统治势力就会失去其立足之地与供应来源。于是，分裂与混乱的现象就将发生。这一现象一直要延续到一个新的政权在一个基本经济区中固定下来，并成功地利用这一基本经济区作为重新统一的武器时为止。"[1]

近年来，历史地理学者鲁西奇借鉴和吸收了从空间道路观察中国历史整合的思想，同时，提出修正"基本经济区"的概念。事实上，在中国历史发展过程中，发达的农耕经济区不仅不"必然"成为控制全国的"基本经济区"，恰恰相反，在很多时候"更可能"成为被侵掠、受控制的对象。"基本经济区"概念及其分析理路，模糊了"经济资源"与"统治资源"之间的差别，将经济较发达地区相对丰富的人力、物质资源直接等同于王朝国家可以有效支配、利用的军事、财政资源；以此为基础，将"经济较发达"作为"基本经济区"的充分与必要条件。[2]

半个多世纪前，美国学者拉铁摩尔也曾经借助冀朝鼎的"基本经济区"概念从空间维度对中国历史提出过类似的讨论，今天重温这段讨论，可以为当下"中国"民族国家建构问题提供一个新的思考路径。

一　战略区与经济区统合：中国历史的空间分析视角

拉铁摩尔是最早关注冀朝鼎"基本经济区"概念的学者之一，多次引用冀氏的讨论，并将其概括为一种帝国整合的"空间面向"："一个朝代统治中国，必须在北方建立政治及军事首都，监视不能同化的边疆，控制一个可以供给首都丰富农产品的地区。首都及主要经济地区的地点，因历史时代的不同而不同。"[3]二战结束以后的 1947 年，在普林斯顿大学举行的"远东文化与社会二百周年纪念大会"上，拉铁摩尔重申了对"基本经济区"概念的支持，"与重要经济区相似，其他主要的经济区也按照它们在粮食盈余方面提供贡赋的多少被规定下来，进而在地理

1　冀朝鼎：《中国历史上的基本经济区与水利事业的发展》，朱诗鳌译，中国社会科学出版社，1981，第 8~10 页。

2　鲁西奇：《中国历史的命脉在哪里？》，http://www.thepaper.cn/newsDetail_forward_1276150。

3　拉铁摩尔：《中国的亚洲内陆边疆》，第 28 页。

范围上围绕着江河流域和运河系统聚集。除了盈余以外，每个地区均在食物供给以及粮食生产者的消费品供给上趋于自给自足"。他提出，"同质单元"缔造下的王朝帝国体制严重依赖基本经济区。"由这些同质单元缔造的王朝帝国的一个政治特征是，在稳定时期，所有的单元都能在帝国的管理机构下有效运转，但在动荡时期，每一个单元自身却暗含成为帝国类似，但在地理范围上要比之小的政权的潜在因素，并且事实上有时会如此。"[1] 不过，他也指出"基本经济区"的适用定律和范围指向的是历史上的同质性王朝帝国，如疆域主要在长城以南的宋、明的汉人王朝。"汉族散布在中国，是由许多单位合并而成的。虽然各有差异，但大体是一致的。每一个单位有一个农业地区，被一个城池控制。这些区域的结合过程是，最初有许多独立的王国，然后形成一个统一的帝国。"[2]

另一方面，拉铁摩尔指出在两个异质性较强的社会中，"重要经济区"不能起到与同质性社会相等的作用。相反，"重要战略区与重要经济区并不相同这一绝对事实表明，从军事角度来看，中国社会便于灌溉的那一部分地区更容易受到攻击，从北方而来的征服王朝倾向于利用南方灌溉区。大运河并非由水利灌溉社会修筑，而是由北方民族——首先是隋朝，随后是元朝或蒙古王朝修筑，以便向灌溉区征收贡赋"。[3] 重要经济区反而成为中国社会柔软的"腹部"，最易受到攻击。由此，他含蓄地指出了冀朝鼎这一概念背后实际有"中原中心观"的影响。

拉铁摩尔对中国历史的变迁有一套基于空间分析的话语体系，中国历史的"主要中心"即在从黄土高原这片最容易耕作的土地上成长发展

1　拉铁摩尔：《针对中国历史地理问题的一个亚洲内陆研究法》，张世明等主编《空间、法律与学术话语：西方边疆理论经典文献》，第406页。
2　拉铁摩尔：《中国的亚洲内陆边疆》，第28页。
3　拉铁摩尔：《针对中国历史地理问题的一个亚洲内陆研究法》，张世明等主编《空间、法律与学术话语：西方边疆理论经典文献》，第405页。

起来的汉文明，可以先把水患频仍、沼泽丛生的华北大平原合并为它的一部分，接着又将较大规模的经济经营、社会组织及政治统一的制度文化传播到南方，最终将长江流域及其以南作为"一个完整区域合并到更大的整体区域中"；但在另一个方向上，汉人对无法从事"雨养精耕"农业的长城边疆却难以实现类似的"合并"，只能做到"从远处使之臣服并加以控制"。[1] 在前一个方向就是以汉人为主的"雨养精耕"地区的同质性单元不断扩大的过程，后一个方向就是两个不同的社会的碰撞，这是与"雨养精耕"地区不同的区域——长城以北地区。在中国北方的草原边缘，却完全是另一种情况。在长城线以北的亚洲，地理的变化比气候的变化还要迅速，这片广袤的地区没有足供灌溉的河流，只能实现粗耕，并更倾向于实现"混合农业"，即在相当程度上依赖牲畜。只有在北方，显著的差异取代了一致化的趋向。[2] 此外，"中国内地与蒙古草原的最大差异是，草原的原始农业文化没有能够发展到大农田粗耕制，或农耕与畜牧并行的混合经济。游牧最终成为占统治地位的制度"。[3] 两种模式不同的生计方式，既有相互沟通有无的需要，也存在一种共生的关系。

　　同属"雨养精耕"地区之间的合并，"边疆"的变化并不剧烈，"两个同质政治共同体之间的边疆，在发展过程中，当两个同质性合并在一起的时候，不管是通过征服还是协约的办法达成，主要是量的变化，其次才是质的变化。新的单元更大但仍然保持同质"。[4] 另一种则相反，"而异质性较强的两个社会共同体之间的合并则会发生一些变化：较弱的被并入较强的社会当中并被降服；如果类型差异巨大，而实力差异不甚巨大，结果将会是一个新的共同体，不仅数量更多并占据一个更为庞大的

1　姚大力：《全凭活法炼暗香：读〈中国的亚洲内陆边疆〉》，"边疆热点地区城市民族关系发展态势与对策研究"上海项目会会议论文，2014。

2　拉铁摩尔：《中国的亚洲内陆边疆》，第 26 页。

3　拉铁摩尔：《中国的亚洲内陆边疆》，第 37~38 页。

4　拉铁摩尔：《历史的疆域》，张世明等主编《空间、法律与学术话语：西方边疆理论经典文献》，第 353 页。

地域，并且在性质上通过两个共同体融合而创建的特征要异于任何一个共同体所具有的特质"。[1]其中大致表达了两层含义：草原社会与农业社会的合并引发的变动，"边疆"的变动性远远高于单一同质性社会（如两个草原社会之间或两个农业社会之间）合并的共同体；合并形成的新共同体的特质不是原来的任何一方共同体的性质。

在新的共同体内部，拉铁摩尔认为"基本经济区"的概念并不适用。由此，他提出另外一种"核心区"的概念：战略区。这一概念同时亦可被理解为"基本政治区"，"战略区"指向的是长城以北地区，即粗耕农业或称为混合农业地区。由于那里并非"雨养精耕"地区，所以其所形成的军事与政治功能往往高于经济功能，在经济上对于内地有很强的依赖性。"由于中国（此处指中原）农业社会与草原游牧社会之间存在着不间断的相互作用，并且任何一方都不能将另外一方绝对同化，因此，与重要的经济区迥然不同，重要战略区更趋向北部。重要经济区最初也在北部，随着中国社会后来向长江下游的全面发展才发生转移。大运河将长江下游以及横贯长江地区与北京联系起来，从而协调了重要经济区和重要战略区之间的关系。"[2]南方经济区与北方战略区的南北统合，成为中国生长的强大动力，而实现这一统合的"纽带"就是大运河。"空间整合"构成了拉铁摩尔考察中国历史的一个重要维度，既吸收了冀朝鼎的成果，又从更为宽广的视野创新了思考中国大历史的模式。

为什么发展大运河的航运，而不是开辟从江南到北京的远距离陆路交通？拉铁摩尔认真思考了"区域"的概念："区域的大小取决于运输是否便利，特别是在河流与运河堪资利用的地方，取决于其与穿越群

---

[1] 拉铁摩尔：《历史的疆域》，张世明等主编《空间、法律与学术话语：西方边疆理论经典文献》，第354页。

[2] 拉铁摩尔：《针对中国历史地理问题的一个亚洲内陆研究法》，张世明等主编《空间、法律与学术话语：西方边疆理论经典文献》，第405页。

山及大批量运输粮食和其他商品之间的运输困难之间的平衡。"[1]他没有采用商品粮、商品棉以及其他的工商业指标来测算区域的大小，而是提出运输这一核心指标，而且与技术具有极强的相关性。交通距离实际是"不均质化"的，"河运"是"平面距离"，而穿越群山相当于"立体距离"，在两个不同的地理点之间的距离可能是"平直空间"或是"弯曲空间"，距离并不能等量换算。同样是平面距离，由于穿越的空间不同，如水路、陆路，运输成本也不是等量的；即使是陆路，穿越农区和牧区的运输成本也不是等量的。因为人工和牲畜饲料都要计算成本，在农区，牲畜如果驮载粮食走一天，路上没有饲料，需要购买，而人员还需要在客栈过夜，利润的盈余大致在100英里就会被畜力消耗殆尽；而牧区则不一样，负载粮食的牧区骆驼在草原上且行且吃草，不需客栈费用，驼载获利的范围远达800英里。[2]同等的距离，因为地域空间和运输方式的差别，会产生不同交通"权重"。比如，水运虽慢，但是省工，便于输送粮食这样的大宗物资，大运河的开通就是一例。

如隋代大运河的开通大大促进了南北经济的融合发展，皮日休称赞说："北通涿郡之渔商，南运江都之转输，其为利也博哉！"[3]在运河时代里，南北方经济联系进一步加强，国家命运沿南北轴向摆动，运河成为都城变动的重要因素之一，并对国家政治、经济、文化生活产生深刻影响。都城变迁呈现为由中原向南北两极发展的趋势，北京充当了封建社会后期的主要都城，南京的政治中心地位也逐步上升，并一度成为全国的政治中心，进而形成政治中心的南北两极格局。[4]

另一方面，此观点也能解释为什么四川盆地虽然也非常富庶，但在重要性上却难以与江南匹敌，主要原因还是"蜀道难"——交通运输不

1　拉铁摩尔：《历史的疆域》，张世明等主编《空间、法律与学术话语：西方边疆理论经典文献》，第364页。

2　拉铁摩尔：《历史的疆域》，张世明等主编《空间、法律与学术话语：西方边疆理论经典文献》，第365页。

3　《皮日休文集》卷1《汴河铭》，四库丛刊景明本。

4　王明德：《从黄河时代到运河时代：中国古都变迁研究》，巴蜀书社，2008。

便。由此可见与战略区的距离因素对于一个区域的发展往往具有重要的作用。

从战略区与经济区的统合观察中国历史,切入的路径是连接二者交通运输的道路,拉铁摩尔的眼光颇为新颖并具有启发性,他将其总结为"历史地理研究法"。

二 "动态边疆"与"长城—天山"的空间整合

拉铁摩尔对新疆的考察是从"长城—天山"的商路开始的,首先是对天山北路意义的再发现:"贸易道路有一种重要改变,须加注意,其所以重要者,以其联结绿洲带与游牧的道路,即是天山北路,由巴里坤塔格岭尾梢起,沿着天山北麓而行,至西湖(乌苏绥庆城)绿洲,途分为二:一沿天山西走,一则西北至塔尔巴哈台。此路实为一联络各绿洲之路,而不是游牧部众的适宜近路,其历史上的重要,系其与游牧通路的真实的路线(沿阿尔泰山西坡,经草地连属之地以至塔尔巴哈台)平行,且渐有取而代之的趋势。"[1] 这条路的性质不是游牧道路,而是一条绿洲与游牧联系的道路。拉铁摩尔从地理原动力、历史原动力、社会原动力对道路性质的影响差异,敏感捕捉到区域之间的历史互动对中国边疆的影响。[2] 绿洲、草原与中原的互动,表现在"长城—天山"这一过渡地带及其东西交往的商路上。[3]

绿洲是拉铁摩尔分析新疆历史的一个重要的生态 – 政治空间。在亚洲中心的绿洲和中国西北部一些类似的绿洲地带,农业依赖于水利灌溉。水源来自高山融化的冰雪。在这些绿洲地区,通过改进水利控制技

---

1 拉铁摩尔:《亚洲腹地之商路》,田嘉绩译,魏长洪、何汉民编《外国探险家西域游记》,第135页。

2 拉铁摩尔:《亚洲腹地之商路》,魏长洪、何汉民编《外国探险家西域游记》,第124页。

3 黄达远:《在古道上发现历史:拉铁摩尔的新疆史观述评》,《新疆师范大学学报(哲学社会科学版)》2013年第4期。

术，从而使简陋的社会逐步走向繁荣。绿洲灌溉农业不能无限度发展，因为淤积和化学问题（盐碱化）难以解决。另外，绿洲最易受到游牧民族的攻击。按照拉铁摩尔的分析，绿洲与华北的混合农业类似，不是"雨养精耕"农业。[1] 不过，绿洲之间彼此隔离的状态，使其成为"原子状"的分布，无法形成"核心区"。

基于各方面的考虑，清朝在彻底击败准噶尔蒙古以后，确立了"以北制南"的空间策略。乾隆二十七年（1762）在天山北路西段的伊犁河谷设立伊犁将军府，伊犁将军执掌的外交和军事事务范围几乎扩展到整个西域，巡边、喀什噶尔换防、军事训练任务很重；民政范围则以伊犁九城的驻防各地军民民事为主，同时要开办旗学、处理外交、制造军械等；而经济事务主要涉及屯垦、马政、制钱、贸易等。虽然伊犁将军所辖的伊犁九城人口并不是很多，嘉庆时期大致有 20 万人，但是承担"公务"的军政人员比例很高，无论从管理的"半径"，还是执行的功能来看，行政成本远远高于内地。清朝另一个建设的重点是天山北路中段的乌鲁木齐，修筑满城巩宁、汉城迪化，分驻乌鲁木齐都统衙门和迪化州衙门，军府制度和郡县制度并立。

18 世纪中叶以来，中国与俄国的对峙成为欧亚腹地最为重大的事件之一。中国战略区再一次从长城沿线转向与俄国势力相交的中亚和蒙古高原，元代以后，中国的势力再次回到欧亚大陆的枢纽地带，处理正在扩张的俄国以及内陆亚洲问题是整个清朝北方战略的核心。战略区向北方和西方跃进数千公里，经济区必须匹配跟进。粮食与物资一直是支持战略区的根本保障，其供应的范围也随之向长城以西的天山南北转移。天山以北与华北情况相似，不是一个"雨养精耕"地区。天山北麓气候寒凉，积温不足，巴里坤一带的种植以小麦、青稞、粟谷为主，普遍采用粗耕的方式，通过屯田，基本满足了驻军和居民的粮食需要。但

1　拉铁摩尔：《针对中国历史地理问题的一个亚洲内陆研究法》，收入张世明等主编《空间、法律与学术话语：西方边疆理论经典文献》，第 401 页。

是，由于绿洲的分散性和地理气候不适，除了粮食有剩余以外，其他物资均不能生产，天山北路经济区功能并不完整。拉铁摩尔强调，"在研究整个中国社会全部所及区域的发展和社会自身各阶段的演进过程中，我们将会发现，在地理单元的大小与占有并利用它的社会系统的结构和功能之间总是存在一个平衡"。[1] 不平衡的问题只能依靠内地补充"能量"，而这一能量的补充必须要开辟新的通道抑或改造或扩大旧的通道。

从 1760 年开始，清政府每年从内地"协饷"200 万至 300 万两白银，充作新疆军政费用。除了同处边疆地区的黑龙江、吉林、盛京、乌里雅苏台（今属蒙古国）、桂、黔、滇、藏、陇、青等外，其他的省以及粤海关、闽海关、江汉关、江海关等海关，都要分担新疆所需的财政支出。1760~1911 年，清政府拨给新疆的协饷和专饷，总计高达 3.8 亿两白银，约占清朝中叶财政收入的 1/15，[2] 相当于清朝乾隆中期八年至十年的财政收入总和。另外，据学者估计，江南丝绸在新疆的交易量占全部丝绸量的情况是，乾隆时占 90% 以上，嘉庆和道光前期占 85% 以上，道光后期到道光朝结束占 90% 以上。可以说，内地与新疆的丝绸贸易，主要是江南与新疆的丝绸贸易。乾隆时期，每年用于与哈萨克贸易的丝绸达到 6000 匹。[3]

清朝在新疆的巨额财政收入与开支形成了一个庞大的消费市场，清军西征，总有内地商贩随军，"馈粮千里，转谷百万，师行所至，则有随营商人奔走其后。军中牛酒之犒，筐篚之颁，声色百伎之娱，一切取供于商，无行赍居送之烦。国不耗而饷足，民不劳而军赡"。[4] 出现了"北套客"和"西路客"，"大贾皆自归化城来，土人谓之北套客，其

---

1 拉铁摩尔：《针对中国历史地理问题的一个亚洲内陆研究法》，张世明等主编《空间、法律与学术话语：西方边疆理论经典文献》，第 407 页。

2 齐清顺：《清代新疆的协饷供应和财政危机》，《新疆社会科学》1987 年第 3 期。

3 范金民：《清代江南与新疆官方丝绸贸易的数量、品种和色彩诸问题》，《西北民族研究》1989 年第 1 期。

4 钟广生等编纂《新疆志稿》，成文出版社，1968，第 127~128 页。

路乃客赂蒙古人所开，自归化至迪化仅两月程，但须携锅帐耳"。[1]内地民商（北套客）正是看准了新疆市场上的巨大商机，不辞险远，开辟出从归化至古城的草地长途驼运路线，形成了多层次、多流向的市场流通体系。内地民商在这个市场体系的形成中，起到了重要的纽带作用。民商的发达，部分弥补了经济区的不足，便利了财货和民生物资的流通。民商开发的奇台经归化（呼和浩特）以通京城的驼道（大西路），逐渐成为连接新疆与内地的交通运输干线，奇台也逐渐取代镇西，成为繁华一时的北疆商业中心。奇台、呼和浩特、张家口、包头等地涌现出了一批驼运店，专门承揽西北地区货运。一些大的驼运店的骆驼多达千峰。奇台有安德堂、天顺魁（后迁包头）、天德全等大小驼店近40家。这条商路连接着两个重要的区域性市场，一个是奇台，一个是呼和浩特。

这种"能量"的补充来自全国各地：江南的丝绸、纱布、银两；陕、晋、闽等省的茶叶；江西的瓷器等。这些物资源源不断地或通过大运河，或通过陆路，最后通过"长城—天山"的商路抵达天山南北。天山北路作为战略区，从全国调配物资进行补给，大大提升了天山南北被统合到国家的程度，在道光初年，天山北路形成120余万亩的新垦土地，人口一度达到60余万。天山南路也有相当程度的发展，人口从乾隆初年的26万人，增长到110万人。

傅雷（Philippe Forêt）通过研究清朝在热河的治理提出了一种新的边疆划分方法，清朝对内外蒙古的政策，事实上造成了将边境地区分成动态与静态地区的一种情态，清版图所呈现的空间单位即有动态与静态之分。所谓动态地区，指的是原有景观发生了变化，与北京和承德的联系变得密切的地方；所谓静态地区，指的是原景观保持不变，可以被忽略的地区。伊犁和承德这两个地区经历了剧烈的族群变动及相应的文

---

1 钟广生等编纂《新疆志稿》，第147页。

化景观的变化。[1]天山北麓的变迁具有"动态边疆"的三个形态。第一，将大片的草原开辟为良田，人工绿洲面积大大扩张，形成了一个与天山南麓相似的绿洲地带，这一绿洲带由若干核心绿洲组成，相距不远，呈连片发展的趋势，实现了草原生态为中心向农业生态为中心的景观转换。第二，城市体系的形成使原来蒙古游牧地开始转变为"城村络绎"的定居点，实现了蒙古文化景观向满、汉文化景观的转换。第三，道路性质的转变。"自归化至迪化仅两月程，但须携锅帐耳。"交通运输的时空效率大为提高，实现了从丝绸之路的贵重奢侈品的长途转运贸易转向区域间的民生贸易，"长城—天山"商路与历史时期的丝绸之路虽然有重合，但是性质却发生了重大变化。

"动态边疆"真实的含义表达的是"边疆中心化"，如果不是国家的战略区，怎么会有这种沧海桑田般的变化？为了解决将天山南北统合到国家体制当中的问题，财政富裕的省区都充当了"经济区"的角色，这就需要重新评价清朝对天山南北开发的贡献。在处理俄国与内亚的问题方面，必须使清朝动员举国上下的力量。"长城—天山"之间的区域关系的新发展，不仅标志内地和"边疆"的关系愈加密切，内地与天山南北的经济联系也进一步加强，显示国家命运开始从南北轴向转为东西轴向，如天山北路的开发，伊犁九城、迪化、巩宁等城市的兴衰，这条商路就成为体现这种变动的重要"晴雨表"。

三 "长城—天山"商路与国家建设的东西轴线

潘志平先生等有一个非常形象的比喻：西域新疆与中原的关系，如一个不对称的"哑铃"，"小头"在西域，"大头"在中原。[2]不过，笔者

1　傅雷：《热河环境史：华北农业之扩张》，《法国汉学》第9辑"人居环境建设史专号"，中华书局，2004，第249页。

2　潘志平、耶斯尔：《西域新疆的战略地位：地缘政治的视角》，《中国边疆史地研究》2013年第3期。

想指出的是，这种战略关系还存在另外一种"倒挂"现象，政治大头是在新疆，但是支持的力量却源自远方，特别是交通运输这根"血管"很细，一旦内地动荡，天山南北很容易陷入绝境。

乾隆中期的一位满洲官员记载新疆的财政情况是："今大兵既驻其地，皆需谷食，因设屯田之法，开垦荒芜。回兵六千户，种地纳粮，仅足支用。各官薪俸，兵丁盐菜，必需于内地。每岁倒调内地银五十余万两，绸缎数万匹，与哈萨克交易牛羊马匹，变价充饷。又收关税地基银四万余两，及回城所交棉花布匹等项，始能足一岁之用。钱价昂贵。"[1]到道光年间，伊犁将军布彦泰仍旧称："新疆各城经费岁需二百余万两，例由各省协解。甘肃藩库分春秋二拨解运。本年秋拨，接甘省来咨，以各省协饷未到，而新疆经费紧要，未便耽延……再新疆百万军民皆依赖国家豢养之恩，恃此兵饷以为生计，设拨解愆期，则军民有枵腹之虞，于新疆重地，关系实非浅鲜。"[2] 20 世纪初，还有官员大声疾呼重视交通，联络内地，"深沟重堑，天险之国，不患其不能守，而患其不能通。通则富，不通则贫；通则强，不通则弱"。[3]

实际上，清朝希望能将经济区北移到京师附近，实现战略区与经济区的统一，道光时名臣林则徐上奏，提出"国家建都在此，转粟自南，京仓一石之储，常靡数石之费。奉行既久，转输固自不穷，而经国远猷，务为万年之计，窃愿更有进也"。[4] 元、明、清的官员们再三提出要把直隶变成"第二江南"，就是在北京周围建立一个"基本经济区"。但这种想用直隶所生产的粮食代替江南运来的漕粮，并想不需再从南方运输谷物的希望，从来都未实现。[5]

"长城—天山"商路的兴盛主要是依赖政府的投入，刺激了商路贸

1 椿园：《西域闻见录》卷 1《新疆纪略上》，清照堂丛书本。
2 布彦泰：《新疆奏稿》之《请试行商税裕经费折》，1982，第 198 页。
3 王树枬等纂《新疆图志》第 5 册，文海出版社，1965，第 2985 页。
4 林则徐：《畿辅水利议叙略》，盛康辑《皇朝经世文续编》卷 114《工政十一·直隶水利》。
5 冀朝鼎：《中国历史上的基本经济区与水利事业的发展》，第 8~10 页。

易，而江南的动荡是造成这一商路衰落的主要原因。咸丰时期的太平天国运动导致江南输往新疆的协饷断绝，天山南北的驻军多年无饷可发，军心动摇，战斗力下降，无法抵挡阿古柏的入侵，西域新疆沦陷大半。左宗棠率领湘军西征新疆期间，军需浩繁，随军商贩众多，使这一商路一度复兴，同时，西征暂时解决了中国、俄国在中亚关系的问题，使西部陆疆暂时得以安宁。"中国收复新疆，毫无疑义，是一件近50年中在亚洲发生过的最值得注意的事件，同时这是一个多世纪以前乾隆出兵这个地区以来，一支由中国人领导的中国军队所曾取得的最光辉的成就。"[1] 不过，随着甲午之役以及之后的庚子事变，海疆危机再次超越陆疆危机，不仅江南是主要承担债务的省区，而且有从海上而来的各种商业竞争，中央自身财政难保，遑论支援新疆？甚至一直依赖中央补贴的新疆都摊上了辛丑赔款的份额，驻军也一再削减，进疆的物资数量大大减少。这条商路另外还面临俄商的竞争，随着俄国西伯利亚大铁路的开通，俄商的运营成本降低并逐步击垮了当地商业；另外，1911年外蒙古少数王公受沙俄挑唆宣布独立后，最畅通的大草地路线断绝。绥新商人不得不集资组织驼运，从哈密经内蒙古到绥远。这条商路约4000华里，因季节关系，一年只能通行两次。天山南北与内地的交往联系大大降低，西部的边疆危机日益突出。

20世纪初以来，"长城—天山"商路逐渐衰败，表现的是清朝已无"能量"通过这条道路输送到战略区，"血管"没有血液补充，自身的绿洲经济无法满足新疆行政的需要，必然导致新疆依赖俄国的商业支持，经济依附于俄国，最后政治权利也依附于俄国，形成深重的边疆危机。这不是简单的商业交通的衰败，而是代表中国"东西之轴"这一命脉的衰败。

左宗棠的西征曾经对陆疆稳定起到重要作用，不过，这一成果在20世纪初期逐步丧失。拉铁摩尔指出，草原、内地与绿洲之间的相互

1　包罗杰：《阿古柏伯克传》，商务印书馆翻译组译，商务印书馆，1976，第275页。

关系终结于 20 世纪 30 年代，"汉人在中亚统治的结束（指杨增新被暗杀）代表着旧式绿洲崛兴循环的完成。但是，继之而起的并不是原来那种草原崛兴的反循环，而是一个完全不同的统一现象。其规模比过去历史上的任何循环都要大，并影响到草原、绿洲和中国内地。……因为苏联势力之进入蒙古、新疆及中国内地不是凭武力进入，而是由受其影响的民众所引入的"。[1]曾经在西征中得到暂时平衡的俄国扩张和内陆亚洲问题，重新回到中国的面前，积贫积弱的中国面对再次显现的俄国与内陆亚洲问题，基本上处于地缘劣势，只能被动回应。不过，访问过延安并与中国共产党领导人毛泽东、周恩来有过会谈接触的拉铁摩尔发现，中国未来的领导人是不会完全照搬俄国方式处理边疆问题的，"中共不是苏联的傀儡和工具"，后来的事实证实了拉铁摩尔的预见。[2]

俄国在内亚的扩张以及之后苏俄利用民族自决主张，推动内亚民族主义意识，并借助族群政治干预新疆，说明内亚问题不但没有消失，而且有时极为尖锐。在苏联支持和影响下，内亚族群的民族主义与国族主义之间产生了严重的张力。[3]鲁西奇教授提出封建时代的"核心区"标准：兵甲（军兵）、衣食（财赋）、人才（文武官员）以及合法性，即兵甲所出、财赋所聚、人才所萃、正统所寄的地区。在核心区所应具备的四个要素中，兵甲与人才资源是最重要的，只有拥有此二者，王朝才有可能建立起军队和官僚系统。[4]但是，"财赋所聚"在内陆亚洲的语境下是很难实现的，因此这一标准还是有"中原中心观"的色彩。拉铁摩尔所说的战略区与经济区作为不同的"核心区"而产生的互动，这一分析解释路径则更符合中国历史发展的脉动。

1　拉铁摩尔：《中国的亚洲内陆边疆》，第 127 页。

2　袁剑：《拉铁摩尔在北京看到了什么》，http://www.thepaper.cn/newsDetail_forward_1246286。

3　黄达远：《18 世纪中叶以降的内亚地缘政治与国家建构》，《学术月刊》2014 年第 8 期。

4　鲁西奇：《中国历史上的"核心区"：概念与分析理路》，《厦门大学学报（哲学社会科学版）》2010 年第 1 期。

　　另一方面，无论是战略区还是经济区，都有作为地理生态区域的性质。特别是"战略区"同时是游牧民与定居农民之间互通有无的重要贸易通道。"边疆具有政治而非地理的根源。只有在一个边疆观念存在以后，它才能被理解成一个地理结构的共同体赋予的此项功能。"[1] 拉铁摩尔还指出，"边疆两边的人民从事走私贸易是极为普遍的"。[2] 应该深刻认识到，中国内陆亚洲的"战略区"是以绿洲为基础的，并非"雨养精耕"地区，因而不能产生与"经济核心区"同等的效果和功能，如果硬是照搬"雨养精耕"经济区的模式，带来的后患将是无穷无尽的。

　　我们可以看到，中国历史上形成的"广土众民"特点，"广土"实际上指的是与"雨养精耕"地区不同的长城以北广大地区，400mm 等降水量线以北以西，主要以牧区和绿洲为主，人口远远少于长城以南地区，一直到 21 世纪，这条线以西人口大致也只占全国人口的 10% 左右。虽然地广人稀，但是其地缘政治的重要性却不言而喻。中国历史上各时期的中央政权无不高度重视其地位，将其整合到国家体系当中。日本学者杉山正明在分析元朝的"蒙古世界体系"时指出，蒙古国家建构的第一根支柱是"草原世界的武力"，第二根支柱是"中华世界的经济力"，第三根支柱是"穆斯林的商业力"。忽必烈新国家的基本构想，融合了草原军事力、中华经济力以及穆斯林商业力这三个连贯欧亚的历史传统基础。[3] 不过，冀朝鼎、拉铁摩尔讨论了具有游牧政权"基因"的隋朝开发了大运河，将北方的军事战略区与经济区联通起来，可见，这并不是蒙古帝国的独创。到 18 世纪中叶，当俄罗斯和中亚的哈萨克、浩罕等与清朝接壤，天山的战略意义因此凸显，东西方向的历史轴线就显

1　拉铁摩尔:《历史的疆域》，张世明等主编《空间、法律与学术话语：西方边疆理论经典文献》，第 356 页。

2　拉铁摩尔:《历史的疆域》，张世明等主编《空间、法律与学术话语：西方边疆理论经典文献》，第 354 页。

3　杉山正明:《忽必烈的挑战：蒙古帝国和世界历史的大转向》，周俊宇译，社会科学文献出版社，2013，第 136 页。

得非常重要，只能"以东（经济区）补西（战略区）"。由于这条轴线
上没有水路可以沟通形成"大运河"，只有通过空间上最为便利的"长
城—天山"商路进行补给，"沙漠之舟"骆驼就是"航船"，"船队"就
是驼队，这条"航道"上的商埠如归化、张家口、古城等被形象地称为
"旱码头"。这条"航道"源源不断地给戍边的将士和屯田的民户带去
商业物资和必备的生活品，这条东西轴线无疑是清朝中期国家建构当中
的一条生命线。

四 民族主义话语的不同面向与"中国性"的讨论

1840 年，英国挑起的鸦片战争使清朝沿海、沿江的经济腹地严重
受到外来力量的冲击。此后，太平天国农民军和清朝之间的激烈战争使
发达的江南腹地基本上成为一片废墟。没有经济区的支援，西域新疆的
驻军陷于绝境，新疆大半版图被阿古柏所窃据。1874~1884 年，清廷内
部爆发了关于国防战略问题的激烈争论，形成了著名的"海防"与"塞
防"之争。换一个角度讲，就是保"战略区"还是保"经济区"的问
题。"塞防"占据上风，表明清廷意识到保"战略区"更为重要。新疆
被湘军光复，新疆建省的目的之一是强化南疆的作用，使其从"回疆"
转变为内地的州县制度，发挥一定的"核心区"功能，使南疆能够为北
疆提供物资和粮食财赋。左宗棠吸取战略区与经济区分离的教训，一针
见血地分析道，"陇与新疆专赖各省协济，非大部主之与内，疆圻襄之
于外，事无由济。若如近时频催罔应，殊可寒心"。吸取了协饷不济导
致新疆动乱的教训。"此时议开郡县，原故以内地之治治之，则一条鞭
成法不可不讲，除按丁抽赋之苛，而问田取赋，庶征收有定而贫富两得
其平，加以平徭役、警游惰、禁侵贪，民可使富也。"[1]一方面明确指出，
依靠本地的财赋支持新疆的边防和边政；另一方面，也通过国家力量实

---

[1] 《左文襄公（宗棠）全集·书牍》卷 20。

行直接管理，消除伯克制的弊政。

在俄国的不平等条约下，新疆已经丧失了巴尔喀什湖以东以南的50多万平方公里土地。左宗棠对此有清醒认识——"俄人拓境日广，由西而东万余里与我北境相连"，"万一强邻窥伺，暗煽拚飞，后患方兴，前功尽弃"。[1]不得已将全省统治中心——首府确立在乌鲁木齐，"昔日新疆以伊犁第一重镇，乌鲁木齐次之，南八城又次之。今日之形势则大不然，近日确情当以乌鲁木齐辖境为第一重镇，伊犁次之，南路又次之"。[2]通过强化南北疆关系，相互支持，以防止沙俄觊觎边疆，这是建省的又一个重要目标。

以左宗棠的战略布局观之，新疆形成"双重"区域结构：第一重结构是"重新疆者所以保蒙古卫京师"，依靠"长城—天山"东西轴线沟通内地经济区与战略区的关系；第二重结构是强化天山南北的区域结构，天山以南的绿洲为天山以北战略区提供物资支持。这双重结构的力量相互叠加，使天山南北最后整合成一个完整的行政区域，建省也体现了维护国家主权的自觉意识。辛亥革命以后，清朝崩溃，外蒙古失控，"长城—天山"商路陷于窘境，但是始终未中断，艰难地维系着新疆和内地的关系；另一方面，在民国杨增新时期，中枢基本上对于新疆财政无能为力，杨增新能够独自支撑新疆局面长达17年，完全依靠的是清朝的遗产——新疆建省后，国家体制下的"齐户编民"能够缴纳赋税，南疆的粮食、物资能够接济北疆，在内地经济区的支援力度减弱的情况下，还能维持新疆最低限度的财政运转，保证新疆能够艰难度日。

长期以来，中国近代历史在"冲击－回应"的海洋史观面向下，一定程度上忽视了海疆和陆疆的关系，也使两种不同的民族主义混杂在一起。姚大力先生指出，19世纪末期，两种民族主义运动传入中国，一种是"国家民族主义"（State Nationalism），它强调在现存国家

---

1 《左文襄公（宗棠）全集·奏稿》卷50。
2 参见李云麟《西陲事略》，成文出版社，1968。

领土范围内的全体国民认同意识；另一种是"种族民族主义"（Ethnic Nationalism），它推动了汉、满、蒙、藏等民族各自的民族主义。这样两种不同的民族主义可能存在冲突。例如章太炎提出的激进的汉民族主义立场。[1] 本章将"国家民族主义"表述为"国族主义"。江南本应是中国的"经济核心区"，但却成了"战略区"，不仅是抗日战争的中心，而且是汉人民族主义反应最为强烈的地区；新疆本是中国的"战略区"，因为"经济区"无法供给物资财源，为自保反而变成了"经济区"，强调要加强"经济开发"。海疆、陆疆，虽然都是"边疆"，海疆却是中国经济最为发达、汉族人口占绝对多数的区域，受到海洋而来的民族主义影响深重，学习"海国"进入新的国际体系，成为近代中国转向的一个重要因素。"海国"作为了解对手形成的概念，既包括西方本身内部的典章制度和各方面情况，也包括其海外扩张、拥有大量殖民地的情况，还包括其作为入侵者在中国的存在，以及船坚炮利体现出的优势，也就是说涵盖了西方、列强、殖民主义和帝国主义概念所指的不同层面，是一个比较完整的近代国家概念。"海国"作为他者构成了中国自我认知的重要参照物和实际的对应物。而这一"他者"此前一直不存在。[2]

与"海国"同构的历史叙述是费正清的"冲击－回应"的理论，这一表述基本上变成汉族在回应西方的挑战，一部近代史基本上被写成汉族近代史；陆疆危机深受殖民主义和帝国主义的影响，被完全表达为一部屈辱的历史，这种看法虽似正确但不全面。这是以海洋的民族主义为中心的视野。如果不单纯以这种视角看，而是站在陆疆的"国家主义"立场看，我们还会看到另一种面向：清朝通过整合内地经济区与天山战略区之间的关系，把各个不同族群——满、汉、蒙古、塔兰奇、

1　姚大力：《中国历史上的民族关系与国家认同》，《北方民族史十论》，广西师范大学出版社，2007，第275页。
2　王瑞成：《从〈海国图志〉看"海国"与"中国"概念的生成》，《社会科学战线》2013年第2期。

回、"六城"绿洲民、索伦、锡伯等整合到一起，守卫天山南北，以强大的行动回应正在扩张的俄国以及各种复杂的内陆亚洲局面。平定准噶尔，回疆大、小和卓及张格尔叛乱、阿古柏的入侵，清朝在处理内陆亚洲问题以及俄国扩张问题上应该说有得有失。对俄国不是以军事斗争为主，而是通过新建战略核心区来解决这一问题，通过空间的调整，达到保障国土和主权的目的。这一历史经验值得认真研究和汲取，体现了一种主权国家建构模式。不能因为陆疆危机而彻底否定清朝在国家内陆疆域整合上的历史努力，也不能淡化非汉族群的历史贡献。

历史似乎开了一个玩笑，在"民族主义"思维下，我们长期重沿海而轻"内亚"。把"边疆"问题同质化——这是海国"民族主义"影响的产物，带有浓厚的汉人民族主义色彩，对于国家建设，有其积极正面的意义。在这一视角下，"长城—天山"作为一个民族国家建构中的"陆疆"问题，"替换"了原先传统时期处理长城南北关系（蒙汉关系、俄国与中国的关系）这一问题——"重新疆者所以保蒙古卫京师"。在这种语境下，南北关系——游牧与农业定居居民的关系，无论是满、汉还是蒙古建立的王朝，谁是中国"正统"的问题不再凸显。而东西方向的"海疆"和"陆疆"问题成为"中国"民族国家建构的重大问题，"中国"从而被民族主义话语所取代。另一方面，清朝虽然是按照传统的治理方式解决"陆疆"问题，并做出了很大的努力，特别是晚清新疆建省，体现出浓厚的"国家建构"色彩，但是在"民族主义"的思考方式下，清朝处理这一问题的意义和贡献显然被淡化了。

借助拉铁摩尔讨论经济区与战略区的关系，我们重新发现了传统时期整合疆域的努力。特别是清代"长城—天山"商路的兴衰，已经成为新的国家命脉——东西轴线走向的"晴雨表"。清朝在统合天山南北与长城内外、长江南北中做出的贡献，是部分实现了区域关系的统合——是传统时代"国家一体化"进程的重要标志。至辛亥革命爆发，清朝覆亡，它在中国西部遗留的一大政治遗产是天山北路的伊犁、迪化等城市和成片开发的农业区，以及定居的数十万汉、回、维吾尔等各族居民。

此外，还留下一个"新疆行省"体制——这是清朝处理俄国与内陆亚洲关系的另一个重大政治遗产。同时，正如拉铁摩尔观察"中国性"时说，"从黄河中心区域转向大草原，我们发现，从历史上看，社会分化变异的过程适应了不同的地理环境。从同一地区转向南部、西南部和东南部，我们发现的是同化和升华的过程。我们的确也发现社会和文化特性的历史持久性，但主要趋势是一个越来越大的中国的成长"。[1] 18 世纪中叶以来，中国就面临着一个新的情况，就是将天山南北的战略区从空间上与华北、江南的核心区连为一体，整合成一个完整的"大中国"。晚清的新疆建省，也是"中国化"的一个缩影。这两次整合过程，是在清朝的统治下完成的。清朝动员了大江南北、长城南北、天山南北甚至东北满洲的各族人民共同参与其中。这一区域整合过程大大超越了清朝自身的满洲族群意识，而且超越了不同族群的民族意识，体现了一种自觉的"国家建构"，促成了"中国"意识的生成。"清"与"中国"已经成为乾嘉时期文献中并行的称呼。[2] 当然，清朝在这统合过程中，确实也采取了差异化民族政策，强化满族的统治权力，也有造成民族隔阂的一面，这是客观的事实。总体而言，清朝统合战略区与经济区既继承了汉唐盛世经营西域的经验，也超越了汉唐在巩固内陆疆域方面的成就。

小　结

正如开篇当中冀朝鼎所思："（中国）不像现代国家那样是用经济纽带联结成的整体，而是通过控制基本经济区的办法，用军事与官僚的统治组合而成的国家。"这一"国家性"实际来自空间建构。因此，或可指出，"长城—天山"商路是中国近代"国家性"变化的一个重要方向，

1　拉铁摩尔：《针对中国历史地理问题的一个亚洲内陆研究法》，张世明等主编《空间、法律与学术话语：西方边疆理论经典文献》，第 402 页。

2　徐松：《西域水道记（外二种）》，朱玉麒整理，中华书局，2005，第 322~323 页。

经济区与战略区的统合主要是依靠政治与经济的双重力量,使清朝已经具有某种近代"国家建构"的面向。如果说今天的丝绸之路经济带的建设,从空间上与"长城—天山"商路有巨大的重合,那么,某种意义上仍然含有继续从空间上整合内地(经济区)和边疆(战略区)的意义,仿佛依稀可以看到"长城—天山"商路的骆驼客和各种商贩奔走的身影。同时,"一带一路"建设也超越了民族国家的边界,与邻为善,与邻为伴,以良好的外部环境,促使边疆(战略区)转化为核心区,这也是当今中国现代国家建设的一个重要目标。

笔者赞同一些学者提出的"空间"的意义长久被淹没在同质化的民族主义叙事当中的观点,今天恢复空间和区域的视角,突破单线的民族主义叙事,[1]必须兼顾来自海洋与内陆板块的双向"国家建构"历史过程,这对中国现代国家建设的自身经验的发掘,具有某种积极意义。

---

1 黄达远:《多维视野下的西域——以 1759~1864 年的天山史为例》,《新疆师范大学学报(哲学社会科学版)》2014 年第 6 期。

第九章 "国家缔造"视角下的景观、疆域与中国史的空间结构

　　现代国家需要两个层面的建设：一是"国家建构"（state-building），指全国建立统一的政治、经济、军事、交通和司法体系以及技术开发体系；二是"国族缔造"（nation-building），指全民族应该具有的共同记忆、神话以及象征符号的生长、培育和传递，对共享的文化、知识、价值"可信性"的确定、培养、传递，对领土、祖国的象征符号及其神话的界定、培养和传递。[1]国族缔造和国家建构有所不同。相对于国家建构，国族缔造是个"软维度"，如历史地理学就是有关"国族缔造"的学问，是现代民族国家催生的产

1　安东尼·D.史密斯：《全球化时代的民族与民族主义》，龚维斌、良警宇译，中央编译出版社，2002，第106~107页。将国族缔造与国家建构问题纳入西北边疆问题的最早讨论，参见韦兵《认同与建构：20世纪的西北边疆与现代国家》，《学术月刊》2014年第8期。

物，主要目的就是为现代中国建立起均质性和连续性的国族疆域，也就是将异质性的王朝疆域转化为全体国民认同的"共同疆域"。正如地理学者 David Storey 所言，国族缔造其实就是缔造一个共同疆域的概念，国族主义也正是一套有关疆域的意识形态。[1]

20 世纪 70 年代，在中苏冷战时期，中国重新启动了《中国历史地图集》的编纂工作。《中国历史地图集》编绘一度是以杨守敬的《历代舆地图》为底本，谭其骧郑重指出杨图的缺陷，"不能再学杨守敬的样儿仅仅以中原王朝的版图作为历史上中国的范围。历史上同一时期中国疆域上出现的若干并立政权，无论是不是汉人建立的，都只能理解为中国政权"。[2] 把中原王朝之外的版图上的民族政权的历史边界标示清楚，这就是反映"中华民族"的共同历史疆域，也是中华民族共同体意识形成的历史地理基础，中国历史地图集的编纂就是"国族缔造"的重大工程：全体国民要形成"共同疆域"的意识，超越只见"华夏"不见"夷狄"的族群意识。

谷苞先生是著名的民族学家和社会学家。20 世纪 80 年代初，他先后发表关于"中华民族共同性"的研究论文。在对谷苞相关成果梳理当中，笔者发现他晚年对民族史研究的成果基本上可以纳入"国族缔造"的维度，这对于理解谷苞的"中华民族共同性"学术思想具有积极的意义。

一　20 世纪 50~80 年代的边疆民族问题与谷苞对民族史研究的反思

谷苞与顾颉刚、费孝通都有一定的交往。1935 年，谷苞考入清华大学。1937 年，全面抗战爆发，他被迫停课返回兰州，接受顾颉刚的

1　David Storey, *Territory: The Claiming of Space*, Harlow: Pearson Education Limited, 2001, p.65.

2　谭其骧：《历史上的中国和中国历代疆域》,《中国边疆史地研究》1991 年第 1 期。

委托主办了《老百姓》旬刊，因同情革命，不久就被地方政府勒令停刊。[1] 这是谷苞与顾颉刚的第一段交集。1944 年谷苞返回兰州大学教书，而 1948 年顾颉刚出任兰州大学历史系主任，谷苞于 1949 年秋季参军离开兰大赴新疆开展工作，不久，顾颉刚亦转任到其他高校。谷苞与顾颉刚的第二段交集时间不长。谷苞与费孝通的交往相对密切。1939~1944 年，谷苞前往云南昆明的"魁阁"，恢复了清华学籍。他晚年回忆说，1941 年从清华大学毕业后不久，就参加了费孝通主持的研究小组，"只是因为费教授在学术水平上比我们高很多，我们都心悦诚服地称他为老师"。[2] 对于 1939 年顾与费关于"中华民族是一个"的学术争论，作为青年学者，谷苞虽然没有明确表态，但是无疑是关注的。

"中华民族是一个"论题的起因是 19 世纪末期日本殖民主义者提出的"中国本部"论传入中国，这种错误的疆域观影响了不少中国学者。1934 年，顾颉刚与谭其骧在《禹贡》发刊词中就反思说，地理学不发达导致民族史研究的落后，"试看我们的东邻蓄意侵略我们，造了'本部'一名来称呼我们的十八省，暗示我们边陲之地不是原有的；我们这群傻子居然承受了他们的麻醉，任何地理教科书上都这样叫起来了"。[3] 1939 年 2 月，顾颉刚发表《中华民族是一个》的文章，提出日本的"中国本部"说不利于中国，特别是以"民族自决"权成立"满洲国"以分裂中国，更不赞同"汉满蒙回藏"的五族，只有一个"中华民族"，与费孝通就此展开论战。费孝通的观点是抗日并不必然要否认中国境内有不同的文化、语言、体质的团体存在；不同的文化、语言、体质的人群有共同的利害，有对内稳定、对外安全的需要，自然有可能结成一个政

1　谷企平、谷凤:《最是难忘出阳关　青春白头伴天山——忆我们的父亲谷苞》，2013 年 3 月 30 日，打印稿。

2　谷苞:《在费孝通老师指导下云南社会学研究室的三年学徒生活影响了我一生》，《西北民族研究》2006 年第 1 期。

3　顾颉刚、谭其骧:《发刊词》，《禹贡》(半月刊) 第 1 期，1934 年。

治团体。因此，实现政治上的平等才是解决民族问题的关键。[1]1989 年，
费孝通发表《中华民族的多元一体格局》一文，这一理论问题才得到较
为圆满的解决。1980~1989 年谷苞最重要的四篇论文亦被费孝通先生收
入其主编的《中华民族多元一体格局》一书中。[2]这绝不是偶然的，而
是体现了谷苞对"中华民族是一个"的深入思考，从行文中可以明显看
到他对"中国本部"概念有针对性的反思和批判，为解决这个问题做出
了重要的理论贡献。

　　相对于顾、费当年的讨论与日本殖民的话语体系有关，谷苞的讨
论则与苏联的话语体系有关。1950 年代末期中苏关系开始紧张，苏联
在意识形态的论战中又重弹"长城之外非中国"的论调，和抗战时期日
本帝国主义的"中国本部论"如出一辙。论战的重点涉及中国边疆的历
史、民族与宗教问题，关系到中国的国家主权。1959 年，张东月在《民
族研究》上发表《关于新疆历史的几个问题》，开篇语就是"新疆是中
国自古以来不可分割的一部分"。[3]1962 年，因中苏关系紧张，发生了
"伊塔事件"，大量边民外逃。为了在各族人民中进行热爱祖国、热爱
中国共产党、热爱社会主义的宣传教育，新疆民族研究所接受了编写
《新疆简史》的任务，两年后完成了古代史部分（从远古到 1840 年）和
近代部分的改定稿。[4]谷苞时任中国科学院新疆分院副院长，据中亚史
专家王治来回忆说，1962 年中印发生冲突后，赫鲁晓夫于 12 月 12 日
发表评论对中国进行指责，谷苞、王治来等均参加了新疆维吾尔自治区
领导组织的《新疆简史》的编写，这项任务也是为了配合在新疆批判苏

1　黄克武：《词汇、战争与国族的东亚边界："中国本部"概念的起源与变迁》，《复旦学报（社会
　　科学版）》2020 年第 6 期。
2　这四篇文章分别是《论中华民族共同性》《再论中华民族共同性》《论正确阐明古代匈奴游牧
　　社会的历史地位》《论西汉政府设置河西四郡的历史意义》，收入文集时标题有改动。参见费
　　孝通主编《中华民族多元一体格局》修订本，中央民族大学出版社，2003。
3　张东月：《关于新疆历史的几个问题》，《民族研究》1959 年第 6 期。
4　苗普生：《正本清源，正确阐明新疆历史——新中国成立 70 年来新疆历史研究的回顾与展望》，
　　《西域研究》2019 年第 3 期。

联利用民族、宗教和历史问题进行颠覆的活动，并进行祖国统一和民族团结的教育。[1]《新疆简史》纂修之初就与"反苏反修"密切相关。当时的新疆面临着印度和苏联两个方向的压力，形势相当复杂。1979 年，苏联又大举出兵入侵阿富汗，进一步恶化了中国西北边疆的地缘格局。1978 年，"文革"后恢复工作的谷苞就上书有关部门，强调要加强民族学研究，不仅要研究国内的边疆民族，还要研究苏联境内的民族，因为这些民族成员很多是从国内迁过去的，这对于国家安全意义重大。[2] 这一时期的西北民族学和历史学研究，具有浓厚的反苏反霸的现实需求，另一方面，也和国家建构有着密切的关系。虽然成稿于"文革"前，不过迟至 1980 年《新疆简史》第一册才出版，开篇就对沙皇俄国侵略中国西北疆域进行了抨击，指出"新疆"的含义绝不是老沙皇和苏联领导集团所歪曲的那样，是什么"新的边疆""新的疆域"，而"新疆"与"西域"是同义语，新疆早在公元前 1 世纪就纳入中国版图。[3] 苏联提出"中国本部说"，其实就是不承认新疆是中国的。

为了反制苏联对中国的意识形态输出，国家还组织各大高校的外语系翻译出版了一套大型的"俄国经略东方丛书"，[4] 作为资料来为当时的研究服务。同样为"中华民族多元一体格局"做出重要贡献的学者陈连开回忆说，1969 年外交部联系人王荩卿（中苏边界问题谈判组副组长，后出任中国驻苏大使，苏联解体后又出任驻俄大使）向中央民族学院的"中苏边界研究资料组"传达了周恩来总理的口头指示：中国是一个统一的多民族国家，俄国也是一个多民族的大国，这两个多民族国家是怎样形成的？怎样发生了边界问题？给现在中苏边界遗留了哪些问题？请

1　王治来：《史余忆旧》，北京传世家书文化发展有限公司，2019，第 95 页。

2　谷苞：《在新疆开展民族学的一些意见》，中国社会科学院规划办公室编《情况与反映》1978 年第 38 期。

3　新疆社会科学院民族研究所编著《新疆简史》，新疆人民出版社，1980，第 2 页。

4　"俄国经略东方丛书"是 20 世纪 60~90 年代中苏对抗时期商务印书馆等翻译出版的一套历史学术丛书。发行时间从 1965 年 7 月第一本《俄国在中亚》开始，到 1994 年《中亚史纲要》，长达 30 年，全套 73 册。

组织一些专家研究一下。[1] 周总理的指示非常明确，就是对统一的多民族国家中国与多民族的俄国进行比较研究，说清楚中国与俄国的差别。实际上，在 20 世纪 60 年代初，已经有相当多的民族学家和历史学家，包括吴文藻、费孝通、吴泽霖等一批学者参加了中国社会科学院民族研究所和中央民族学院的课题小组，将搜集的有关帕米尔及其附近地区的历史、地理、民族的英文资料汇编成册，供内部研究参考。[2] 这些成果为《沙俄侵华史》（复旦大学出版社，1975）、《沙俄侵略中国西北边疆史》（人民出版社，1979）等书稿的撰写服务，这也是那一时期国家历史研究的重点。[3]

近期周伟洲指出，民国时兴起的民族学、人类学、社会学等学科，曾被错误地视为资产阶级的学科，新中国成立后，相关学科的不少学者因而转向民族史研究，20 世纪 50~60 年代，中国民族史学在历史学的框架下获得了蓬勃的发展。而中国历史上由少数民族建立的国家政权的断代历史，如北朝史、辽史、金史、西夏史、蒙元史、清史等都取得了重大的学术成果，如汉民族形成问题、历史上中国疆域与民族、民族英雄与民族战争、民族同化与融合等问题的讨论等。[4] 由此可见，当时民族史的研究，为解决"长城内外是中国"的理论问题做出了很大贡献。不过，这些成果至今没有得到国外学术界的广泛认可，还是认为中国是由汉族政权和少数民族政权组成的。

一方面，民族史研究、疆域史研究等体现了为现代中国的"国族

---

1 《陈连开教授学术简历》，《求同初阶——陈连开学术论文集》，中央民族大学出版社，2008，第 811 页。

2 费孝通、侯方若：《帕米尔及其附近地区历史、地理、民族英文参考资料汇编》，1979，打印稿四卷本。出版时书名做了修改：柯宗等著，吴泽霖等辑，吴泽霖译《穿越帕米尔高原：帕米尔及其附近地区历史、地理、民族英文参考资料汇编》，民族出版社，2004。费孝通题写了书名并写了《几点说明》。费孝通是这项工作的主持者，参加者还有吴文藻、马时芳等学者。

3 20 世纪 60~80 年代，西北地区主要的高等院校和科研机构都参与了《沙俄侵略中国西北边疆史》的写作，其中西北大学、兰州大学、西北师范大学、新疆大学、新疆社会科学院等机构的学者均参与其中，也为西北地区的历史研究与民族研究奠定了基础。

4 周伟洲：《中国民族史学发展历程及展望》，《西北民族论丛》2019 年第 2 期。

缔造"服务的功能，配合《中国历史地图集》的编纂，长城以北地区的胡人政权、"四裔"，也都被正确对待为"中国政权"，学者们考订了这些政权的管辖范围和边界，颠覆了"中国本部论"的认识。不过另一方面，由于深受苏联史学和中原史观的影响，民族史的书写也出现了相当教条化的倾向和片面性。1978 年，费孝通针对构成中国民族政策之根本基础的"民族识别"指出，不能孤立地只考虑个别民族的问题，像青藏高原边缘的汉藏彝民族走廊及其复杂的民族交流史，还有因为各种原因形成的融而未合、化而夹生的民族或语言"孤岛"现象，都应该在广阔的学术视野下予以讨论。[1]这是 20 世纪 80 年代之前的一个重要的成果：既要在一定程度上采用苏联式的民族概念，进行民族识别；还要对民族史的研究范式进行改革，形成中国特色。

1980 年，谷苞在《中国社会科学》上发表文章对苏联建立的"维吾尔族源"说表达了不同意见，"公元 840 年回鹘汗国被黠戛斯人打败后，向西迁移，很快就出现了甘州回鹘、西州回鹘、葱岭西回鹘，并认为这就是维吾尔族唯一的或主要的族源"。他认为这一观点值得商榷，不符合中国历史古籍的记载。[2]他认为民族与种族不同，前者是历史的概念，后者是生物学的概念。匈奴、突厥、回鹘都不是一个种族上的人的共同体，而是一个历史上的人的共同体；都不是由种族的、生物的原因形成的，而是由历史的原因形成的；都不是一个稳定的种族集团，而是一个相当稳定的社会的、政治的、经济的、军事的集团。谷苞提出，要改革民族史研究的理论与方法，不能再因袭二十四史的旧说、汉文的正史和相关古籍，要正确区分民族和种族这两个截然不同的概念。用"家谱式"的办法（即男系单方面记述世代的办法和以某个氏族部落追溯族源的办法）是不可取的，那属于单一和片面的英雄史观。没有看到民族，特别是北方游牧民族的流动性是很充分

---

1 费孝通：《关于我国民族的识别问题》，《中国社会科学》1980 年第 1 期。

2 谷苞：《新疆维吾尔族族源新探》，《中国社会科学》1980 年第 6 期。

的，民族发展的过程，往往就是民族融合的过程。[1]费孝通与谷苞都提出民族史研究不能忽略民族融合问题，否定了民族"共同血缘"的苏联式概念，而要考虑符合中国的历史与国情。汉民族的发展史并不是单一民族或种族的繁衍史，而是在长期的历史发展过程中融合进了其他许多民族和种族的成分。这种情况在南北朝、唐、五代、辽、金、元及清朝尤为突出。追本溯源，融合于汉族的其他民族成分，也应该被认为是汉族的重要族源，他们也是汉族的祖先。[2]因此不能简单照搬苏联民族史的"四个共同"的理论框架。顾颉刚在民国时期就发表过反对单一的民族血统论的观点，[3]谷苞似乎也受到这个观点的深刻影响，"自己不是一个纯粹的汉族，西北汉族的混血情况非常复杂，毫不怀疑西北地区汉族的血统中，是有着大量匈奴、羌、氐、突厥、蒙古等族血液的"。[4]"你中有我、我中有你"的民族融合史反映了中华民族的多元一体进程。

二 超越西方与俄（苏）民族史的族性地理学：长城两边是故乡

1667 年，沙俄探险家托博尔斯克绘制了一张直至太平洋的西伯利

1　谷苞：《新疆维吾尔族族源新探》，《中国社会科学》1980 年第 6 期。

2　谷苞：《关于在文化工作中认真贯彻党的民族政策的一些意见》，内部文稿，1982 年 3 月 10 日，第 3 页。

3　顾颉刚希望以"中华民族"来取代"汉人""汉族"，当然也试图打断"汉人"、"汉族"与"本部"之关联。他说"汉人二字也可以断然说它不通……我们被称为汉人的，血统既非同源，文化也不是一元，我们只是在一个政府之下营共同生活的人……现在有了这个最适当的中华民族之名了，我们就当舍弃以前不合理的汉人的称呼，而那些因交通不便而致生活方式略略不同的边地人民共同集合在中华民族一名之下"。又说"汉人的文化虽有一个传统，却也是无数文化的混合，汉人的体质虽具有特殊之点，却也是无数体质的揉杂……汉人体质中已有不少的蒙、藏、缠回的血液"。见《顾颉刚全集·宝树园文存》卷 4。此处讨论参见黄克武《词汇、战争与国族的东亚边界："中国本部"概念的起源与变迁》，《复旦学报（社会科学版）》2020 年第 6 期。

4　谷苞：《关于在文化工作中认真贯彻党的民族政策的一些意见》，内部文稿，1982 年 3 月 10 日，第 3 页。

亚地图，这种地图已经属于地理实测图，与反映宗教空间的宇宙图具有
实质性差别。1701 年，他绘制的《西伯利亚地图册》问世，已绘出俄
国的黑龙江沿岸地区和"满洲"。俄国学者称，这些地图在那个时代堪
称一绝，世界上任何国家均无法与之匹敌。俄国人发现并研究了亚洲这
一广袤地区，把这一地区绘在地图上。欧洲学者也认为，如同美洲在哥
伦布以前一样，亚洲大陆这片广袤无垠的土地在俄国人出现在那里（在
北亚，从乌拉尔山到太平洋）之前，对欧洲世界而言完全是未知的。[1]
西方和俄国殖民主义者是以"欧洲世界"自居，无视历史上中国在当地
进行过管理。在西方以及俄国对"中国"的探索和认知当中，形成了
"中国本部—中国边疆""中国本部—中国鞑靼"这种对立的族性地理概
念，中国边疆和中国鞑靼是位于长城以北的中国内陆亚洲区域，拥有地
理、政治、族裔的多重内涵。

　　1795 年，英国人威廉·温特博特姆（1763~1829）出版的《有关
中华帝国的历史、地理与哲学的观点》一书第二章"中华帝国概述"
中，是这样分类的："为试图对这个庞大帝国做一概括描述，应进行下
列解构：1. 中国本部（China Proper）；2. 中国鞑靼（Chinese Tartary）；
3. 中国的册封属国（The States tributary to China）。"温特博特姆将满
洲、蒙古、新疆等地归入"中国鞑靼"介绍。[2] 再如 19 世纪初西方的
书里记载："这里的（指长城外的鞑靼）绝大部分是中华帝国皇帝的私
人附庸国，也受他的保护"，"中国鞑靼与内地被长城分隔开来"，"根
据住地可以分为东部的满洲、中部的蒙古、西部的卡尔梅克准噶尔。"[3]
这实际是一种误读，西方人把中国王朝的历史与罗马帝国的历史等同
起来，他们通过地理和方位识别世界上的各个帝国，西方国家一般采

1　B.H. 阿奴钦:《十七世纪俄国人对满洲的研究与欧洲制图学》，宋嗣喜译，《黑河学刊》1985 年第 2 期。

2　William Winterbotham, *An Historical, Geographical, and Philosophical View of the Chinese Empire*, London, 1795.

3　*A Comprehensive System of Modern Geography William Pinnock Bliss*, Wadsworth & Company, 1835, pp.421, 446.

取"科学"的线性进步观，欧洲人从地理上理解当代世界体系是"一族一国"的民族国家体系，他们所能理解的 China 或者 КИТАЙ，只能是"一族一国"的中国，长城以内被欧洲人视为"中国本部"，在中文中，表达为"汉地""汉境""汉疆"等，具有显著的族群地理学的分类特征。

这种地理分类方法是对中国"天下传统"的忽视，把弹性和分而不崩的"天下体系"硬生生割裂为线性地理空间，"鞑靼"就是最典型的个案，西藏和蒙古、新疆、"满洲"都被视为"中国鞑靼"的一部分，与长城以内"中国本部"是完全不同的族群空间。19 世纪末，俄国外交官巴德玛耶夫将西藏、蒙古和中国内地看成三个并列的部分，在给俄国政府的报告中写道，"中国本部作为一个国家，也可视为地球上得天独厚的国家"。[1] 反映的也是沙皇政府和苏联时期从地理学对中国最为普遍的认知，"中国"固有领土只限于长城以内地区，即"中国本部"（собственный Китай），满洲、蒙古、新疆以及西藏均在长城以外，不属中国固有领土。故在俄国近代史书中，可以看到"中国、蒙古、西藏"并列的现象。甚至在 20 世纪 30~40 年代苏联出版的沙皇政府和临时政府档案汇编《帝国主义时代国际关系》按国别分类的索引中，把蒙古、西藏与中国作为并列国家。这种观点在欧洲国家甚至欧亚国家形态的俄国（苏联）都得到广泛的认同和支持。[2] 中国本部、中国鞑靼都是欧洲的族性地理空间下的概念。

由于俄国民族主义在中亚地区的传播以及划分边界，中国传统的朝贡体系逐步瓦解，形成了现代国家边界的概念。原来的游牧民与绿洲民

1　《帝俄外交部七等文官巴德玛耶夫（Бадмаев П.А.）档案（1893~1905）选译》，郭燕顺译，《中国藏学》2014 年第 S1 期。

2　《帝俄外交部七等文官巴德玛耶夫（Бадмаев П.А.）档案（1893~1905）选译》，郭燕顺译，《中国藏学》2014 年第 S1 期。甚至到 20 世纪 70 年代，中苏交恶时期发生意识形态论战，苏联的史学家依然宣称"长城以外非中国"，试图对中国的边疆造成压力。

出现了在国界两侧居住的情况。游牧民的牲畜根据季节变化需要转场，对边界的概念淡漠。但是现代国家的划界结果是游牧民被分在不同的国家，如柯尔克孜、塔吉克、哈萨克等，他们本没有固定的边界概念，进入"俄国"的就是俄国哈萨克族，进入中国的就是中国哈萨克族，他们必须建立对所在国家的忠诚，一是放弃游牧生活相对定居化，在本国的疆界里活动；二是接受国民教育，将身份转化为俄国人或中国人。这就在俄国与中国之间产生了一个新问题——跨界民族问题。由于哈萨克、吉尔吉斯（柯尔克孜）等民族的双重身份认同和部落关系结构，游牧人虽然是俄国或中国人，但同时还保留另外一个传统的民族身份。有的时候本来是一个民族内部的问题，会变成外交问题，而且长期困扰着国际关系。[1]将游牧民、绿洲民纳入国民教育当中，形成必要的国家认同是政府的职责所在。而在晚清中国积贫积弱的情况下，根本没有什么现代学术话语权，也没有财力推行现代教育。而沙皇俄国和苏联则凭借实力已经用"文明等级论"和苏联式民族主义意识形态在中亚和我国西北的各民族中进行了思想传播（见本书第二章）。1954年翻译出版的苏联学者邵英巴耶夫等著《为正确阐明苏联中亚细亚各民族底历史问题而斗争》一书中强调民族解放运动："卡查赫（即哈萨克）人民底历史中，富有争取自由独立、反对内外敌人的斗争底鲜明篇幅。属于这些光荣篇幅的，特别是十八世纪反对准噶尔部汗的斗争、十九世纪反对中国封建主、浩罕汗与希瓦汗的斗争、反对俄国沙皇制度底殖民政策而斗争。"同时，该书还宣称中亚各民族"自愿归并"到俄国的好处，即免遭英国殖民者的压迫。[2]苏联式的中亚民族缔造如"哈萨克"是把反对中国封建主、浩罕汗、希瓦汗的斗争并列的，这是"长城之外非中国"的典型说法。

1981年，谷苞在《论充分重视和正确解决历史研究中的民族问题》

1　黄达远：《18世纪中叶以降的内亚地缘政治与国家建构》，《学术月刊》2014年第8期。

2　邵英巴耶夫等：《为马克思列宁主义地阐明卡查赫斯坦历史问题而斗争》，《为正确阐明苏联中亚细亚各民族底历史问题而斗争》，人民出版社，1954，第1~2页。

一文中正式提出了"中华民族共同性"的观点，就是进一步超越俄国和苏联对于中亚民族历史建构中的"民族斗争"与"民族解放"的描述：在古代的民族关系中，不能只强调民族斗争的一面，更要看到友好交流才是民族关系的重点。[1]"就我国长城以内从事农业、手工业的汉族和长城以外从事游牧业的各游牧民族的关系来说，历来都是我国历史上的最为重大的民族关系问题，在经济上互通有无的友好关系，一直是各族人民经济生活中的头等重大事件。"[2]他更提出，不能把族群关系视为简单的二元格局，而是存在着某种差序格局，"历史上存在的民族压迫，较长时间是汉族的统治阶级压迫少数民族人民，在有些时候、有些地区却是由某些少数民族的统治阶级压迫汉族和其他少数民族人民。元、清朝是这样，匈奴、鲜卑、突厥、吐蕃、辽、金、西夏等统治我国一部分地区时也是一样"。[3]谷苞提出的"游牧—农耕的文明共生"论相较苏联在中亚民族史中构建的"民族解放"论和"自愿归并俄国"论，不啻天壤之别。

1986 年，谷苞发表《论正确阐明匈奴游牧社会的历史地位》一文，全面批驳了"长城之外非中国"说，彻底解构了"族性地理学"，巧妙地把"天下"置于农牧二元互动结构中。将游牧政权与农耕政权对等化，"长期以来在中国古代史研究上流行着一种历史的偏见：只承认秦朝统一长城以内农业区的进步意义，而不承认匈奴单于统一长城以外游牧区的进步意义。甚至有的作者把匈奴诬之为中国历史上的消极因素。同样是在中国大地出现的两个统一政权，一则褒之，一则贬之"。[4]一方面，就是将两种异质性政权降低为对等区域性的政权，另一方面为更高

---

1 据谷苞家属回忆说，1981 年该文发表之前，谷苞曾与来疆考察的时任国家副主席王震同志深入交流。在谷苞家属为甘肃民族师范学院图书馆捐赠的谷苞生前藏书中，就有一本《民族问题译丛》1955 年第 1 期，当时该刊物大量刊载苏联民族研究的翻译成果。
2 谷苞：《论充分重视和正确解决历史研究中的民族问题》，《新疆社会科学》1981 年第 1 期，又收入《民族研究文选》，新疆人民出版社，1991，第 76 页，题目有改动。
3 谷苞：《民族史研究要充分体现时代精神》，《民族研究文选》，第 85~86 页。
4 谷苞：《论正确阐明匈奴游牧社会的历史地位》，《民族研究文选》，第 113 页。

层次的认同"大一统"奠定基础。这种大一统具有文化上的认同,更有经济生活方式的连接。他同时将华夷之变的"天下观"和西方民族主义的族性历史叙事转变为有着明确时间和空间边界的"区域叙事",不是以游牧和农耕各自的时间性确定历史空间,而是将游牧与农耕放在一个"共时性"的地理空间——"疆域"中寻求其共性特征。这一共同体时空观念的建立与现代国家的时空观念相符。不论是古代天下的游牧时间还是农耕时间,共同的特点是没有起点和终点,"这是古代没有边界的天下的一个隐喻";而现代国家采取的是一种"现代矢量时间",这种时间既有一个明确的起点,还有"终结","而且时间是匀质的,而贯穿其间的是一系列持续的'进步',这是外部强调边界区分与主权平等,内部强调历史的持续性和公民的匀质性的现代国家的隐喻"。[1]这种共性的时空观需要为全体国民所接受。

农业与游牧业相比,只是生产部门的差异,并无先进与落后的区别。农业与游牧业都是把土地作为最主要的生产基础,只是使用土地的方式不同,牧民是把土地当作牧场使用的,饲养各种牲畜,以满足人们的日用;农民是把土地当作耕地使用的,通过播种,收获粮食、油料、果蔬菜等,以满足人们的日用。[2]这就把原来农耕 – 游牧的异质性的时间和空间匀质化,没有文化等级的差别。谷苞在游牧民的日常生活中发现的不起眼的"获食"和"获衣"模式,却是农牧之间不能分离的铁证。从日常生活看,"毗邻农业区的牧民是没有不吃粮食的,一般中等牧民和贫苦牧民所占有的少量畜群是经不住常年'肉食'的"。此外从"获衣"模式看,历史记载的匈奴人的服装,只是"衣其皮革,被旃裘",也不能完全令人信服。匈奴的奴隶主阶级是穿丝绸的。匈奴征服乌桓后,常向乌桓征收"皮布税"。匈奴人向乌桓人征收的布,当然是

1　韦兵:《边疆形态与天下时空传统及其现代化进程》,《陕西师范大学学报(哲学社会科学版)》2017年第3期。

2　谷苞:《西北地区经济、文化特点与西北史研究》,《民族研究文选》(2),兰州大学出版社,2004,第177页。

会作为衣料的。这里所说的布，绝非棉布，很可能是毛布或麻布。[1] 族群之间普遍存在着跨界生计和共生互补的方式，游牧的历史与农业历史是不可分割的统一体："我们认为古代匈奴史的研究，必须与对秦汉史的研究密切结合起来，即密切联系诸农业民族的农业社会，才能深入地正确地探讨诸游牧民族的游牧社会。"[2]

三 景观、区域多样性与中国史的空间结构

西方与俄国、日本近代形成的"中国本部"、满洲、蒙古、新疆以及西藏并列的问题严重干扰着中国的"国族缔造"的观念——共同疆域的形成，甚至还会被用来制造分裂和挑拨中国民族关系。谷苞则运用区域景观来塑造中国史的空间结构，强调河西走廊的景观变化是"大一统"的直接后果，以"走廊时空"的互动与关联来破除西方和俄国殖民者留下的"西藏、蒙古、中国"等并列的族性地理空间的弊端。谷苞采取"景观分类"的方法来理解中国疆域的构成：原来我国秦长城以北、以西的游牧区是连成一大片的，自从西汉政府设置河西四郡以后，河西地区由原来的游牧区变成了农业区，这就把原来连成一大片的游牧区一分为二了。北面是长城以北、天山以北的游牧区，西面是青海高原和毗邻西藏高原的游牧区。当初西汉政府设置河西四郡，派驻军队，并实行移民屯垦，其原意仅在于"隔绝羌胡"，防备匈奴与西羌联合对西汉构成威胁。但是其在客观上对后来历史的发展所起的巨大而深远的影响，却是西汉政府所始料不及的。[3] 在一篇重要文献中，谷苞提到了多种景观之间的复杂联系——秦长城、河西游牧区、河西农耕区、长城以北、天山以北、青海高原和毗邻西藏高原游牧区、天山以南绿洲农业国、河西地区丝绸之路。阅读文字的过程，就

1　谷苞：《论正确阐明匈奴游牧社会的历史地位》，《民族研究文选》，第113页。
2　谷苞：《论正确阐明匈奴游牧社会的历史地位》，《民族研究文选》，第120页。
3　谷苞：《中华民族多元一体格局赖以形成的基本条件》，《西北民族研究》1993年第1期。

是一幅动态历史疆域的展开过程。安东尼·史密斯则将此一过程称作"记忆的疆域化"。他强调，任何国族都必须诉诸历史性的地理，作为支撑其存在的有力理据。[1]前述谭其骧主编的《中国历史地图集》就是最为典型的证据。

中国地域广大，文化景观十分丰富，这表现了中国文化的复杂性和多样性，这种可以通过观察而认知并加以描述、展示的区域差异，可以概括为"景观多样性"，这种多样性包含自然景观、文化景观和景观认知和理解诸多方面。区域在景观方面的差异与人地关系和历史变迁相关联。鲁西奇指出"这不仅是因为'今日的景观'乃历史时期的遗存与积淀，更由于景观是人与环境的统一体，是在历史过程中形成的，它本身就蕴含着对历史过程的记忆与解释"。[2]利用景观可以使疆域变得可视化和具体化。正如段义孚在《空间与地方》一书中援引一首生动的古诗，其中"胡马饮北风，越鸟巢南枝"，两个具体的区域想象将时空"万里"具体化了。[3]再如谷苞对中国历史疆域的表达："汉朝的疆域，从经济类型上看，有一大片农业区和一大片游牧区。大片农业区，包括地跨黄河、长江、珠江这三大流域的农业区，以及塔里木盆地边缘宛如一串项链的绿洲农业区。北方的农业区主要为旱作农业区，南方的农业区主要为水稻种植区。"多样的农业区对应着多样的游牧区，"大片的游牧区是指秦长城以北、以西的游牧区，包括东胡游牧区，匈奴游牧区，乌孙游牧区，小月氏游牧区，昆仑山南麓羌、氐游牧区，青海高原的西羌游牧区以及西藏沿边的游牧区"。[4]把不同的异质性政权落实到一个个具体的人文地理特征的景观空间。各种异质性的空间通过地理景观转化为常人能理解的"人地关系"——通过"可视化"的描述使每一个区域都有鲜

---

1 安东尼·史密斯的讨论参见沈松侨《江山如此多娇——1930 年代的西北旅行记与国族想象》，《台大历史学报》第 37 期，2006 年 6 月。
2 鲁西奇：《中国历史的空间结构》，代序《空间与历史：空间视野下的中国历史》，广西师范大学出版社，2021。
3 段义孚：《空间与地方：经验的视角》，王志标译，中国人民大学出版社，2017，第 45 页。
4 谷苞：《中华民族多元一体格局赖以存在的条件》，《西北民族研究》1993 年第 1 期。

活的人群形象和乡土气息。

中华民族共同性的形成首先是国家政权使然,将河西走廊从游牧区转变为农业区,改变景观所需的能量是巨大的,也是"可视的",但同时也离不开基层异质性人群之间的生产与互助。由于农业区、游牧区与绿洲农业区等不同层次和性质的区域的共生与互动,西北地区不是均质化的铁板一块,而是有着丰富的地理地表景观,体现出这里自古以来就是一个多民族地区。毫无疑问,不同的民族在政治、经济、文化上存在天然的密切联系,因此,"西北地区史的研究必然涉及民族关系的研究","地区史的研究为民族关系史的研究提供了优越的条件"。[1] 西北地区自然特点是干旱,但是发展出来的绿洲农业区,形成了与游牧区并存的格局。"各族牧民把干旱的荒漠、半荒漠以及河谷、山麓、高山、高原地带,巧妙地安排为四季轮牧的牧场,这是合理利用土地资源的一个意义重大的发明创造,其功甚伟。"[2] 由于西北地区的地理多样性,农、牧业生产的产品是丰富而多样的,而且形成了区域特色:吐鲁番的葡萄、哈密的瓜、库尔勒的梨等。历史地理学和历史地图学都涉及传统中华王朝的"天下"多维空间落实成一个高度同构性的"地理体"(geo-body)——历史疆域。

谷苞已经注意到了从本土的观念来理解历史中国,特别是从中国历史空间结构"中心"的区位(西北)与从欧洲、日本视角的理解(沿海)大相径庭。这一点依然受到顾颉刚的强烈影响。[3] 中国作为一个区域主体,应该从中国的视角看待自身的地理和文化中心,具有显著的文

---

1 谷苞:《关于补充意见的再补充》。

2 谷苞:《关于西北历史文化的特点》,《兰州大学学报》2003 年第 3 期。

3 1939 年顾颉刚在《中国本部一名亟待废弃》(《益世报·星期评论》1939 年 1 月 1 日)一文中指出,日本人还在中国本部——"汉人本部"的族性地理学下,又造出所谓的"华北、华中、华南、华西"四大区域:华北是黄河流域,华中是长江流域,华南是珠江流域,华西是长江黄河的上游。这些概念看似正确,但是被殖民主义者输入了"族性地理学"的特质。从国家的实际看,"华西"应该指新疆才对,"华北"应该指的是东北蒙古、满人居住区。对谷苞西北边疆观念认知的讨论参见黄达远《欧亚时空中的"西北"——论"一带一路"战略背景下的地缘区位观》,《陕西师范大学学报(哲学社会科学版)》2017 年第 3 期。

化地理学和区域地理学的特征。因此，不能把西北地区与中原地区视为两个不同区域：兰州位于中国版图的中心，而且还略偏东一些。周、秦的发祥地就是在陕西和陇东一带，以后不同民族建立的王朝都建都在咸阳和长安；秦朝统一以后，陕西和陇东境内是最早设置郡县制度的地区，无疑就是中原地区。"中国"的意义在先秦时期仅指华夏民族和华夏文化孕育和发展的地区，而到了秦朝和汉朝我国建立了统一的多民族国家之后，"中国和中原的涵义就起了变化。秦汉两朝在甘肃又增设了很多郡县，汉朝所设的西域都护辖境，也属于中国的版图。中原一词也分为广义和狭义，狭义的中原仅指河南省，广义的中原也可以指整个黄河流域，也可以指黄河中下游地区"。[1]中原政权始创期间就包含汉人和少数民族的异质性群体，这种多样性也是基于地理区域使然。中国的文化、民族、政治边界虽然不重合，只有在中国疆域体系的动态形成过程中，才能找到中国历史空间的向心性。

小　结

若按欧洲学界设定的关于民族国家的理想类型，清帝逊位以后中国那些"本部"之外的部分，就将面临一个与"本部"缺乏清晰而合适关系的局面，在条件具备时注定要产生分离运动。这迫使中国相当多的学人从自身的"你来我往，你中有我，我中有你"的多族共生遗产出发，建构统一的中华民族来与之对抗。[2]谷苞将游牧区视为"国土空间"的一个类型，给予其与农业区平等的地位，也就消解了"本部与边疆"的二元属性，为中华民族的"国族缔造"提供了具有说服力和可信力的论证路径，中国疆域类型的多元性和丰富性为统一性创造了前提和条件，而统一性则是中国疆域的最根本属性。各种游牧区和各种农

1　谷苞:《西北地区经济、文化特点与西北史研究》,《民族研究文选》(2),第181~182页。

2　陈波:《日本明治时代的"中国本部"概念》,《学术月刊》2016年第7期。

耕区之间的关系构成了中国历史的复杂性、多元性和统一性：农中有牧、牧中有农。"连片的、大面积的农业区在原来的游牧区出现……当年匈奴单于所辖的游牧区，包括今日我国的东北、内蒙古、宁夏以及甘肃河西、新疆北部地区，在这些原来属于游牧区的地方，出现了大片农业区后，结束了中原农业区和北方游牧区南北对峙的历史。……直至清代才最后完成和巩固了下来。"[1]这种疆域空间的构图其实就是"国族缔造"，其表达的时空过程必须符合现代文明的观念，时空特性等观念形态与边疆形态紧密关联。天下体系中游牧世界与农耕世界具有不同的时空观念，两种不同文明的边疆形态具有明显差异。现代文明首先是一种新的时空观念，现代性生长在现代时空观念上，这种现代时空观念最显著的特点就是矢量线性和匀质性，这造就了现代民族国家的边疆形态。东方国家的现代进程包含了时空观念的转型，以及在此背景下疆域形态的转型。[2]正如通猜·威尼差恭也讨论了近代泰国在由一个仅具模糊边疆、内部充斥着阶序性异质空间的传统王朝，转化为一个拥有明确边界（boundary）并具高度同构型的现代"地理体"的国族过程中，现代地理地图所发挥的重要作用。[3]地理作为一种公共的知识，在现代国族缔造中的作用绝不可忽视，民族史与地理学的关系值得高度重视。

从现代国家建设的学理看，"现代国家需要一块界线明确、相互毗连的疆土，来界定其遂行正当统治权力的范围。疆域作为一块由土壤、空气与水分所构成的实体物理空间，也为国族成员的生存与发展提供了不可或缺的物质资源——一种Jan Penrose所谓之空间潜在的物质力量"。[4]民族史要和区域史进行整合，才能理解"族"与"人"、"地"之

1　谷苞：《论正确阐明匈奴游牧社会的历史地位》，《民族研究文选》，第119页。

2　韦兵：《认同与建构：20世纪的西北边疆与现代国家》，《学术月刊》2014年第8期。

3　通猜·威尼差恭：《图绘暹罗：一部国家地缘机体的历史》，袁剑译，译林出版社，2016。

4　Jan Penrose, "Nations, States and Homelands: Territory and Territoriality in Nationalist Thought," *Nation & Nationalism*, Vol.8, No.3, 2010, pp.278-279. 另见沈松侨《江山如此多娇——1930年代的西北旅行记与国族想象》，《台大历史学报》第37期，2006年6月。

间的联系。历史地理学家石泉所见相同：解决民族疆域问题的根本原则，仍应是"人地结合，人为主导"，对某一地区的开发做出贡献的劳动人民，都应是这一地区的主人。[1]

总体而言，费孝通采纳了谷苞、陈连开的观点，认为南北两个统一体的汇合才是中华民族作为一个民族实体进一步的完成。[2]"中华民族共同性"依赖于中国史的空间结构——简而言之，"中华民族共同性"就是长城南北各民族的时空交汇性。正如沈松侨所讨论的，历史上王朝的疆域，只是统治者的私产，管理的是众多异质性社会、文化单元构成的空间，并不是全体国民所共同享有的神圣疆域。"近代意义的国族疆域则是经由国族成员在感情、经验、记忆、意图与欲望上的深切投注，从抽象而开放的'空间'，被转换成封闭而具同构型的'地方'（place），并成为个人与集体认同的一项重要标志。"[3]谷苞通过景观、走廊的"可视性"的区域方法和"疆域可记忆化"的方式既完成了对"中国本部"论的批判，又提供了建设性的方案；同时通过"你中有我、我中有你"的民族融合史书写完成了对西方、俄国和日本的"族性地理学"的批判，为"国族缔造"提供了生动的案例和重要的学理依据。可见，谷苞为民族学的中国化做出了重要贡献。

正如谷苞晚年总结自己的学术生涯时说，"我把巩固国家统一和维护民族团结（包括各民族内部的团结和各民族之间的团结），作为了我后半生的重要研究课题"。[4]他的坦荡胸襟和爱国情怀值得后人追思！

1　石泉：《中国历史地理专题》，湖北人民出版社，2013，第215页。
2　费孝通：《中华民族的多元一体格局》，《北京大学学报》1989年第4期。
3　沈松侨：《江山如此多娇——1930年代的西北旅行记与国族想象》，《台大历史学报》第37期，2006年6月。
4　《谷苞先生访谈录》，《民族研究文选》（2），第307页。

第十章 欧亚纵横：近代中国与中亚地区的历史关系概说[*]

1840 年的鸦片战争被认为是中国近代史的开端。这一观念深受费正清的"冲击－回应"理论的影响。[1] 不过，即便是在以海洋交通网络为主体建立起来的欧洲主导的世界体系开始之后，中亚依然是东西方物质、文明与贸易往来的一个重要通道。但随着 19 世纪到 20 世纪俄罗斯的北下中亚、英国从印度北上中亚，中亚地区逐渐被卷入地缘政治的角逐之中。[2] 而在差不多同时，清廷也在经历着平定准噶尔叛乱以及防御和抵抗来自中亚浩罕国的威胁，[3] 并最终卷入与英俄支持的阿古柏的战争中。在商讨如何平定新疆叛乱

[*] 本章和李如东合作。
1 费正清:《美国与中国》，张理京译，世界知识出版社，2000。
2 王治来:《中亚史》，人民出版社，2005，第 208~225 页。
3 潘志平:《浩罕国与西域政治》，新疆人民出版社，2006。

的过程中，清廷上下围绕"海防"与"塞防"展开了一场大辩论。远在北京的皇帝及边务大臣发现，用"天下观"来理解西北边疆的变局，已经有很多不融洽之处，一种地缘政治的边疆意识也开始兴起。尽管有学者认为，西北边疆危机在一定程度上使传统"朝贡体制"的想象得以延续，[1]但中俄《伊犁条约》的签订以及新疆的建省，从事实上将中国与中亚的关系导向了一种地缘政治关系。换句话说，在卷入英俄逐鹿中亚的过程之后，近代中国与中亚的关系已经不同于此前的朝贡关系，而是开启了一个地缘政治的关系格局。

一　俄罗斯、英国在中亚的竞争与中国西北边疆危机

自深谋远虑的彼得大帝掌控俄罗斯后，俄国一直追赶着欧洲大陆的资本主义进程，积极寻找出海口以及控制通往印度、中国的交通要道。事实上，为了控制中亚地区，确保通往印度和中国的通道，俄罗斯在彼得大帝时期就将夺取这一地区的控制权列为侵略扩张和夺取出海口计划的一部分，只不过在当时条件不够成熟而未付诸实践。[2]直到 18 世纪末，为了能够较为顺畅地通往印度、中国，俄罗斯商人仍然不得不躲避游牧人的袭击与抢劫，并向这一地区的中亚汗国缴纳比穆斯林商人高四倍的税款。[3]在取得波罗的海的出海口和黑海通道之后，沙俄终于把注意力集中到对中亚的争夺上。在征服浩罕国、夺取土库曼斯坦之后，沙俄基本上控制了中亚地区。[4]

显然，沙俄不是觊觎中亚的唯一帝国。早在 16 世纪葡萄牙、西班牙等国在海外扩展殖民地时，位于大不列颠岛的英国就开始谋划

1　林孝庭：《朝贡制度与历史想像：两百年来的中国与坎巨堤（1761~1963）》，《中央研究院近代史研究所集刊》第 74 期，2011 年。

2　王治来：《中亚史》，第 214 页。

3　王治来：《中亚史》，第 207 页。

4　参见王治来《中亚史》第 14、15 章。

加入其中。在葡萄牙、西班牙等老牌帝国衰落的同时，英国的工业革命正如火如荼地展开，并在海上争夺中崭露头角。在战胜法国、夺取海上霸权之后，维多利亚时代的大英帝国建立了"日不落帝国"，其海外殖民地分布在美洲、亚洲、非洲，横跨地球东西。毫无疑问，在印度建立的英国东印度公司成为大英帝国在亚洲进行殖民活动的主要机构。1757 年，东印度公司参与了对孟加拉的征服，"从征服孟加拉起，英国东印度公司就从商人组织转化为殖民政权（同时继续是商业公司），在商业体制之外，建立了一套政治统治体制，把贸易经营和政治统治结合为一"。[1]值得注意的是，这些在海外殖民的英国人并不是全然的商业冒险家，他们中有不少是因宗教的缘故参与海外冒险活动的。[2]

随着俄罗斯在中亚的开拓，坐镇印度的英帝国感到了威胁，为了维系印度的北部防线，英国积极参与到中亚的竞争中。19 世纪，英俄两国的竞争主要围绕阿富汗展开，但 20 世纪初，二者之间的竞争拓展到中国西藏。[3]英国与俄国在亚洲的竞争主要分布在三个地区：西亚波斯、中亚五国、中国新疆。英俄在中亚的争夺又可进一步划分为两个阶段。第一阶段，双方的竞争围绕印度北部的中亚地区展开，这一阶段的竞争主要是保卫印度的北部边境。第二阶段，双方竞争主要围绕中国新疆展开。可以说，英国与俄罗斯在中亚地区的大角逐，正是围绕中国新疆展开的。在喀什地区，至今还保存有两个国家建立的领事馆。正是在这样的背景下，中国西北边疆危机日益突出，并卷入地缘政治的旋涡之中。有研究指出，在英俄西亚的争夺中，被卷入争夺的伊朗由于在战略选择

1　林承节：《殖民统治时期的印度史》，北京大学出版社，2004，第 41 页；包奕诚：《从贸易到征服——论 1813 年以前英国东印度公司的殖民活动》，《南亚研究》1989 年第 2 期。

2　邵政达、姜守明：《近代早期英国海外殖民的宗教动因》，《历史教学（下半月刊）》2012 年第 12 期。

3　韩建萍：《试论维多利亚时期英国与俄国在中亚争夺中的印度因素》，《喀什师范学院学报》2008 年第 4 期。

上的失策，自身的衰落加速了；[1]而在新疆，如我们将看到的那样，清廷在疲于应对西北边疆危机的同时，逐渐把"想象"的边疆做实。

明朝末期，天山南北的统治者均为蒙古贵族。天山北路的统治者是厄鲁特蒙古贵族，天山南路则是察合台系的蒙古贵族。厄鲁特蒙古贵族与察合台系蒙古贵族对新疆的统治一直持续到17世纪中叶，准噶尔部的兴起才使天山南北的政治格局有较大变化。17世纪中叶，准噶尔部叛乱，不过在厄鲁特蒙古人及其他当地民族的支持下，乾隆帝取得了平叛战争的胜利。事实证明，在准噶尔的叛乱中，沙俄曾进行了挑拨。[2]此后，沙俄加紧了对中国西北边境的威胁或直接侵略。差不多同时期，英国也加紧了对中国新疆的争夺。在中亚浩罕国阿古柏入侵新疆后，英国与俄罗斯对其展开了争夺，试图借助阿古柏进入新疆。可以说，"虽然在阿古柏入侵新疆的早期，英俄双方对阿古柏的政策都不明朗，都在等待和观察，但是实际上对阿古柏的争夺却从来一点也没有放松"。[3]阿古柏在新疆建立的政权打破了俄国在新疆已经取得的利益，而且从地缘政治的视角来看，阿古柏所统治的南疆与英国的印度之间似乎更有直接合作的可能。在这种背景下，阿古柏似乎也乐于和英国合作。1876年，当俄国情报搜集者到达南疆时发现"阿古柏利用英国人参与他的事务善自为谋，近年来大大改善了他的军队组织、装备和训练工作"。[4]

在俄国和英国的中亚博弈背景下，清政府先后与俄罗斯签订了《中俄北京条约》《中俄勘分西北界约记》《中俄伊犁条约》《中俄改定条约》等不平等条约。这一系列条约签订后，清朝逐步进入以"条约体系"维系的国际关系网络中，以中国为中心的东亚朝贡体系开始受到挑战，清

1　张传琳：《论19世纪前期英俄中亚争霸中的伊朗战略》，《许昌学院学报》2011年第3期。
2　《沙俄侵略中国西北边疆史》编写组编著《沙俄侵略中国西北边疆史》，人民出版社，1979，第46~58、102~107页。
3　许建英：《近代英国和中国新疆（1840~1911）》，黑龙江出版社，2004，第107页。
4　库罗帕特金：《喀什噶尔》，第176页，转引自许建英《近代英国和中国新疆（1840~1911）》，第141页。

廷不得不重新审视和调整自己对边疆的认识及与边疆朝贡国之间的关系。[1] 19 世纪末，在面对海上威胁与亚洲中国西北边疆危机时，清廷上下展开了一场大辩论。辩论的中心是要保疆卫土，但在对"海防"与"塞防"孰先孰后的认识上，朝廷上下没有达成一致。以李鸿章为首的一派人主张海防优先，而以左宗棠为首的不少人则力主西北边疆的根本作用，并最终获得清帝的支持。[2] 这场辩论的展开，多少标志着中国朝野上下对边疆的认识开始具备了一种地缘政治的眼光，尽管这种认识在清朝中后期兴起的舆地学中似乎已有所表述。[3] 地缘政治边疆观的兴起，与西部朝贡体系的崩溃差不多处于同一个历史进程中。

二　西部朝贡体系瓦解

传统中国对外交往的过程中，曾经形成一个以中原为中心的朝贡制度。这一朝贡体系不仅兼具贸易功能，也有政治功能，同时是维系一个以中原为中心的礼仪外交体系。这一源自上古的外交制度，在清朝时显得更为具体，清政府设立了主客司和理藩院，后者初为处理蒙古纳贡的机构，后逐渐拓展到中亚诸国。[4] 在清政府上述具体安排下，原本以象征性礼仪外交和贸易为主的朝贡制度被纳入宗藩制度的体系之下。[5] 事实上，相关的研究也指出早在清代初期，朝贡制度就已经不再简单的是一种满足"天朝上国"心态的虚幻外交制度，清政府已经开始注意其

1　王正毅：《世界体系论与中国》，商务印书馆，2000，第 336~342 页。

2　尹全海：《学术视野中的晚清海防与塞防之争》，《河南社会科学》2007 年第 1 期；刘新华、秦仪：《略论晚清的海防塞防之争——以地缘政治的角度来考察》，《福建论坛（人文社会科学版）》2003 年第 5 期。

3　关于西北史地学的研究，可以参见郭丽萍《绝域与绝学：清代中叶西北史地学研究》，三联书店，2007；贾建飞《清代西北史地学研究》，新疆人民出版社，2010。

4　J.K. Fairbank and S.Y. Teng, "On the Ch'ing Tributary System," *Harvard Journal of Asiatic Studies*, Vol.6, No.2, 1941, pp.158-168.

5　张永江：《清代藩部研究》，黑龙江教育出版社，2001。

防御性的功能，使其成为维系边疆稳定和安全的制度保障。[1] 与此同时，随着清代贸易通道的正常化，朝贡体系与贸易体系之间的混淆状态有所改变，朝贡制度更多体现出其政治功能的一面。[2] 但在清末，朝贡制度开始逐渐瓦解。一方面，以"天下观"为基础的朝贡制度受到西方以国家为主导的外交思想的"冲击"，传统中国开始摸索加入世界之林的方式；[3] 另一方面，随着海上贸易的逐渐开放以及一个以条约体系为主导的外交体系的逐步建立，朝贡制度开始瓦解了。[4]

不过，上述关于朝贡制度瓦解的研究，或多或少突出了来自海上殖民帝国的影响，同时在论及朝贡体系的瓦解时，也多从考察东南或东北部的朝贡国与清朝的关系变化开始。[5] 但在西部，朝贡体系的瓦解除了受到上述诸背景因素影响之外，也有较为特殊的因素。

清政府朝野对西部边疆从"西域"到边疆的转变有一个作为背景知识的知识体系，此即发轫于清初，兴盛于道光、咸丰年间的西北史地学。在这些研究中已经涉及清朝对边疆的测量、防务讨论等。[6] 除了从天下观向边疆观的认识转变之外，对西域的一系列战争也使西域诸国与中原的宗藩关系瓦解。如上文所述，在经历海防与塞防的大辩论之后，清廷朝野对西部的认识无论从观念上还是实践上都体现出很浓的"地缘政治"色彩。与此同时，与俄国的边疆交涉不仅是清政府接触西方条约外交的开始，而且成为其处理海疆的经验。随着新疆建省，朝贡体系在西部基本完结。

1　陈尚胜：《试论清朝前期封贡体系的基本特征》，《清史研究》2010 年第 2 期。

2　祁美琴：《对清代朝贡体制地位的再认识》，《中国边疆史地研究》2006 年第 3 期。

3　罗志田：《天下与世界：清末士人关于人类社会认知的转变——侧重梁启超的观念》，《中国社会科学》2007 年第 5 期。

4　详见喻常森《试论朝贡制度的演变》，《南洋问题研究》2000 年第 1 期；李云泉《朝贡制度史论——中国古代对外关系体制研究》，新华出版社，2004，第 272~284 页。

5　喻常森：《试论朝贡制度的演变》，《南洋问题研究》2000 年第 1 期；李云泉：《朝贡制度史论——中国古代对外关系体制研究》，第 272~284 页。

6　参见贾建飞《清代西北史地学研究》。

三 "外藩尽失"与苏联对新疆的影响

鸦片战争时期，魏源曾经这样描述西部边疆：

> 盖新疆内地以天山为纲，南回北准；而外地则以葱岭为纲，东新疆西属国。属国中又有二：由天山〔北〕路而西北为左右哈萨克，由天山南路而西南为左右布鲁特，虽同一游牧行国，而非准、非回、非蒙古矣。逾葱岭而再西北为安集延；西南为巴达克山，为爱乌罕，虽亦皆回教城郭之国，然岭以西之属国非岭以东之郡县矣。[1]

魏源的这段描述将清末西域所面临的地缘政治形貌体现无遗，其将西域分为天山南北以及葱岭以西三部分的框架在民国时期曾问吾的《中国经营西域史》中几乎被完整采纳。[2] 曾氏去魏源不逾百年，其思想与魏源相去也不甚远，在二者那里，西域的形象均是一个充满边疆危机的地方。的确，正如我们在上文讨论到的那样，英国和俄国在中亚的大博弈转移到新疆之后，新疆的确成了清廷"危险的边疆"。在清廷部分朝臣的认识中，新疆与中原的关系远胜已经开辟通商口岸的沿海诸地。与魏源同时代的左宗棠直接道出了这一批人的心声。在一份奏折中左宗棠写道：

> 是故重新疆者所以保蒙古，保蒙古者所以卫京师。……若新疆不固，则蒙部不安，匪特陕、甘、山西各边时虞侵轶，防不胜防，即直北关山亦将无晏眠之日。而况今之与昔，事势攸殊。俄人拓境日广，由西向东万余里，与我北境相连，仅中段有蒙部为

---

1 《圣武记》，《魏源全集》第 3 册，第 174 页。

2 曾问吾：《中国经营西域史》，新疆地方志总编室，1986。

之遮阂。徙薪宜远，曲突宜先，尤不可不豫为绸缪者也。[1]

左宗棠收复新疆之后，清廷遂在该处建立行省。新疆建省一方面是清政府面对西北边疆危机取得的一种胜利，另一方面也说明此时的清廷在西域已经"外藩尽失"。在新疆建立行省制度之后，清廷某种程度上奠定了此后中华民国的基本版图。只不过此后接管清朝疆域的民国政府于中亚面对的不再是沙俄旧帝国，而是取而代之的社会主义国家苏联。

（一）苏联中亚成为渗透中国新疆的战略桥头堡

辛亥革命爆发之后，清廷新疆的统治也被推翻，新疆开始了其军阀当政的时代。概略来说，自 1912 年从旧制度中"解放"到 1949 年，新疆大概经历了四个历史阶段：杨增新统治时期（1912~1928）、金树仁统治时期（1928~1933）、盛世才统治时期（1933~1944）和国民党中央势力统治时期（1944~1949），[2]总计 37 年。在这 37 年间，新疆周边的形势极为严峻，东面面临外蒙古的"独立"，西面则是相继建立的中亚五个苏联加盟国（分别是乌兹别克斯坦、吉尔吉斯斯坦、塔吉克斯坦、土库曼斯坦、哈萨克斯坦），其间还有来自中亚的难民流入，成为一个"孤悬塞外"的区域。[3]社会主义国家苏联成立初期，英俄在新疆的博弈也延续下来，其时英国希望在南疆建立独立于中国之外的伊斯兰国家，而中亚国家的一些民族主义者也试图以"泛突厥主义"与"泛伊斯兰主义"思想分裂苏联。在此种背景下，尽管苏联内部对是否维持中亚旧有的边界意见不一，但出于务实的考虑，苏联选择了维持现状，借新疆地方势力继续与英国在中亚展开博弈。[4]在一定程度上，苏联的中亚邦国

1　《左文襄公（宗棠）全集·奏稿》卷 50。

2　白振声等编著《新疆现代政治社会史略》，中国社会科学出版社，1992，前言第 4 页。

3　潘志平：《新疆的地缘政治与国家安全——历史与现状的考察》，《亚洲腹地地缘政治文化研究文集》，新疆人民出版社，2011，第 201~203 页。

4　刘丹：《论苏联时期中亚与中国新疆的关系》，《新疆社会科学》2012 年第 1 期。

成为其向新疆渗透的桥头堡。

　　杨增新统治新疆初期，省内民族起义、秘密会社以及其他团体的武装活动此起彼伏，与此同时，沙俄在北部策动外蒙古独立，"并于1913年9月借口中国士兵刺伤其阿勒泰领事事件，出兵1500余进驻承化寺，继而向该地区强行移民300多户，妄图造成对阿勒泰的实际占领"。[1] 为了应对复杂的地缘政治局势，杨增新在建立政权初期选择了中立，但自1920年后开始与苏联合作。尽管杨增新对苏俄中亚政策的应对在一定程度上符合其时的情况，[2] 但在客观上使苏联渗透到新疆内部成为可能。金树仁登台掌管新疆之时，正是北伐战争胜利之际，金树仁不仅要处理与杨增新政权之间的延续性问题，也要处理与国民政府之间的关系，同时英国在阿富汗、印度以及苏联在中亚的博弈局势也未改变。[3] 在此背景下，金树仁选择与苏联加强合作，使苏联对新疆的渗透更为深入。与苏联的合作政策在盛世才时期也得到延续，盛氏甚至以结盟的方式来加强与苏联的关系。[4] 1944年国民党入主新疆之后，在经过意识形态的协调和长期谈判之后，也维持了与苏联的合作。[5] 不过，正如沈志华的研究指出的那样，在1944年至1950年间，尽管中苏关系在友好同盟条约的基础上有所强化，但苏联对新疆实际政策的变动不居，本质上就是要确保其在新疆的优势地位和特殊影响。[6] 综观苏联成立后其与新疆的关系，不难看出在清末就形成的地缘政治格局得以延续。尽管直到第二次世界大战结束时，苏联才完全意义上取得在中亚的绝对优势，但在此期间，出于各种政治目的，苏联以其中亚加盟共和国为桥头堡，积极在新疆渗透其影响力，并最终使中苏关系恶化。

1　白振声等编著《新疆现代政治社会史略》，第55页。

2　谢承国：《论杨增新对苏俄中亚政策的演变》，《江汉论坛》2001年第8期。

3　白振声等编著《新疆现代政治社会史略》，第151~153页。

4　朱杨桂、赵广平：《苏联与盛世才结盟关系若干问题研究》，《新疆大学学报（哲学社会科学版）》1997年第3期。

5　牛军：《论中苏同盟起源》，《中国社会科学》1996年第2期。

6　沈志华：《中苏结盟与苏联对新疆政策的变化（1944~1950）》，《近代史研究》1999年第3期。

（二）第二次世界大战中的新疆：美苏大国外交的"棋子"

二战期间，同盟国阵营中的美国与苏联对新疆的渗透使新疆成为二者亚洲政策的一个外交"棋子"。美国在新疆的直接渗透始于 1943 年在迪化（今乌鲁木齐）建立领事馆。美国领事馆建立后，在新疆的主要活动有两个方面：

> 一是协助运送从印度经新疆到内地的美援物资，以支持中国抗战。二是广泛结交联系新疆党政军要员和社会各族上层人士，利用驾车到南北疆各地旅行之机，搜集中国新疆，尤其是苏联中亚地区的政治、经济、军事情报。[1]

虽然抗战期间美国在新疆的活动总的来说是为了反法西斯战争的需要，但无疑会触及苏联在这一区域的经济与战略利益。1944 年三区革命爆发后，苏联展示了其在新疆长期渗透所取得的成果及其强势的一面。[2] 对此，美国一方面表明其不谋求中国领土的态度，另一方面也积极派专业间谍进入新疆，加强对苏联在新疆活动的情报搜集，除此之外，还派大使到莫斯科与苏联交涉。[3]

当然，美苏二战期间对新疆的重视与新疆在这次世界大战中的战略意义密切相关。新疆不仅是沟通二战欧亚战场的通道，也是同盟国援助中国抗战的通道，还是苏联和中国战场的后方，其战略意义非同小可。[4] 二战结束后，世界进入冷战格局，美国与苏联在新疆的博弈更是体现无

1　袁澍：《美国驻新疆领事馆始末》，《中外关系史论文集》第 14 辑《新视野下的中外关系史》，2008。

2　徐玉祈、顿时春：《苏联与新疆三区革命》，《西域研究》1999 年第 3 期。

3　许建英：《20 世纪 40 年代美国对中国新疆政策研究》，《云南师范大学学报（哲学社会科学版）》2011 年第 4 期。

4　陈香苓：《试论新疆在第二次世界大战中的战略地位》，《新疆师范大学学报（哲学社会科学版）》1992 年第 4 期。

遗，相当长的一段时间内，"新疆地区出现了三国四方博弈的局面"：

> 美国通过国民政府加强了对新疆的影响，将新疆作为搜集苏联情报的前哨基地，并在国共内战后期，国民政府势力倾颓之时，准备自行扶持西北地区少数民族武装力量，建立起反苏反共的前沿阵地，其努力最终并未得逞。中共的人民解放军在解放西北的过程中，得到了出于前述多重目的、特别是要壮大与美国冷战对抗阵营的苏联的协助，最终提前进入并和平解放了新疆，维护了国家对新疆的主权和领土完整。[1]

事实上，如果我们从地缘政治的视角来看这种博弈，就不难发现在新疆出现的此种三国四方博弈的局面与此前英俄在新疆地区的博弈所促成的地缘政治格局颇有关联。在第二次世界大战中，美国的迅速崛起使其成为西方资本主义阵营中举足轻重的力量，而此时英国在中亚的力量已极大衰落。在这种情况下，美国利用中美同盟关系进入新疆制约苏联无疑是最好的时机。在中美苏的博弈中，新疆成为三方外交中一枚重要的棋子。

四　总结

中国与中亚地区的关系史可大概分为"传统型"与"现代型"两个阶段。传统型关系主要指 1840 年前历代王朝与中亚之间的关系。在这一阶段，中国与中亚的关系主要是以和平友好的关系为主流，各方围绕建立朝贡贸易而展开礼仪、经济与政治外交。而"现代型"关系则是指在中国卷入欧洲主导的世界体系之后的地缘政治关系。在此阶段，各

1　史宏飞、白建才：《论 20 世纪 40 年代中美苏三国在中国新疆的博弈》，《史学集刊》2012 年第 4 期。

国间根据政治经济利益而展开合作或竞争，甚至伴随有局部战争或冲突。值得指出的是，这两种关系类型之间并非完全断裂，而是有着内部的延续性，类型的划分只是为了更好地表达传统中国与作为现代民族国家的中国与中亚之间关系的不同之处。事实上，中国与中亚地区关系史的延续性及层次性给我们很多的启发，我们将结合前文的论述对之稍做总结。

古代中国与西域之间关系的动力来自两个方面。一是古代中国与古代欧洲和西亚诸国之间商贸、文化交流等诸方面的互通有无的内在需求使得一条畅通的东西交流通道成为必要；二是中原农耕文明与北方草原文明交替的拉锯使西域诸国对草原和农耕文明都具有重要的战略价值，能否获得西域诸国的支持成为中原王朝与草原政权关系的节点。对中原王朝来说，与西域诸国建立一般性联系或者制度性的关系的出发点均是保证内地的安全与维系东西之间的通道。

在儒家思想的主导下，中原与西域诸国的关系在文化上呈现出一种以"天下观"为主导的朝贡等级制度。在这制度下，中原与西域诸国的关系中配套有通婚、质子以及册封、贸易、赏赐、进贡等诸种关系。在具体策略上，儒家的外交原则是以羁縻为主，打击为辅。这种朝贡关系体现出和平主义的一面，但同时也有很强的文化等级主义，它预设朝贡国在文化上的低级以及中原王朝的至高无上，把周围的"民族"视作野蛮之人。如周伟洲所言，这种思想的"核心是以兼容并包戎狄，用夏变夷为依据，怀柔羁縻各族（四夷）。这与儒家传统的'大一统'政治观是相辅相成的"。[1]

此外，古代中国与西域诸国的关系的另一个重要特点是其对西域诸国采取区别对待的政策。这种区别对待主要体现在文化与政治两个方面。在文化上，儒家在处理与周边诸国关系时采取五服制度，划定与周边民族之间的关系，接受儒家文化较多之群体被称为内藩，反之则被称

---

[1]　周伟洲：《边疆民族历史与文物考古》，黑龙江教育出版社，2000，第238页。

为外藩。内藩与外藩之分，虽有一定的地理因素在其中，但主导的还是儒家所持的文化等级主义；在战略上，儒家对周边民族政权采取远交近攻的策略。联合远方的国家，打击地理距离更近的国家，以此牵制和防御草原政权的发展与威胁。这种在文化上和外交策略上"内外有别"的思想，几乎成为古代中国对外关系的核心观念。

现代型的关系出现在 19 世纪以降。在西方近代化的冲击之下，欧亚大陆腹地的游牧社会势力和农业社会势力范围逐渐被压缩，特别是草原势力受到的削弱最大。至 20 世纪初，新的亚欧大陆地缘政治格局已经出现，农业、草原、绿洲之间的多重关系逐渐变化，地缘政治取代了朝贡体系。左宗棠的名言"是故重新疆者所以保蒙古，保蒙古者所以卫京师"即此种地缘政治观的体现。代替草原力量崛起的是俄罗斯帝国和其后的苏联。中苏之间形成了新的地缘政治格局，边界线也清晰起来。长城沿线的蒙古阿拉善、鄂尔多斯和新疆天山、阿尔泰山连起来，就是中国内陆边疆的天然屏障，"以上所说诸区，地理上并无截然的界线，乃系犬牙交错之地……上述诸地带，有一种地理上的协调：即一区有变动，其他地区都受其影响"。[1] 中国内陆边疆在地理空间形成了一种相互依存和相互制约的关系。

近代中国与中亚地缘政治关系的建立，其动力有内外两个方面：首先是俄、英、美在中亚地区建立起的大国博弈格局，其次是传统中国向民族国家转变。如上文指出的那样，围绕西亚、阿富汗以及中国新疆，英俄在中亚展开了较为持久的博弈。与此同时，由这些大国博弈所挑拨起来的地方政权的叛乱波及中国新疆，清廷进而将其改建为行省。中华民国成立之后，整个中国新疆孤悬塞外，落入军阀之手，其在英俄中亚博弈之下的地缘政治的基本格局也未有大的改变。直到第二次世界大战之后，这一地区的地缘政治格局才转为美苏中三方的博弈。1944 年，拉铁摩尔指出，19 世纪英、俄竞争到 20 世纪中叶的冷战初期，中国新

---

1 〔美〕拉铁摩尔：《中国的亚洲内陆边疆》，第 130 页。

疆成为亚洲新的重心，在亚洲起着枢纽作用。[1] 在此后的美苏中三方博弈中，苏联希望对亚洲输出革命，美国则希望将自由资本主义理念传入亚洲，在某种程度上说，中国新疆正好处于冷战的前沿。此外，印巴北部边疆、伊朗、中国西部边疆、蒙古和苏联中亚边疆地区，还存在着民族边疆的交错、宗教及文化边疆的纷争。连同上述的国际政治边疆交互影响，其形势处于极为复杂的演变中，而中国新疆在此变化中亦居于关键地位。从亚欧腹地的地缘政治的转换来看中国新疆，其从传统的"侧翼势力"一跃而成"亚洲的枢纽"。[2] 半个多世纪前这一基于冷战思维的观点在今天似乎依然是美国等西方国家对中亚政策的基石。

在民族国家作为主体参与的国际秩序中，国家与国家的边界成为十分敏感的线条。它一方面维系着人们对国家整体的想象，另一方面又使得这种想象的文化整体与边界框定之下的国家难以一致。地缘政治的背景下，国家边界不断地被明确且加以监控，原本彼此重叠的文化有时可能会被切割在政治边界的两端。职是之故，无论是在文化上还是在实际交通过程中，边疆总给人一种阻碍的感觉，尽管这不是事实。事实上，我们考察近现代史上中国与中亚关系的各层面时，最好的视角或许如潘志平所说的那样，是用一种区域史的眼光，[3] 同时，在考察中亚这一地区时，应该从地缘政治、地域文化、地缘经济以及全球背景、区域背景和本土层面来考察。[4]

通过对中国与中亚地区关系史的梳理，我们不难发现，无论在古代还是近现代历史上，中亚地区均是东西方交通的必经之地。通道的堵塞一般伴随有地区性的战争。反之，通道的通畅，则中亚地区也就相对平静，文化、物质的交流也就更频繁。在地缘政治主导中亚局势的今天，

1　Owen Lattimore, *Pivot of Asia, Sinkiang and the Inner Asian Frontiers of China and Russia*, pp.3-4.

2　许建英:《拉铁摩尔对中国新疆考察与研究》,《中国边疆史地研究》2011 年第 4 期。

3　潘志平:《地区史或区域史研究的考察——以中亚史为例》,载氏著《亚洲腹地地缘政治文化研究文集》,第 255~270 页。

4　潘志平:《考察中亚局势的理论模式——考量的因素、分析的层面、"博弈"、"大三角"》,载氏著《亚洲腹地地缘政治文化研究文集》,第 115~128 页。

如果我们将中亚放在全球背景下来看，若位于亚欧大陆腹地的这一区域处在和平状态，则整个亚欧大陆的东西、南北通道的畅通将得以持续。在此基础上，中亚地区的经济、文化繁荣以及人与人之间的沟通理解也当会更"通畅"。

附录一 访谈：区域国别研究的
空间转向

引 言

近年来我国区域与国别研究在高校的迅猛发展，得益于经济全球化时代背景下的"一带一路"倡议和国家安全的需要。但目前我国区域与国别研究无论在学科划分、人才培养还是解决具体问题的能力上都无法适应当前全球化的时代背景和"一带一路"倡议的现实诉求，仍处在探索阶段。有鉴于此，郭润田专门访谈了西安外国语大学黄达远教授，探讨区域与国别研究的现状及相关研究的欧亚转向。

1. "区域与国别"的内涵及其研究现状

郭润田（以下简称郭）：现代学术语境下的区

域研究（area / region studies）开创于美国，[1] 在中国对应于区域和国别（country）研究。"国别""区域"都隐含着一定的现实边界，首先是语言边界，其次是地理空间边界，再次是研究者的学科边界。同时，区域国别研究还附带另一层次的意识边界，即"我者"与"他者"之间体现为"内外之别"的"本位"原则。因此，对比"领军者"美国的区域国别研究，我国的研究有如下不同。

首先，本位原则不同。美国是地处北美以海权为主的移民国家，他的主体民族不存在与此区域长时段的历史延续，[2] 所以美国的社会科学研究是看向未来，生产"知识"或者说是"知识再生产"。同时，美国又与其他大陆以海为界，域外知识主要是以亚、非、大洋洲为主的海外知识，[3] 是一套既含有"国际主义"关怀又存在军事与意识形态扩张事实的社会科学理论。而中国地处欧亚大陆东方，受陆权与海权的双重制约。因此，中国与域外的关系不可能是单纯国别意义上"内与外"的疏离，而在相当长时段内是包含大陆与海洋体系的以地缘连环性为主、"你中有我"的大陆历史共同体。所以，我国的区域与国别研究不得不"回头"看向历史——草原、绿洲与农耕，丝路、文明与交流，山川、河流与海洋，贸易、宗教与互动等极具生命体验的历史记忆。从这个意义上讲，中国无法抽离自身以他者姿态去"生产"与大陆相关的"知识"，探求贡德·弗兰克《白银资本：重视经济全球化中的东方》[4] 中以东亚为中心的和平共赢的世界贸易体系及其历史事实才是中国区域与国别研究的核心理念与人文关怀。

其次，在知识体系上美国的区域研究一方面继承了欧洲殖民主义的东方学传统，又超越了东方学，追逐着"真正的、多方面的世界性"的

---

1 牛可：《地区研究创生史十年：知识构建、学术规划和政治－学术关系》，《北京大学教育评论》2016年第1期。
2 美国历史至多可以追溯到1787年美国通过宪法成立联邦制国家时，不能等同于美洲历史。
3 美国"海外知识"是针对美洲孤悬海外的地理区位而言，马汉曾将美国称为"岛国"。见卡尔·施米特《陆地与海洋：世界史的考察》，林国基译，上海三联书店，2018，第64页。
4 贡德·弗兰克：《白银资本：重视经济全球化中的东方》。

社会科学理论构建，[1] 具备"典范意义"。[2] 而中国没有"东方学"意义上的知识积累，更缺少区域研究社会科学转型后的理论体系，正如任晓、孙志强所言："我国的区域国别研究普遍存在的缺陷在于，区域研究和更广泛的社会科学研究及理论发展之间是相互脱节的。"[3]

毋庸置疑，中国高校区域国别研究正处于初创阶段，还不能与美国、日本及欧洲的科研机构相比较。黄老师您怎么看待中国现阶段的区域与国别研究现状？如何理解"区域"与"国别"？

黄达远（以下简称黄）：中国的区域与国别研究的发展与"一带一路"倡议密切相关，与全球化密切相关。中国已经成为全球化重要的中心之一，也应该对国际秩序的和平与发展贡献自己的力量。整体而言，区域与国别研究还是以政治学、经济学路径为主，因为从传统上来讲，国与国的关系与国际组织以及所在国家的社会政治状况、政党情况、经济模式等，一般是区域与国别研究的重点。

"区域"一词具有抽象性的同时，也指客观的地域空间，论地理范围可以在国别之内，也可以超越国别，还可指不同社会科学的区域空间。"国别"一词是指政治空间，它更适用于外交、国际关系、政治和军事等学科，这些学科必须依据民族国家本位原则，强调问题的内在垂直原则与秩序，注重地方行政主体与国家主权领域间的互动。中国传统的区域与国别研究，以西方和日本等超级强国为主，这实际上是一种"西学"的过程。随着时代的发展，现在需要"走出去"建立与周边国家的交流与交往，尤其是"一带一路"沿线国家。区域研究范式也在逐渐转换，开始打破区域边界的"封闭性"，寻找更加开放的视野，讲求以"问题意识"带动具体研究，注重跨区域的交流与交往。研究视角也

1　刘青：《区域和国际研究：关于历史和"原理"的思考——牛可副教授访谈》，《国际政治研究》2018年第5期，第128页。

2　刘青：《区域和国际研究：关于历史和"原理"的思考——牛可副教授访谈》，《国际政治研究》2018年第5期，第160页。

3　任晓、孙志强：《区域国别研究的发展历程、趋势和方向——任晓教授访谈》，《国际政治研究》2020年第1期，第146页。

从"中心"逐渐转向"边缘""边疆"等以前并不关注的区域。特别是全球化时期人员往来频繁，对域外异质性社会与文化的理解迫在眉睫。跨文化交流需要一种人类学的转向，避免文化的误读而产生不必要的麻烦，学习地方性知识就显得十分重要，这应当是区域与国别研究的重要内容，而这一转向才刚刚开始。

郭：那么讨论如何设计与开展区域国别研究这个议题是十分必要的，且为时不晚。许多学者提出了他们的观点。昝涛教授认为"我国区域研究首先是与丝绸之路沿线各国和地区有关的学术研究"。[1]在如何对待美国区域研究"先发"的经验与方法上，牛可教授认为我国不应"照抄"美国的区域研究，但"美国区域和国际研究的实际历程和思想资源，包括它自我批判和反思的资源，应当成为我们获取原理性认识和方法、策略的重要来源，甚至应当被视为知识和思想上的重要起点和基础之一"。[2]教育部国别和区域研究工作秘书处负责人罗林教授等认为应该"将研究放置在国际视野之下，充分利用现有国际交流渠道，加强同国外智库的交流合作，特别是美国、欧洲等发达国家和地区的各类智库机构"。[3]但是在开展这项议题之前还有更迫切的工作，即对当前区域知识的智识构建做一番探讨，也就是解决我们的"世界观"是如何形成的问题。

2. 东方学和传统区域研究构建的欧亚"世界观"

郭：当今世界对国与国的空间关系与国际秩序的认同是在1648年欧洲的威斯特伐利亚体系（Westphalian system）中逐渐形成的，亨利·基辛格认为正是威斯特伐利亚体系使国家超越神权成为欧洲秩序的

---

1 昝涛：《"一带一路"、"丝路学"与区域研究》，黄达远、李如东主编《区域视野下的中亚研究：范式与转向》，第23页。
2 牛可、刘青：《区域和国际研究：关于历史和"原理"的思考：牛可副教授访谈》，《国际政治研究》2018年第5期，第160页。
3 罗林、邵玉琢：《"一带一路"视域下国别和区域研究的大国学科体系建构》，《新疆师范大学学报（哲学社会科学版）》2018年第6期，第86页。

基石。这个体系起初是为解决欧洲天主教徒与新教徒之争的混乱战争[1]
而签订的，原本是"为了'上帝的荣耀和基督教世界的安全'，'实现
普天下永久、真正和真诚的和平与友谊'"，[2]却无意中确立了国家主权的
概念。这个体系最终被确认为以平等、主权为基础的国际关系准则，百
年间一直是解决各国间矛盾、冲突的基本方法。但在民族国家形成之
前，世界其他文明对政治空间的理解并非如此。以中国为例，王朝时期
的中国在历史上更多地受大陆的草原、农耕、高原与绿洲体系的影响，
"空间观念"是以中原为中心辐射世界的天下观，有华夷之辨中的文化
边界，也有"普天之下莫非王土"的无远弗届的大国气派，但西方强
国漂洋过海强行将中国拉入欧洲的海洋体系中，用坚船利炮打破了这种
认知。

　　您这几年对大陆和海洋体系的区分与连接做了新的阐述，认为"一
带一路"倡议不仅要考虑西方的空间观，还应该考虑继承中国历史上的
空间观，请您谈谈对这一问题的理解。

　　黄： 区域国别研究其实也是一种知识与文化的解读，这里面暗含一
套"世界观"，决定了人们对这个世界的认知。世界上各个民族与宗教
都有自己的一套世界观，在他们的世界中都以自己为中心，但这种认知
在大航海时代遭受到挑战。1492 年以后的地理大发现中出现了两个新
大陆：美洲和大洋洲。这使欧洲人原本三大洲的概念变成五大洲，这两
个新大陆未出现在《圣经》里，也就是说传统的宗教知识体系里面缺少
对这两个大陆板块的认知。于是欧洲开启了对整个世界新的探索与征
服，这其中包含对异质文化的翻译过程，要把新大陆土著人的知识转变
成欧洲人所能接受的知识语言。欧洲人需要研究新大陆上的人（土著）
是谁，这些人未见载于基督教的宗教经典。在翻译和解读的过程中出现
的人类学以及逐渐伴生出的民族学，是对异质性的人群进行调查研究和

1　指欧洲"三十年战争"，又称"宗教战争"。
2　亨利·基辛格：《世界秩序》，胡利平等译，中信出版社，2015，第 21 页。

对其文化体系进行解读的学科。

因为基督教文明自认为是高等级文明，而其他文明等级低于欧洲，所以欧洲人滋生了优越感，因此征服被合法化。这个过程中包含两套体系，首先是通过传教士将上帝的福音传播给这些土著（野蛮人），使其纳入文明序列中，此为宗教征服。再者是知识构建，一些植物学家、博物学家深入他们未知的地域中，重塑对欧亚大陆人群与自然系统的划分。比如著名的学者林奈，他以"白人"为标准来定义人群，用颜色来划分彼此，起初分成 4 种人，后来变成 5 种，黑人为最低等人群，因为"黑色"在基督教的颜色里面是最低劣的颜色。黄色在其看来，也是不洁的，往往与肮脏、病态和警示联系在一起。黄色的警示意义源自欧洲人感受到来自"东方"的巨大的压力——蒙古、鞑靼。在这个问题的发展过程中，出现了上帝没有定义过的人是谁，那么"他"和上帝的关系是什么的问题。林奈从进化论的角度，认为进化最好的是欧洲人，因为他们皮肤白皙、面色红润，受法律控制且温和敏锐，而亚洲人是黑头发、黑眼睛，受观念控制。这种带有歧视性的观点深刻地影响了我们对世界族群的分类。另外一些博物学家，比如法国人布丰，他对所有的物种都进行了归类。我们今天讲的种、目、属这样一套知识体系都是欧洲的博物学家在考察新大陆的时候所规定的，因为他们作为征服者，掌握了话语权。

柯娇燕在《什么是全球史》中谈道，"每个地方的每个人都能根据与欧洲的关系而被赋予特征——作为欧洲统治的一个代理人或一个受害者，那些此前从来没有见过欧洲人的人变成了'未被发现的人'"，[1] 作为发现者的欧洲人有权力定义他们发现的一切，所以地理大发现就是"文明"大发现。[2] 在这期间"野蛮人"及其世界体系因不具备"文明"属性被排除在历史之外，而正在"文明化"中的非西方世界将冲破

1　柯娇燕：《什么是全球史》，刘文明译，北京大学出版社，2009，第100页。
2　唐晓峰：《地理大发现、文明论、国家疆域》，刘禾主编《世界秩序与文明等级：全球史研究的新路径》，第19页。

愚昧走向"民主化""现代化""新教伦理／资本主义精神""契约精神"的西方，复数的"文明"（civilizations）终将汇入西方文明（western civilization），统一于西方。在这个过程中，欧洲人把不同的文明以及复数的世界体系（world systems）转变成单一的世界体系（world system）。

最具代表性的就是今天的世界地图，一个国家一种颜色，对应于欧洲"一族、一国、一文化"国家观。这种地图是司空见惯的，但地图暗含一种权力，一种以西方为中心的世界观。这种世界观认为民族（nation）、民族文化与国家之间具有集体一致性，有非常清晰的边界。在这种边界之下就形成了中心对中心、中心对边疆的关系，于是国与国的空间关系就像一颗颗米粒一样泾渭分明。在此过程中民族国家自身和世界的关联性被切断了，同时欧亚大陆区域研究中的链接与互动等众多问题也被遮蔽了。

郭：传统区域国别研究正是建立在这样一种以民族国家为单位的世界图景中，不同国别语言的学者、专家对接不同颜色的民族国家板块，在既定的板块中孤立地寻找历史进程，这显然受到西方海洋秩序空间观念的影响。随着区域与国别研究路径与范式的自我反思与演进，僵硬的国别研究方法在论证中被批判与扬弃，一些学者认为以国别为主导的空间研究"经常过于封闭僵硬"，而割裂了历史空间的横向联系，"应该避免让研究的地区单位成为封闭自足的'容器'（containers）"，所以转而采取"跨地区"（interregional）、"跨国"（transnational）、"跨文化"（transcultural）、"全球"（global）和"比较"（comparative）等术语替代"国别"（country）。[1] 同时，在全球化时代背景下，亚非拉的经济迅速发展，世界格局正在发生转变。如今的区域研究已经不是传统强国如美国、日本和英国等独有的特权，而是一种"在欧美、亚非拉许多大学都出现的一种学术气象"。[2] 学术界开始

1　牛可、刘青：《区域和国际研究：关于历史和"原理"的思考——牛可副教授访谈》，《国际政治研究》2018 年第 5 期，第 122 页。

2　吴小安：《区域与国别之间》，科学出版社，2021，第 12 页。

发现并批判"文明"背后的等级观以及以工业化、现代化程度衡量
"他者"的狭隘世界观。

3. 经典文明等级论与世界秩序

郭：在我们将视角转向欧亚之前，需要了解以下三个问题：经典
文明等级的标准是什么？它背后体现的世界秩序是什么？形成经典化论
述的"文明观"如何影响了我们的今天？"欧洲人塑造的文明等级含有
一套由低到高的排列标准，这套标准将世界各地的人群分别归为 savage
（野蛮的）、barbarian（蒙昧 / 不开化的）、half-civilized（半开化的）、
civilized（文明 / 服化的）以及 enlightened（启蒙的）。"[1]这种文明 / 野蛮
之分牵扯到领土主权的问题，形成了国际法的思想基础。野蛮人的土地
属于"无主荒地"，而半文明的国家则必须接受"领土割让"的条款，
正是这些不平等的欧洲世界秩序构建了当今欧亚版图。1888 年，英国
《泰晤士报》记者乔治在一段经莫斯科到撒马尔罕铁路的旅行札记中描
述了这种"文明观"背后的等级论与世界秩序：

> 整条铁路线应严格处于（俄国）军事控制之下，许多俄国
> 人热切地告诉我，在列车上工作的土库曼泰克（Tekke）人[2]已经
> 完全被俄化了……他们许多人戴着巨大的黑羊皮帽子盯着车站发
> 呆。……想象一下，一项用黑羊毛做成的圆帽子看起来有英国皇
> 家卫队的毛皮高顶帽的一半那么大，帽子上的长卷毛垂在脸上和
> 脖子上，像一撮怪异的头发，戴着这种头饰的泰克人看起来就像
> 野人。……只有一个哥萨克人手握短鞭在站台上巡视。他的主要
> 职责似乎是向伊斯兰教徒大喊、发号施令，这些穆斯林会欣然地
> 从水井里为水罐灌水，或者在喷泉边进行宗教洗礼，以至于延误
> 火车出发。任何不守规矩的下等公民，或事实上所有不穿制服的

1　刘禾：《序言：全球史研究的新路径》，刘禾主编《世界秩序与文明等级：全球史研究的新路
　　径》，第 7 页。
2　Tekke，土库曼族群之一。

普通人只要有任何的行为不端，都会被他们简单粗暴地对待（打得头破脑烂）……俄国人现在似乎对土库曼的泰克人有一种温柔的感情，这也许与斯科贝列夫（Skobelev）在格奥克捷佩堡（Geok Tepé）[1] 对他们的无情态度成反比；但是波斯人却恰恰相反，他们受到了（俄国与哥萨克人）粗暴的对待。……俄国人说，这些留在波斯的土库曼人，以及那些仍在阿富汗边界徘徊和受压迫的人，只有在俄国被纳入高等的秩序中时才能受到妥善的对待。……可以推断，每一位军官都是这条军事铁路的主人，我想一个将军，可以不顾（乘客）的反对，随意叫停一列火车，任何军官，或者，就此而言，众多部门的工程师，只要需要就可以肆意占据整节车厢，没有人抱怨。[2]

乔治简短的描述从三种不同层次呈现了文明等级论背后的海洋世界秩序。

第一，文明等级的直观展现。英国人作为描述者（enlightened "启蒙的"）以 "文明" 的视角叙述出了俄国人作为殖民者（civilized "文明/服化的"）雇佣哥萨克人（half-civilized "半开化的"）鞭打懦弱、懒惰、穿着怪异且邋遢的波斯人（barbarian "蒙昧/不开化的"）以及同化勇猛的土库曼人（savage "野蛮的"）的过程。在这位 "启蒙的" 英国人的眼中，俄国人并不具备英国所具有的高贵精神，他们随意拦停火车，所以只是 "文明/服化的"，"半开化" 的哥萨克人受到东正教的净化而高于 "蒙昧的"、懦弱的波斯人，而 "野蛮的" 土库曼人因为他们的勇敢精神，可以被俄国人同化。

1　指 1881 年的格奥克捷佩堡战役。格奥克捷佩堡位于土库曼阿什哈巴德西北 45 公里处，在这场战役中，沙俄军队与土库曼人发生惨烈战争，最终 8000 名土库曼士兵和平民丧生，其中有 6500 人在堡垒中丧生。俄罗斯死亡 398 人，另有 669 人受伤。

2　D.George, *Russia's Railway Advance into Central Asia: Note of Journey from St. Petersburg to Samarkand*, London: Woodfall & Kinder, 1980, pp.150-154.

第二，现代与传统之间的时空冲突。德国学者沃尔夫冈·希弗尔布施认为"19世纪早期的铁路旅行造成的效应之一是'时间与空间的湮灭'"，[1]铁路交通网均质化的时间系统以及火车连接不同空间的独特性质使个人时空湮灭于均质化的社会时空中。在西方工业化时间观与伊斯兰时间观发生碰撞时，乔治带有西方中心观地认为，穆斯林无法适应工业化的标准时间，因为他们会在火车出发时做礼拜而延误火车。同时，车站与喷泉作为"现代化"的城市景观，却被穆斯林视为洁净自身的礼拜场所。所以，这些"人"无法登上文明的列车，他们除了杂活与体力劳动外无法从其他方面被纳入现代资本主义的生产关系中，最终形成"野蛮从属于文明"的等级结构。

第三，欧洲的世界秩序挑战传统的游牧秩序。1888年，中亚的"大博弈"已经接近尾声，里海周边的"蛮荒之地"因为是野蛮人的居住地而不配享有主权，那么沙俄为这里带去"文明"更是正义且合法的。最终，居住在里海东部地区以图腾团结在一起的游牧族群在西方知识构建中变成了土库曼人。他们生活的地方曾经被"他者"知识定义为"外里海地区"，后来则是土库曼共和国。欧洲的世界秩序显然已经代替了传统的游牧秩序。

黄：这一切就是经典文明等级论背后隐藏的海洋秩序。对欧亚中间地带的认知由殖民主义的东方学构建，又在我们"西学"的过程中被强化。1492年以后的地理大发现成为世界史的重要分水岭，甚至等同于人类发明火，因为它标志着海洋体系的第一次扩张。欧亚大陆作为人类生存的主要大陆之一，其广阔的中间地带曾经是丝路上的文明主体，但现在被西方文明视为化外之地、蛮荒之地。外里海地区的文明被整合到民族国家的叙述中时，被安排在封建（波斯）、野蛮（游牧的土库曼人）的社会形态中。因此，他们需要进一步发展，并走向具有契约精神的世

---

1 沃尔夫冈·希弗尔布施：《铁道之旅：19世纪空间与时间的工业化》，金毅译，上海人民出版社，2018，第56页。

俗的资本主义。这种世界观（智识建构）影响了当今的社会知识体系，进而遗忘了或误解了欧亚中间地带的本地知识。

4. 区域与国别研究的欧亚转向

郭： 昝涛教授在"世界史上的中亚"的会议发言中说道，"我国对希腊以东、中国新疆以西这块大区域"处在"无知"状态中。他认为，"这种'无知'的状态既是历史、语言、文化、地缘等方面的，更是将那里变成了'东方学'意义上的异域情调，对主流知识界而言，那里不仅是地理上的边疆，而且也是心理—文化上的边疆与边缘地带"。[1]因此，我国区域国别研究需要重新思考我们固有的"世界观"，不能仅从西方构建的远东、中东、近东等概念去理解中国以西的广大区域。

那么，丝绸之路区域研究需要反思哪些固有观念？区域与国别的欧亚转向具体所指是什么？中国区域与国别研究应该如何应对"一带一路"倡议的现实需求？

黄： 丝绸之路区域研究需要反思许多地理概念的东方主义建构。例如"中亚"这个概念就是在东方学与地理建构中形成的。现如今的"中亚"有建构的色彩，同时也是地缘政治的真实存在。但不能因为西方的殖民世界和东方学所建构的中亚而掩盖丝绸之路内部的多元文化。同样的，以丝绸之路区域研究去取代中亚建构的地缘政治空间也是不全面的。因此，就要注意到中亚和丝绸之路是复合型空间。2019年我们在吉尔吉斯斯坦的考察就能呈现这种特征和特点，既看到了以俄罗斯城市空间构建的景观与道路交通网，也看到了碎叶城（阿克·贝希姆遗址）、巴拉沙衮（布拉纳）、乌兹根[2]等丝绸之路空间的遗留。因此，研究中亚这个特殊的中国周边区域，必须兼具复合型的时间和空间感。另外，内与外不再受国界的限制，方能看到整体面貌。因为仅以民族国家为背

1　昝涛：《地缘与文明：建立中国对中亚的常识性认知——"世界历史上的中亚"会议发凡》，黄达远、李如东主编《区域视野下的中亚研究：范式与转向》，第97页。

2　碎叶城（阿克·贝希姆遗址）、巴拉沙衮（布拉纳）、乌兹根都是喀喇汗王朝时期的重要城市，位于今吉尔吉斯斯坦。

景，一些问题会出现"对焦"错误。比如敦煌，只有在欧亚空间中才能发现其中心性，这里连接的是长安（东）与撒马尔罕（西），但以民族国家为背景的研究只把敦煌和长安连接而不和撒马尔罕的历史关联起来，这就无法呈现敦煌在丝绸之路上的枢纽作用，遮蔽了敦煌的国际中心性。这种研究方法呈现出的整体大于个体单位相加的总和，避免了民族国家视野下对一些问题无法"对焦"的困惑。区域与国别研究是一个跨学科研究，但并不意味着没有主干学科。如政治学关心的问题与人类学、民族学关心的问题可能有较大差异，知识取向不同，结论或许差异较大。当然，这并不妨碍不同的学科之间的交流与碰撞，可能会互为补充，取长补短。

"区域与国别的欧亚转向"，首先要打通我国边疆与域外的研究壁垒。2018 年，我和青年学者李如东召集举办了"第一届'中国西部边疆与域外研究'青年学者跨学科论坛"，针对这一问题做了一些探讨。可以说"边疆与域外"实际是在"一带一路"背景下对区域国别研究方法的反思。传统的区域国别研究，天然的以民族国家为单位，这种研究主要是用于国际关系、国际组织以及国与国之间的贸易等，这是学界的主流研究。而我们所提出的区域与国别研究转向不是以民族国家为天然的单位，而是以特殊地域空间的相互关系为研究视角与路径。再举一个典型的案例，世界文化遗产组织的"丝绸之路：长安—天山廊道路网"项目，体现了四个异质性地缘板块的相互空间关系：中原地区（农业核心区）、天山南北（南为绿洲，北为草原绿洲）、河西走廊（绿洲区）和七河流域（草原核心区）。这是以人文地理和区域地理而不是行政区域划分为思考背景的。我们所倡导的丝绸之路区域研究与以民族国家为背景的国际关系研究有显著的差异，不再聚焦国际组织与国际关系，而主要考察地缘的复合关系，恢复"廊、道、路、网"的历史记忆。同样，河西走廊在民族国家框架下是作为"甘肃"出现的，其国际性难以彰显；在丝绸之路区域研究的视野下，河西走廊则能恢复出西北的国际化与世界属性，呈现出欧亚国际走廊的鲜明特色。这些在众多学者的讨论中都有论述。民族国家的西北是"边疆",但在区域研究中就是"枢纽"。可以说"丝绸之路区域研究"与"国别研究的欧亚转向"可视为同义语,这就是这些年我们所倡导的区域国别研究的欧亚转向,也是一种新的问题意识。

结　语

简言之,"区域国别研究的欧亚转向"是一种以地理为基础的区域研究,它重新思考了"文明等级论"背后的世界秩序与世界观,在批判西方中心观的同时也对中原中心观有所扬弃,讲求结合人地关系去探讨中国与周边区域共享的历史空间,强调以问题意识为导向兼顾区域内部视角。同时这也是一种研究视野的转向,将关注点从西方发达国家回转到丝绸之路沿线国家中。鼓励学者以本位视角去思考区域内的地理与"人"的关系,从"日常"中去理解区域内的社会,从而解决我国对地中海以东、中国新疆以西这一广大地区(欧亚中间地带)的"无知"状态,为我国"一带一路"倡议的现实需求与国家安全提供系统的地方性知识,承担起"一带一路"区域研究"智库"的责任。

附录二　20世纪俄罗斯和苏联的新空间史：景观勘察[*]

尼克·巴伦　（Nick Baron）[**]

　　在这篇文章中，我分析了俄国和苏联历史研究领域的新方向。该方向寻求以多种不同的方式来处理空间在20世纪中不断变化的概念、分布和结构。我认为这种"新空间史"并不算一个史学新学派，它也没有统一的概念或研究方法——但其否定了固定学科或界限明晰的"领域"的根本定义。然而，因为这一新方向既和主观能动性与空间的相互作用关系密切，又关注了文化定义的空间实践和空间塑造的文化实践的媒介作用，所以它需要被完整地当作研究对象来严肃对待。

　　本文分析的一些文献探讨了俄国（苏联）20世纪对消费空间的关注（可以理解为物理环境、物质资源

＊　本文与傅加杰合译。原文发表于《东欧史年鉴》第55期，2007。

＊＊　诺丁汉大学人文学院历史系副教授。

或思维框架），思考现实状况和对现有空间的感知在塑造意识形态、语言修辞和实践方面发挥了什么作用。许多研究从近代欧洲或全球史的大背景出发，来探讨俄国对空间的特殊关注，但是空间并不是绝对固定的——它是需要去了解的现实情况，是需要克服的限制条件，是可以消耗的资源，也是一种可以生产和再生产的商品。那么，学者们要思考 20 世纪的俄国是如何进行空间改造的。一些学者关注构成了不同空间概念的竞争性或矛盾性话语表达，另一些学者则关注人们根据结构和意义来改造空间的实践形式——有时是用工具测绘的，有时是人们自己想当然的。这些学者聚焦于研究这种干预形式以及其意料之中及意料之外的结果。这里讨论的所有近期研究都注意将空间历史化并将其置于其地理环境之中（尽管这看起来有矛盾）。将空间设想为一个依托于历史并受地理约束的对象或过程带来了许多值得探讨的问题，比如空间想象及其实践与在政治、日常生活和学术中定义、分析和归纳世界的其他形式之间的关系，以及主观能动性在影响和适应自然环境时的作用与权限——还有其他一些当今学术界的重要议题。

在本文中，我将俄罗斯和苏联的近期文献归类为"新空间史"。这些文献从许多不同的空间定义出发，涉及各种各样的尺度，利用了多种理论和方法，但没有在分析或解释上达成共识。因此我不着重分析或评估某个学者的具体观点，而更多去考虑"空间"的作用和意义：一是作为史学研究的焦点，二是作为一种理解并归纳当前史学兴趣点和研究成果的方法。换句话说，比起历史学家对这些问题经常有争议的试探性解释，我更感兴趣的是通过对历史空间性和空间历史性的思考而产生一系列新研究问题——对可能性的兴趣更甚于当时的做法。[1] 我希望这种方法能使历史学和历史书写的视角拓宽，而不是缩小。新空间历史的多样性使其成为当代研究中最丰富且最有价值的领域之一。如果这篇文章能

---

1 在本论文的一篇配文中，我对最近三部空间历史著作的观点和结论进行了详细分析，参见 Nick Baron, "New Spatial Histories, Twentieth Century Russia and the Soviet Union: Exploring the Terrain," 即将刊登于 *Kritika, Explorations in Russian and Eurasian History* 8 (2007)。

够使来自不同学科背景、目前从事批判性空间研究的诸多学者获得认同感和共同的目标，并促进彼此间的进一步对话，那么这篇文章的初衷就达到了。

本文的第一部分概述了新空间历史在当今政治、社会和知识变化背景下的起源，并为其现在的实质和范围下了定义。接着，从各个层面，包括最宽泛的视域到最具体的场域，梳理了当前研究俄罗斯和苏联空间性的主流历史学者，并在结论中对这一新史学流派的地位和意义做进一步评论。

新空间历史：历史情景和理论前提

几十年前，历史学科经历了所谓的"文化转向"。尽管偶尔还会听到反对"新文化史""后现代"趋势的抗议，但以史学方式为特征的辩论、问题和创新，现在几乎完全融入了历史研究和学术的主流。在过去的几年里，历史学实践经历了更大的"转折"，其特点是对空间问题的兴趣日益浓厚。在一定程度上，这是概念不断渗透我们学科边界的结果，尤其在人文地理学、社会学、人类学和文化研究等更注重自我反思，理论也更加创新的领域。[1]事实上，学科反复"转向"的一个结果

1　这些学科中关于空间理论和分析的经典著作包括：Henri Lefbvre, *The Production of Space*, Oxford, 1992; David Harvey, *The Condition of Postmodernity: An Enquiry into the Origins of Cultural Change*, Oxford, 1990; Edward Soja, *Postmodern Geographies: The Reassertion of Space in Critical Social Theory*, London, 1989; Michel De Certeau, *The Practice of Everyday Life*, trans. by Steven Rendall, Berkeley, 1984。Michel Foucault、Pierre Bourdieu 和 Anthony Giddens 的著作也很重要。另见 Markus Schoroer Raume, *Orte, Grenzen: Auf dem Weg zu einer Soziologie des Raums*, Frankfurt a.M., 2006; Thomas Kramer-Badoni, Klaus Kuhm, eds., *Die Gesellschaft und ihr Raum: Raumals Gegenstand der Soziologie*, Wiesbaden, 2003; Mike Crang, Nigel Thrift, eds., *Thinking Space*, Routledge, 2000; Bernard Bachelet, *L'éspace*, Paris, 1998; Derek Gregory, *Geographical Imaginations*, Oxford, 1994; R. J. Johnston, *A Question of Place: Explaining the Practice of Human Geography*, Oxford, 1991; Derek Gregory, John Urry, eds., *Social Relations and Spatial Structures*, London 1985; Nigel Thrift, "On the Determination of Social Action in Space and Time," *Environment and Planning D: Society and Space* 1 (1983), pp. 23-57; Robert David Sack, *Conceptions of Space in Social Thought: A Geographic Perspective*, London, 1980。关于空间的人类学研究，见 James Clifford, *Routes: Travel and Translation in the Late Twentieth Century*, Cambridge, Mass., 1997。

是，传统的学科划分除了便于行政和管理外，与现代学术越来越无关。
正如本文回顾的许多研究都表明，新空间历史超越了任何学科"范式"
的约束。虽然它可能应对了传统空间在全球或国际层面，乃至国家、区
域、城市或地区层面的"地理"问题，它还涵盖日常生活环境和社会实
践的场域，如街道、公园、广场、建筑或室内，而这些通常是其他学科
的领域范畴。[1]

  新空间史的出现也是过去15年所发生的重大政治变革的结果。这
些变革使历史学家意识到构成该学科传统主题的领土、人口和权力分布
在本质上并不稳定。共产主义运动的失败和两极世界的终结，伴随着欧
洲边界的重新划分和广阔的多民族地域中民众的分离，这都提醒我们去
注意课本和《国家地理》杂志中那些集团、体系、国家和民族的不稳定
性。因为这些观念向至少两代人描绘了一个看似绝对的地理现实，让他
们觉得这似乎理所当然。贸易、旅行和通信全球化加速，以及政治和公
众对移民自由流动现象，特别是流民从所谓的第三世界进入北美和欧洲
城市的街区、内城边缘和郊区的现象日益关注，让人们聚焦于本应熟悉
的空间和"记忆中的地方"是如何通过"迁移化"被破坏又重塑的。[2]
迷失方向和变化无常是我们世界新秩序的特征："一切坚固的东西都
烟消云散了。"[3]

---

1 没有学科范式虽然能解放思想，但也使人迷失方向。Chris Philo "History, Geography and the
   'Still Greater Mystery' of Historical Geography" 的文章曾被多次引用。该文试图通过研究一个
   侧重 "对物质世界中的对象的安排" 的旧 "历史地理学" 问题和一个更关注空间概念、象征、
   意义和结果的新 "地理历史学" 问题之间存在的差别来解决所谓的 "谜团"（在我看来既没
   必要，也很不准确）。见 Derek Gregory, Ron Martin, and Graham Smith, eds., *Human Geography:
   Society, Space and Social Science*, Macmillan, 1994, pp. 252-281, 引文在第 261 页。

2 关于 "全球化" 对空间感知和体验影响的批评研究有很多。见 Zygmunt Baumann, *Wasted
   Lives: Modernity and Its Outcasts*, Oxford, 2003; John Rennie, *Short Global Dimensions: Space, Place and the
   Contemporary World*, London, 2001; Arjun Appadurai, *Modernity at Large: Cultural Dimensions in Globalization*,
   Minneapolis, 1997; Ulf Hannerz, *Transnational Connections: Culture, People, Places*, London, 1996。

3 值得注意的是，Marshall Berman 于 1982 年首次出版的书以这句著名的《共产党宣言》(*The
   Communist Manifesto*) 引文为标题，特别关注现代社会政治变革对空间构建和体验的影响。见
   Marshall Berman, *All that is Solid Melts into Air: The Experience of Modernity*, Harmondsworth, 1988。

　　过去十年出现的新空间历史学说既是对这种新空间意识的回应，也是一种表达。历史学家现在热衷于对空间的研究并不奇怪。历史学自出现伊始，就一直关注如国界、边界与边疆、人口分布与迁徙、城乡景观的形成与再造等空间现象。[1] 这是因为历史学对于空间模式和空间过程的传统历史书写具有敏感性。在文化历史层面，近来也强调人们"阅读"和"书写"世界所使用的概念、代码和符号具有偶然性和可变性。而这一新方向（新空间历史）使两者结合在了一起。[2]

　　并不是说新空间史只关注作为文本或话语的空间。环境也是一种物质现实，它规范、引导并约束着人类实践。人类能动性反过来可以改造物理空间。空间的再造与空间知识的重建同时展开。景观既在思维之中，又位于真实世界中。新空间历史将我们的注意力着重引导至抽象空间和现实空间相互作用的过程——关于象征、分类、排序、选择、生产和消费的媒介作用。[3]

1　关于这种关系的经典表述见 Lucien Febvre with Lionel Batalilion, *La terre et l'évolution humaine: introduction géographique à l'histoire*, Paris, 1922。另见 H. B. George, *The Relations of Geography and History*, Oxford, 1903。最近，历史地理学家 Alan R. H. Baker 在 *Geography and History: Bridging the Divide* (Cambridge, 2003) 一书中对这些问题进行了深入研究，他寻求的是"联结"而不是消除学科之间的"鸿沟"。见 Alan R. H. Baker, *Geography and History, Bridging the Divide*, Cambridge, 2003。

2　相关开拓性研究，见 Paul Carter, *The Road to Botany Bay: An Essay in Spatial History*, London, 1987。

3　Baker 对"地方历史"和"空间历史"做了区分，前者重视分析"地点和地点之间不断变化的空间关系"，后者则"关注空间的社会建构和运用"，见 Baker, *Geography and History*, p.65。这似乎毫无帮助，因为正如我在这里所论证的，空间史学和历史书写中许多最有趣的话题都涉及这两个维度之间的关系，与"话语"阐释和"现实"密切相关。他还提出"地方历史"的范畴来强调地方或地区的历史特殊性，他认为这是历史地理学的核心焦点（第 219~223 页）。我认为"地方"是围绕一个特定地点的空间话语和实践的聚集或集合，因此是更广泛的"空间历史"中的一个元素。关于"空间"和"地方"各自定义及地位的术语混杂，见 Edward Casey, *The Fate of Place: A Philosophical History*, Berkeley and London, 1998; John Agnew, "Representing Space: Space, Scale and Culture in Social Science," in James Duncan and David Ley, eds., *Place/Culture/Representation*, London, 1993, pp. 251–271。地理学家关于"地方"和历史变化之间关系的理论，见 Allan Pred, "Place as Historically Contingent Process: Structuration and the Time-Geography of Becoming Places," *Annals of the Association of American Geographers* 74 (1984), pp. 279–297。

　　还要了解技术在使这些空间实践成为可能的过程中所发挥的作用，比如测量、绘图、记录、旅行、运输、交流或构建等。[1]它也引导了关于身体的讨论，因为身体也是我们在空间中定位的原始隐喻和基本方法。[2]关键在于，它涉及权力与空间的关系：关于话语和实践如何在日常生活中（地点、场所和位置）以及更广泛的国家全景（国家、帝国结构和国际体系）中生产和再生产特定的权力关系。[3]关于个人和群体身份如何在空间中形成并彼此竞争的讨论就反映了这些问题。[4]

1　这与科学和学术科目文化史存在交集，成果很多。关于技术（尤其是测量和制图学）、空间话语和权力的相互作用的历史研究，见 Martin Brückner, *The Geographic Revolution in Early America: Maps, Literacy and National Identity*, Chapel Hill, 2006; Marcia Yonemoto, *Mapping Early Modern Japan: Space, Place, and Culture in the Tokugawa Period (1603–1868)*, Berkeley, 2003; Denis Cosgrove, ed., *Mappings*, London, 1999; Mathew H. Edney, *Mapping an Empire: The Geographical Construction of British India, 1765–1843*, Chicago and London, 1997; G. Henrik Herb, *Under the Map of Germany: Nationalism and Propaganda, 1918–1945*, London, 1996; G. Henrik Herb, "Persuasive Cartography in Geo-politics and National Socialism," *Political Geography Quarterly* 8 (1989), pp. 289–303; Stephen Kern, *The Culture of Time and Space, 1880–1918*, Cambridge, 1983。关于地理话语的历史，见 Susan Schulten, *The Geographical Imagination in America, 1880–1950*, Chicago, 2001; Felix Driver, *Geography Militant: Cultures of Exploration and Empire*, Oxford, 2000; Robert J. Mayhew, *Enlightenment Geography: The Political Languages of British Geography*, Basingstoke, 2000; Anne-Marie and Claire Godlewska, *Geography Unbound: French Geographic Science from Cassini to Humboldt*, Chicago and London, 1999; David N. Livingstone, Charles W. J. Withers, eds., *Geography and Enlightenment*, Chicago and London, 1999; Larry Wolff, *Inventing Eastern Europe: The Map of Civilization on the Mind of the Enlightenment*, Stanford, 1994。

2　最重要的是米歇尔·福柯的理论历史著作，特别是 *Discipline and Punish: The Birth of the Prison*, London, 1977, 其中分析了身体和权力空间的相互作用。另见 Mary Poovey, *Making a Social Body: British Cultural Formation, 1830–1864*, Chicago, 1995, 特别是第二章 The Production of Abstract Space。

3　见 Michel Foucault, "Of Other Spaces," *Diacritics* 16 (1986), pp. 22–27; Michel Foucault, "Questions of Geography," in Colin Gordon, ed., *Power/Knowledge: Selected Interviews and Other Writings 1972–1977*, New York and Brighton, 1980, pp. 63–77。关于地图学中"权力"的运作，有一篇颇具争议的理论研究，见 Denis Wood, *The Power of Maps*, New York and London, 1992; 关于福柯对历史地图的分析方法，见 J. B. Harley, *The New Nature of Maps: Essays in the History of Cartography*, Baltimore, London, 2002。另见 John Pickles, *A History of Spaces: Cartographic Reason, Mapping and the Geo-Coded World*, London, New York, 2004, 以及在前两个注释中引用的作品。

4　关于民族－国家认同的空间维度，有大量关于领土发展的历史争端、历史边界、中心和边缘、想象景观的研究（www.nationalismproject.org, 登录时间：2006 年 12 月 9 日）。要了解空间背景下对两性和性别身份的历史处理，见 George Chauncey, *Gay New York: Gender, Urban Culture, and the Making of the Gay Male World, 1890–1940*, New York, 1994; Timothy Gilfoyle,

新空间历史作为一种话语实践，不可避免地会涉及权力在空间和时间中的重建。然而，它并不一定会在我们这个混乱的世界中建立新的空间秩序——它作为一种反思性的、不断发展的开放式文化实践，与统一、有界的学科概念截然不合，所以几乎不可能给它按照主题强加规范。相反，新空间历史必须要对空间采取批判性的局部视角，穿越并超越空间，对话语和实践的多元性和偶然性做出回应，并对暗含其中的关切和利益保持敏感。我将在本文的结论部分回到这个主题。下一节，我将探寻近代历史中俄国和苏联是如何从历史出发来思考这些对空间感知、理解并将其概念化的新方法的。

俄国和苏联史学中的空间：传统与创新

德国学者卡尔·施洛格尔（Karl Schlögel）最近关于新空间史的一个研究范围广博、引人入胜且很有启发性。他指出，苏联试图将"俄国空间"转变为"苏联空间"，但并未成功。他总结说，这种空间规划政策的失败，也在更深层次上代表着共产主义的文化失败。这段历史仍有待书写。[1] 俄国和苏联的空间史研究依然处于起步阶段，缺乏能够带来身份认同和共同目标的行业认可度和权威的综述类研究著作。然而，我们不应忽视对"俄国空间"和"苏联空间"现象有价值的实质性见解，包括它

City of Eros: New York City, Prostitution, and the Commercialization of Sex, 1790–1920, New York, 1992; Judith Walkowitz, *City of Dreadful Delight: Narratives of Sexual Danger in Late-Victorian London,* Chicago, 1992。理论性的著作，见 Michael P. Brown, *Closet Space: Geographies of Metaphor from the Body to the Globe,* London, 2000; Beatriz Colomina, ed., *Sexuality and Space,* Princeton, 1992; Gordon Brent Ingram, Anne-Marie, Bouthillette, and Yolanda Retter, eds., *Queers in Space: Communities, Public Places, Sites of Resistance,* Seattle, 1997。

1　Karl Schlögel, *Im Raume lesen wir die Zeit: Über Zivilisationsgeschichte und Geopolitik,* München, 2003, p. 405. 关于这项工作的详细回顾，见 Baron, *New Spatial Histories of Twentieth Century Russia and the Soviet Union*。施洛格尔对一些最近的空间历史作品表示认可，见 "Die Wiederkehr des Raums-auch in der Osteuropakunde," *Osteuropa* 55 (2005) No. 3, pp. 5–16。这是一期专门讨论东欧空间历史的专号，题为 Der Raum als Wille und Vorstellung。

们的历史特征以及它们转变的性质和程度。一些独立学者和近期越来越多的学术团体提出了这些观点。本文特借此机会对之加以阐释。

传统方法

要介绍对近期文献的这一研究，须强调许多（也许是大多数）对俄国历史的"经典"解释都清楚地反映了其不断变化的领土面积和国家性质——瓦西里·克柳切夫斯基（Vasilii Kliuchevskii）的基础性研究是最重要的例子。[1] 在一些"经典"解释中，俄国的民族和帝国空间——在其领土范围和多样的气候和景观的意义上——被描述为一个或多或少显得有些被动的大"背景"。在这个背景之下，人类活动才展开。[2] 一些"经典"解释则更细致地讨论了俄国扩张与其自然地理环境之间的历史互动，探索国家权力、社会组织和经济活动是以何种形式被自然环境塑造，并对自然环境产生影响的。[3]

其他历史学家采取了倾向于环境决定论的分析立场。一些人试图通过参考其历史演变的空间条件，特别是其"无边无际"、跨越洲际、囊括对比鲜明又往往相互冲突的文化遗存的空间环境，来解释俄国的Sonderweg，即特殊的发展道路。[4] 特别是，无论中央国家权力的批评者

1　V. O. *Kliuchevskii*, Kurs russkoi istorii, Moskva, 1921-1925.

2　传统历史学中运用"软性"（非决定性的）地理学解释的研究包括：Geoffery Hosking, *Russia and the Russians: A History*, London, 2001, 特别见第一章；Nicholas V. Riazanovsky, *A History of Russia*, Oxford, 1993。

3　一本代表著作是 B. N. Sumner, *Survey of Russian History*, London, 1947, 特别是第 1~38 页。另见 Donald W. Treadgold, "Russian Expansion in the Light of Turner's Study of The American Frontier," *Agricultural History* 26 (1952)，No. 4, pp. 147-152。

4　关于俄罗斯发展的强决定论解释，见 Valentine Tschebotarioff-Bill, "The Circular Frontier of Muscovy," *The Russian Review* 9 (1950), pp. 45-52; Roger Dow Prostor, "A Geopolitical Study of Russia and the United States," *The Russian Review* 1 (1941), pp. 6-19; P. Bizlli, "Geopolitical Conditions of the Evolution of Russian Nationality," *The Journal of Modern History* 2 (1930), pp. 27-36。俄罗斯介于东西方之间的特殊"空间"也一直是俄罗斯思想家争论的主题，通常被定义为"西欧化－斯拉夫派"或"欧亚派"的争论。见 Vera Tolz, *Russia,* London，2001。俄国革命前对环境决定论的讨论，见 Mark Bassin, "Geographical Determinism in Fin-de-Siècle Marxism:

还是拥护者，都经常用俄国广阔绵延但在地理和人口种族上存在差异的领土来解释专制统治的必要性，阐释沙皇传统、苏联和后苏联时代之间文化上的结构性或连续性。[1]对苏联制度做修正主义解释的社会学家也经常援引空间概念，尤其是中心－边缘二元论，以阐明——有时是解释——他们认为影响政治发展的潜在性体制或社会矛盾。[2]在传统的历史学科界限之外，空间、地点、地域、景观和领土的概念也一直是俄国和苏联历史地理学家关注的焦点。[3]

Georgii Plekhanov and the Environmental Basis of Russian History," *Annals of the Association of American Geographers* 82 (1992), pp. 3-22。

1　见 Richard Pipes, *Russia Under the Old Regime*, Harmondsworth, 1982, 特别是第1~24页。1991年以来，俄罗斯广阔而多样的空间一直是"爱国主义"修辞的核心主题，为周边的新帝国主义政策和加强中央国家权力辩护。关于国内政策，如普京总统（重新）建立"垂直权力"的战略，例见 Alexei Markushin, Ksenia Yudayeva, "Funding Federalism in the Power Vertical Age," *The Moscow Times* (June 10, 2005), p. 8; V. V. Fedorov, A. M. Tsuladze, *Epokha Putina*, Moskva, 2003。对俄国和苏联历史长时段中"垂直"与"水平"的文化符号学的探讨，见 Vladimir Paperny, *Kultura "Dva"*, Ann Arbor, 1985。关于后苏联时期俄罗斯领土与国内政治发展之间关系的有趣讨论（从民族主义的角度），见 Aleksandr Tsiplko, "In Defense of Russian Sovereignty, in International Affairs: A Russian Journal of World Politics," *Diplomacy and International Relations* 49 (2003), No. 5。

2　见 G. T. Rittersporn, *Stalinist Simplifications and Soviet Complications: Social Tensions and Political Conflicts in the USSR, 1933–1953*, Chur, 1991; R. Pethybridge, *One Step Backwards, Two Steps Forward: Soviet Society and Politics in the New Economic Policy*, Oxford, 1990; J. Arch Getty, *The Origins of the Great Purges: The Soviet Communist Party Reconsidered, 1933–1938*, Cambridge, 1985。Graeme Gill, *The Origins of the Stalinist Political System*, Cambridge, 1990, 侧重中央下属部门和精英政治的互动关系。Gerald M. Easter, *Reconstructing the State: Personal Networks and Elite Identity in Soviet Russia*, Cambridge, 2000, 对区域领导者展开了"网络分析"。另见 C. Merridale, "Centre-Local Relations during the Rise of Stalin: The Case of Moscow, 1925–32," and O. Capelli, "Changing Leadership Perspectives on Centre-Periphery Relations," both in David Lane, ed., *Elites and Political Power in the USSR*, 1988。关于后斯大林时代的空间政治研究，见 Jerry Hough, "The Prerequisites of Areal Deconcentration: the Soviet Experience," in James J. Heaphey, ed., *Spatial Dimensions of Development Administration*, Durham, 1971, pp. 132–175。

3　比如 Robert J. Kaiser, *The Geography of Nationalism in Russia and the USSR*, Princeton, 1994; W. H. Parker, *An Historical Geography of Russia*, London, 1968; James S. Gregory, *Russian Land, Soviet People: A Geographical Approach to the USSR*, London, 1968。对于俄罗斯和苏联历史地理学"欠发达"方面的批评，见 Kimitaka Matsuzato, "The Concept of Space in Russian History, Regionalization from the Late Imperial Period to the Present," in T. Hara and K. Matsuzato, eds., *Empire and Society: New Approaches to Russian History*, Proceedings of the July 1994 International Symposium at the SRC, Sapporo, 1997, pp. 181–204, 特别是第181~184页。

但是这些学者中很少有人阐明他们在研究中为描述或解释而使用的那些空间概念。正是缺乏批判的视角,"对空间的不求甚解",以及未能触及空间的文化建构(考虑到当时盛行的历史或地理惯例,这一遗漏可以理解),使"传统的"历史地理学、环境史学和地域发展、分异和控制的研究从最近的空间史研究中区分出来。[1]直到1990年代中期,才有历史学家因为受到本文开头讨论的政治、知识和方法论发展推动,并因可以更为自由地参阅中央和地方档案,开始对俄国和苏联空间进行更具反思性、批判性的探索,这种探索在经验上更敏感,在概念上也更微妙。

新空间史的先驱

在过去的二十年里,为了将空间文化研究带到俄国和苏联史学的中心位置,两位学者发挥了不同的作用,但都很有影响力。弗拉基米尔·波普尼(Vladimir Paperny)在文化符号学方面的出色作品《第二文化》于1985年在美国率先出版(尽管基于他1970年代末提交给莫斯科建筑理论和历史中央研究所的论文《苏联建筑:1932~1954》),他提出的观点极具启发性,激发了一代俄国文化研究专家对于空间的思考。[2]波普尼描述了1920年代革命后的布尔什维克文化到1930年代斯大林主义文化的转变。空间范式从主张水平性、离心力、流动性、集体主义和差异化,转变为强调垂直性、向心力、静态、对称和等级区分。

1　从方法论层面对"传统"空间解释的批评,见 Nick Baron, "Poniatie 'Tsentr-Periferiia' v sovietologicheskykh issledovaniiakh: teoriia i praktika," in I. Solomeshch, et al., eds., *Karelia i Finliandiia na poroge novogo tysiacheletiia*, Petrozavodsk, 1999, pp. 20–24。

2　波普尼的《第二文化》最近出版了一个译本, *Architecture in the Age of Stalin: Culture Two,* trans. by John Hill and Roann Barris, in collaboration with the author, Cambridge, 2002。波普尼的方法本身受到尤里·洛特曼的思想影响,他的研究关注了俄罗斯文化演变中"真实"与符号空间的意义。见 Yuri Lotman, *Universe of the Mind: A Semiotic Theory of Culture*, Bloomington, 1990, 特别是第二部分 The Semiosphere。另一个俄罗斯和苏联空间文化研究的重要理论是米哈伊尔·巴赫金的"时空"概念,参考他1937~1938年的论文, "Forms of Time and the Chronotype in the Novel, " in *The Dialogic Imagination*, ed. and trans. by Michael Holquist, Austin, 1981, pp. 84–258。

　　波普尼使用这些分类不仅解释了个人建筑作品如建筑师、艺术家、城市规划师、平面设计师和电影制片人的风格、关注和偏好，而且阐明了政治仪式和话语、流行文化和日常生活、领土组织形式以及边界和其他空间能指的作用。他还从莫斯科和帝俄历史中寻找依据来确定这两种空间模型之间的周期性变化模式（只要留心，这样的证据并不难找到）。他的研究范围广泛，不拘一格，行文诙谐而引人入胜，采用了大胆新奇且夸张的假设。这项研究为后来关于俄国和苏联空间的文化研究奠定了基础。

　　第二位在俄国空间史领域有影响力的创新者是美国学者马克·巴辛（Mark Bassin）。他在 1990 年代发表了一系列沙俄历史和地理方面的研究文章，行文优雅且富有洞见。[1] 他对这一研究的关注点在于探究沙俄向西伯利亚和远东的扩张是如何影响了俄国的政治和社会发展、民族认同和帝国使命，以及其自身文明在欧洲和亚洲之间的定位。巴辛的作品不同于传统的历史地理学，因为他将空间理解为不仅是与人类能动性相互作用的物理环境，而且是介于"社会"和"自然"之间并同时构成"社会"和"自然"的政治和文化话语，并在两者的影响下构成了新兴的有自觉意识的俄国"民族"。他的研究既具备文化地理学家的理论关注，也对传统历史学文本有着细致敏锐的观察，很大程度上推动了研究俄国和苏联的历史研究者去认真思考并批判地看待空间问题。

新空间历史

　　研究现代俄国的学者正在积极地从几个层面进行新空间历史的概念

1　见 Mark Bassin, *Imperial Visions: Nationalist Imagination and Geographical Expansion in the Russian Far East, 1840-1865*, Cambridge, 1999; Mark Bassin, "Turner, Solov'ev and the 'Frontier Hypothesis': The Nationalist Signification of Open Spaces," *The Journal of Modern History* 65 (1993), pp. 473-511; Mark Bassin, "Russia between Europe and Asia: The Ideological Construction of Geographical Space," *Slavic Review* 50 (1991), pp. 1-17; Mark Bassin, "Inventing Siberia: Visions of the Russian East in the Early Nineteenth Century," *The American Historical Review* 96 (1991), pp. 763-794。

性和实践性研究。这些层面可以粗略地在空间尺度上加以理解：在最高
层次上，是跨洲或全球空间；底层是具体的环境和日常生活的场域；在
中间，是涉及国家建构、边界划分和区域主义等问题的国家领土层面。
现在我们来审视每个层面，思考一系列由新的历史空间关系导致的问
题，这些问题反过来构成并定义了新的空间历史书写。

地缘政治的重新兴起

在最抽象和最广泛的层面，人们对"地缘政治"问题有着浓厚的兴
趣，这些问题涉及全球背景下俄国不断演变的空间角色的性质和意义。
这些问题与了解俄国自身政治、文化和社会发展、其不断变化的领土、
国家或族裔认同以及（俄国人自己或外人）在不同时期对那些景观、民
族和文化所形成的看法和态度相关——作为参照的"他者"（如"西
方"、"欧洲"或"亚洲"）。这些研究面对——或是思考——的是俄国作
为特殊"文明"的空间起源、演变和特征。[1]

传统地缘政治理论，以确定性的、通常是工具性的联系为基础，将
国家空间的特定描述与潜在的战略、政治乃至生理需求联系起来。在两
次世界大战之间，它被纳粹政权及其理论追捧者采用，因此在 20 世纪
下半叶声名狼藉。但最近在苏联解体后的俄罗斯，它又复兴了。这就使
理论家和宣传家发表的关于"空间"（prostranstvo）主题的激进文章得
以传播，其中最广为人知的是亚历山大·杜金。[2]

1 见 Hayashi Tadayuki, ed., *The Construction and Deconstruction of National Histories in Slavic Eurasia*, Sapporo, 2003; John Ledonne, *The Russian Empire and the World: The Geopolitics of Expansion and Containment*, New York, Oxford, 1997. 关于西方对俄罗斯空间角色及其演变的看法，见 Martin Malia, *Russia under Western Eyes: From the Bronze Horseman to the Lenin Mausoleum*, Harvard, 1999。
2 见 Aleksandr Dugin Osnovy, "Geopolitiki, Geopoliticheskoe budushchee Rossii," *Myslyt'prostranstvom*, Moskva, 2000. 杜金的作品并无先进性，只是借鉴了早期"欧亚主义者"如 P. N. Savitskii、N. N. Alek 的思想（见 V. G. V. Vernadsky、N. S. Trubetskoi 以及后来 L. N. Gumilev 的思想）。近年来，他们的作品也在俄罗斯被广泛转载。关于这一主题的经典俄罗斯哲学和历史著作选集，见 N. G. Fedorovskii, ed., "V poiskakh svoego puti: Rossiia mezhdu Evropoi i Aziei," *khrestomatia po istoriirossiiskoi obshchestvennoi mysli XIX i XX vekov*, Moskva, 1997。

幸运的是，这种现象也促发了一些分析深刻的研究，包括语言学家 Gasan Guseinov 和地理学家 V. L. 卡甘斯基、D. N. 扎米阿廷，他们批判地审视了俄国空间意识形态的起源和演变，在更广泛的背景下研究概念化、定位和安置国家空间的替代模型，分析空间和国家发展之间的相互作用而不归结于简单的决定论。[1] 阿列克谢·尤尔查克（Alexei Yurchak）对苏联晚期的"西方"概念进行的"谱系"分析很有趣，将其视为"他处"的话语表达，"一种对苏联现实来说既是内在又是外在的空间"。[2] 对历史空间概念展开研究的同时，俄国和西方学者针对"欧亚大陆"是不是一个有效的地理概念展开了一场激烈且很有意义的辩论。围绕"欧亚大陆"这个概念，目前的苏联区域研究界也许正寻求将自身重建、振兴为一个连贯、有意义且相互关联的学术领域。[3]

日常生活空间（1）：象征

在最低和最具体的层面，一股新的学术浪潮——实质性的、充满活力并有创新理念的——已经讨论了俄国和苏联城市空间的表现、建构和生活经验（值得注意，对农村空间的微观结构及生活经验的研究则少得多——部分原因也许是难以鉴别足够的农村生活方面的历史民族志或文

1　Gasan Guseinov, *Karta nashei rodiny: Ideologema mezhdu slovom i telom*, 2nd ed, Moskva, 2005; D. N. Zamiatin, *Vlast' Prostranstva i Prostanstvo Vlasti: Geograficheskie Obrazy v Politike iMezhdunarodnykh Otnosheniiakh*, Moskva, 2004; V. L. Kaganskii, *Kul'turnyi landshaft i sovetskoeobitaemoe prostranstvo: Sbornik statei*, Moskva, 2001。另见 Mark Bassin, "The Two Faces of Contemporary Geopolitics," *Progress in Human Geography* 28 (2004), pp. 620–626; Mark Bassin, K. E. Aksenov, eds., *Identichnost' i geografiia v postsovetskoi Rossii: Sbornik statei*, S.Peterburg, 2003; Mark Bassin, "Classical Eurasianism and the Geopolitics of Russian Identity," *Ab Imperio* 4 (2003), No. 2, pp. 257–267; Dirk Kretschmar, "Region oder Imperium? Zur Semantik von Geopolitik, Raum und Kultur in Russland," *Raum-Wissen -Macht*, Frankfurt a.M., 2002。

2　Alexei Yurchak, *Everything was Forever, until It was No More: The Last Soviet Generation*, Princeton, Oxford, 2006, 特别是第五章 Imaginary West, 引文在第 160~161 页。

3　关于新"欧亚研究"的深刻讨论，见 Mark Von Hagen, "Empires, Borderlands, and Diasporas: Eurasia as Anti-Paradigm for the Post-Soviet Era," *The American Historical Review* 109 (2004), pp. 445–468。

化历史资料）。[1]

　　首先，关于城市空间的表现有大量研究。20 年前，文化历史学家马歇尔·伯曼（Marshall Berman）对圣彼得堡进行了调查，认为它既是"俄国现代化模式最清晰的体现，同时也是现代世界'虚幻城市'的原型"。[2] 随后，文学家朱莉·A. 巴克勒和艺术史家如格里高里·卡加诺夫进行了一些非常有趣的研究，关注俄国帝国首都在其物质结构和文化表征中表现出的文化地形。[3]

　　卡尔·施洛格尔对圣彼得堡、莫斯科等城市作为现代性的代表空间、社会和文化邂逅的场所以及现代主义艺术的"实验室"进行了"考古学"式的精彩描述。[4] 俄国哲学家米哈伊尔·瑞克林通过考察 20 世纪 30 年代莫斯科城市空间的象征意义，探讨了斯大林主义的"极权主义"概念，并提供了丰富的案例，发人深省，如地铁建设、俄国经济成就展览和 1935 年的重建计划。[5] 德国学者珍妮娜·乌鲁索娃和英国历史学家艾玛·威迪斯分析了早期苏联电影中城市空间的表现。[6]

1　然而关于不同形式的农村土地所持有空间方面的讨论，见 Stephen Lovell, *Summerfolk: A History of the Dacha, 1710–2000*, Ithaca, 2003; Judith Pallot, *Land Reform in Russia, 1906–1917: Peasant Responses to Stolypin's Project of Rural Transformation*, Oxford, New York, 1999; Orlando Figes, *Peasant Russia, Civil War: The Volga Countryside in Revolution, 1917–1921*, Oxford, 1989。

2　Berman, *All that is Solid Melts into Air*, pp. 173–286, 引文在第 176 页。

3　Julie A. Buckler, *Mapping St. Petersburg: Imperial Text and City shape,* Princeton, Oxford 2005; Grigory Kaganov, *Images of Space: St. Petersburg in the Visual and Verbal Arts*, Stanford, 1997.

4　Karl Schlögel, *Promenade in Jalta und andere Städtebilder*, München, Wien, 2001; Karl Schlögel, Moskau Lesen, *Die Stadt als Buch*, Berlin, 1984, new ed. 2000; Karl Schlögel, "Jenseits des großen Oktober, Petersburg 1909–1921," *Das Laboratorium der Moderne*, Berlin, 1988.

5　Michail, Ryklin, Räume des Jubels, *Totalitarismus und Differenz*, Frankfurt a.M., 2003. 见 "The Best in the World: The Discourse of the Moscow Metro in the 1930s," in Evgeny Dobrenko and Eric Naiman, eds., *The Landscape of Stalinism: the Art and Ideology of Soviet Space*, Seattle, London, 2003, pp. 261–276。

6　Janina Urussowa, *Das neue Moskau, Die Stadt der Sowjets im Film, 1917–1935*, Cologne, Weimar, 2004; Emma Widdis, *Visions of a New Land: Soviet Film from the Revolution to the Second World War*, New Haven and London, 2003. 对于后一项研究的更多评述，见 Baron, *New Spatial Histories of Twentieth Century Russia and the Soviet Union*。

日常生活空间（2）：建筑

研究建筑和建筑环境专门史的历史学家长期以来一直对空间建筑在社会化和文化适应过程中所扮演的角色感兴趣，特别是20世纪20年代苏联建构主义者在建筑和城市设计方面吸引着全球目光。例如，建设公共建筑作为"社会冷凝器"或引入"绿色城市"来克服城乡差距。[1] 文化历史学家受到波普尼的作品以及理查德·斯蒂茨1989年的研究《革命的梦想：俄国革命中的乌托邦愿景和实验主义生活》的启发，近年来也对建筑史、建筑环境和室内设计产生了兴趣。[2] 2003年由大卫·克劳利和苏珊·E. 里德编辑的论文集，对1945年后东欧和苏联各种空间建设实践的政治、社会和文化意义进行了研究，其中包括建筑、室内设计、城市规划与公共雕塑。[3]

学者们对于苏联规划者和设计师重新设想公共空间和私人空间之间的关系并试图通过建造新家园和新建筑来重塑社会、国家或性别身份的方式进行了创新研究，这些方式在象征形式、现实外在以及社会、经济和政治目的方面很新颖——要是有人同意凯特·布朗激进的假设，即

1 这一领域的经典研究包括 Catherine Cooke, *Russian Avant-Garde: Theories of Art, Architecture and the City,* London, 1995; S. O. Khan-Magomedov, *Pioneers of Soviet Architecture: The Search for New Solutions in the 1920's and 1930's,* London, 1987; Christine Lodder, *Russian Constructivism*, New Haven, 1983; S. Frederick Starr, "Visionary Town Planning during the Cultural Revolution," in Sheila Fitzpatrick, ed., *Cultural Revolution in Russia, 1928-1931*, Bloomington, 1978, pp. 207-240; Anatole Kopp, *Architecture et urbanisme soviétiques des années vingt: Ville et Revolution*, Paris, 1967。另见 W.C. Brumfield, Blair A. Ruble, eds., *Russian Housing in the Modern Age: Design and Social History*, New York, 1993。关于早期苏联在视觉和造型艺术中空间表现的实验的讨论，见 Victor Margolin, *The Struggle for Utopia: Rodchenko, Lissitzky, Moholy-Nagy*, Chicago, London, 1997。

2 Richard Stites, *Revolutionary Dreams: Utopian Vision and Experimental Life in the Russian Revolution*, Oxford, New York, 1989, 特别是第二章 Revolution: Utopias in the Air and on the Ground, pp. 35-57, 和第九章 Utopia in Space: City and Building, pp. 190-204。

3 David Crowley, Susan. E. Reid, eds., *Socialist Spaces: Sites of Everyday Life in the Eastern Block*, Oxford, 2003, 尤其是 Karl D. Qualls 的杰出论文 Accommodation and Agitation in Sevastopol: Redefining Socialist Space in the Postwar "City of Glory" (pp. 23-46), 以及 Susan Reid 的文章 Khrushchev's Children's Paradise: The Pioneer Palace, Moscow, 1958-1962 (pp. 141-180)。另见 "Khrushchev in Wonderland: The Pioneer Palace in Moscow's Lenin Hills, 1962," *The Carl Beck Papers in Russian and East European Studies*, no. 1606, Pittsburgh, 2002。

"哈萨克斯坦和蒙大拿州几乎是同一个地方"，那就并不独一无二。[1]
社会政治历史学家探究了苏联住房政策的起源和发展，包括管理生
活空间分布的立法和行政法规，以及其对社会分化的影响和政治控
制的策略。[2] 文化历史学家对早期苏联城市娱乐和休闲空间的概念和
建构表现出特别的兴趣。[3] 比如斯大林式建筑和莫斯科地铁的建设，[4]

1 Kate Brown, "Gridded Lives: Why Kazakhstan and Montana are Nearly the Same Place," *The
   American Historical Review* 106 (2001), pp. 17–48. 另见 Stephen Kotkin, *Magnetio Mountain: Stalinism
   as Civilisation*, Berkley 1995, 特别是第二章 The Idiocy of Urban Life, pp. 106–145。Katerina
   Clark, *Petersburg: Crucible of Cultural Revolution*, Cambridge, 1995, 第 11 章: The Sacralization of
   Everyday Life, pp. 242–260。更多研究包括 Grec Castillo, "Stalinist Modern: Constructivism and
   the Soviet Company Town," in James Cracraft and Daniel Rowland, eds., *Architectures of Russian
   Identity: 1500 to the Present*, Ithaca, London, 2003, pp. 135–149; Monica Ruthers, "öffentlicher Raum
   und gesellschaftliche Utopie: Stadtplanung, Kommunikation und Inszenierung von Macht in der
   Sowjetunion am Beispiel Moskaus zwischen 1917 und 1964," in Gábor Rittersporn, Rolf Malte, and
   Jan C. Behrends, eds., *Sphären von öffentlichkeit in den Gesellschaften sowjetischen Typs*, Frankfurt a.M.
   2003, pp. 65–96; Stephenv Bittner, "Green Cities and Orderly Streets: Space and Culture in Moscow,
   1928–1933," *Journal of Urban History* 25 (1998), pp. 22–56; Castillo, "Peoples at an Exhibition:
   Soviet Architecture and the National Question," in Tomas Lahusen and Evgeny Dobrenko, eds.,
   Socialist Realism Without Shores, 1995, pp. 91–119。关于后苏联时期建筑环境设计与国家建设之
   间的关系，相关章节见 Olga Sezneva, Ilyav Utekhin, O. Sparitis 和 John J. Czaplicka 的研究，载
   Czaplicka, Blair A. Ruble and Lauren Crabtree, eds., *Composing Urban History and the Constitution of
   Civic Identities*, Washington, D.C., London, 2003。

2 见 Mark Grigor'evich Meerovich, "Kvadratnye metry, opredeliaiushchie soznanie: Gosudarstvennaia
   zhilishchnaia politika v SSSR. 1921–1941," gg. Stuttgart 2005; "Kak vlast' narod k trudu priuchala:
   Zhilishche v SSSR–sredstvo upravleniia lud'mi. 1917–1941," gg. Stuttgart 2005; Natal'ia Lebina,
   "Petrograd–Leningrad 1920–30-kh godov: étapy sotsial'no–prostranstvennoi segregatsii," in *Gorod i
   Gorozhane v Rossii XX veka: Materialy rossiisko-frantsuskogo seminara*, SanktPeterburg, 28–29 sentiabria
   2000 goda, ed. by A. D. Margolis. S.Peterburg, 2001, pp. 58–67。

3 见 Katharina Kucher Raum(ge)schichten, "Der Gor'kjj–Park im frühen Stalinismus," *Osteuropa* 55
   (2005) No. 3, pp. 154–167; "Der Moskauer Kultur–und Erholungspark. Formen von öffentlichkeit
   im Stalinismus der dreiliger Jahre," *Sphären von öffentlichkeit in den Gesellschaften sowjetischen Typs*,
   pp. 97–129; Karl Schlögel, "Der Zentrale Gorkij–Kultur–und–Erholungspark (CPKiO) in Moskau:
   Zur Frage des öffentlichen Raums im Stalinismus," in Manfred Hildermeier, ed., *Stalinismus vor dem
   Zweiten Weltkrieg: Neue Wege der Forschung*, München, 1998, pp. 255–274。

4 见 Andrew Jenks, "A Metro on the Mount: The Underground as a Church of Soviet Civilization,"
   Technology and Culture 4(2000), pp. 697–724; Dietmar Neutatz, *Die Moskauer Metro: Von den ersten
   Plänen bis zur GroBbaustelle des Stalinismus (1897–1935)*, Köln, Weimar, 2001; Ryklin, *Räume des
   Jubels: "The Best in the World": The Discourse of the Moscow Metro in the 1930s*。

后斯大林时期室内空间的重构，[1]以及苏联末期和后苏联时代的公共纪念碑艺术。[2]

日常生活空间（3）：体验

我们现在从城市空间的建设转向城市的生活体验。当然，这是不同的重点或视角，而不是一个特殊或无关的话题。因为空间的"消费"会产生新的或被修改的空间感知。这些感知也会体现新的表达和建构。卡特琳娜·克拉克、凯瑟琳·库克和理查德·斯蒂茨等学者研究了苏联政权如何利用革命前的公共空间来为他们的革命仪式、庆祝活动和节日提供场所。为此，他们经常重新布置广场、街道和建筑物，从而营造能够引发共鸣的新空间结构和愿景：布尔什维克旗帜和标语笼罩着沙皇和资产阶级的大厦；无产阶级的狂欢游行穿过庄严的城市中心；大规模示威活动有"精心策划的自发性"；革命年代的大事件重新上演，让人们获得参与感。虽然新政权还不能在物质层面重建城市，但它试图通过象征性的街头艺术和表演来重新塑造城市空间和建筑环境。[3]十年后，兰

1　见 Susan Reid, "Cold War in the Kitchen: Gender and the De-Stalinization of Consumer Taste in the Soviet Union under Khrushchev," *Slavic Review* 61 (2002), pp. 211–252; "Special Issue: Design, Stalin and the Thaw," *The Journal of Design History* 10 (1997) , No. 2. 其他有价值的文章包括 Catherine Cooke, "Beauty as a Route to 'the Radiant Future': Responses of Soviet Architecture," pp. 137–160; Victor Buchil Khrushchev, "Modernism, and the Fight against Petit-Bourgeois Consciousness in the Soviet Home," pp. 161–176。

2　见 Kathleen Smith, "Conflict over Designing a Monument to Stalin's Victims: Public Art and Political Ideology in Russia, 1987–1996," *Architectures of Russian Identity,* pp. 193–203; Bruce Grant, "New Moscow Monuments, or States of Innocence," *American Ethnologist* 28 (2001), pp. 332–362; D. Sidorov, "National Monumentalization and the Politics of Scale: The Resurrections of the Cathedral of Christ the Saviour in Moscow," *Annals of the Association of American Geographers* 90 (2000), pp. 548–572。

3　Clark Petersburg, 特别参阅第五章 Petrograd: Ritual Capital of Revolutionary Russia; V. Tolstoy, I. Bibikova, C. Cooke, eds., *Street Art of the Revolution: Festivals and Celebrations in Russia, 1918–1933,* London, 1990; Stites, *Revolutionary Dreams,* pp. 79–100。另见 I. Gerchuk, "Festival Decoration of the City: The Materialization of the Communist Myth in the 1930s," *Journal of Design History* 13 (2000), pp. 123–136. Karen Petrone 讨论了斯大林时代游行文化的空间维度，参阅 *Life has Become More Joyous, Comrades: Celebrations in the Time of Stalin,* Bloomington, 2000, pp. 23–45。

迪·考克斯研究了斯大林及之后公共空间中商业广告的分布，以及广告在"重新定义社会建构的空间和不同空间在身份形成中应该发挥的作用"。[1]

最近的几部社会史著作将注意力集中在"边缘"群体如何侵占苏联城市的公共场所和隐蔽地点，创造他们自己有关性或犯罪的另类地理，从而对抗、挑战或颠覆城市空间的官方概念。例如，丹·希利在最近一项关于俄国革命时期同性恋的研究中绘制了圣彼得堡和莫斯科"性别化领土"的地图。他还假设，俄国和苏联在我们所说的空间研究的宏观尺度上对同性恋存在着政治、司法和实践上"扭曲的三重地理"论述，将"天真"的"异性恋"俄国置于文明欧洲"神经衰弱"的变态和东方"原始"的堕落之间。[2]艾伦·M. 鲍尔和安妮·E. 戈萨奇研究了后革命时期流浪儿童对公共空间的侵占。[3]琼·纽伯格关于城市流氓罪的著作讨论了这种类型的小型犯罪是如何在社会、当局、法律和科学专业领域引发反应，"所有这些都代表了关于公共空间的使用、控制和定义的协商"。[4]

新一代历史人类学家、社会学家和研究物质文化的学者，就苏联建筑环境的生活体验创作出一些生动微妙的作品。[5]不出所料，由于集体

1 Randi Cox, "All This Can be Yours! Soviet Commercial Advertising and the Social Construction of Space, 1928-1956," *The Landscape of Stalinism*, pp. 125-162, 此处引文见第 141 页。

2 Dan Healey, *Homosexual Desire in Revolutionary Russia: The Regulation of Sexual and Gender Dissent*, Chicago, London, 2001, 此处引文见第 8、30~31、36~37、214~217、252~253 页。

3 Allan M. Ball, *And Now My Soul is Hardened: Abandoned Children in Soviet Russia, 1918-1930*, Berkeley, 1994, 参阅第一章 Children of the Street; Anne E. Gorsuch, *Youth in Revolutionary Russia: Enthusiasts, Bohemians, Delinquents*, Bloomington, 2000, pp. 139-166。

4 Joan Neuberger, *Hooliganism: Crime, Culture, and Power in St. Petersburg, 1900-1914*, Berkeley, 1993, 引文见第 112 页。

5 见 Julia Obertreis, *Tränen des Sozialismus: Wohnen in Leningrad zwischen Alltag und Utopie, 1917-1937*, Koln, Weimar, Wien, 2004; Victor Buchli, *An Archaeology of Socialism*, Oxford, New York 1999。瑞士历史学家 Monica Rüthers 在最近的三部作品中探讨了建筑和居住环境之间的关系：*Moskau von Lenin bis Chruščev: Gebaute Räumezwischen Utopie, Terror und Alltag*, Köln, Weimar, Wien, 2006; "Schneller wohnen in Moskau: Novye čeremuški Nr. 9, das erste Viertel in industrieller Massenbauweise, 1956-1970," in Bruno Fritzsche et al., eds., *Städteplanung-Planungsstädte*, Zürich 2006; "The MoscowGorky Street in late Stalinism: Space, History and Lebenswelten," in Juliane Furst, ed., *Late Stalinist Russia: Society between Reconstruction and Reinvention*, London, New York, 2006, pp. 247-268。Rüthers 正在研究一个项目，名为"1950~1985 年的苏维埃童年地理学"。

公寓在苏联生活中具有中心地位，故成为近期一些研究的焦点。[1]尤其
是圣彼得堡欧洲大学的卡特琳娜·格拉西莫娃基于广泛的口头历史访谈
出版了许多关于集体住宅的作品。[2]

　　虽然有许多关于空间生活体验的有趣研究已经展开，但学界仍有可
能进一步以人类学为导向去研究"主观性"、个人意义和情感维度的空
间，这些空间与特定类型的室内环境或家园有关。也就是说，虽然空间
文化史正在蓬勃发展，但俄国和苏联的空间研究似乎仍然欠缺。[3]关于

另见 Kotkin, *Magnetic Mountain* 第四章 Living Space and the Stranger's Gaze, pp. 157-197; Svetlana Boym, *Common Places: Mythologies of Everyday Life in Russia*, Cambridge, 1994。上面涉及的许多与城市和室内空间建设有关的作品也包括了对生活体验的讨论。

1　关于这一研究广泛且深刻的回顾，见 Steven E. Harris, "In Search of 'Ordinary' Russia: Everyday Life in the NEP, the Thaw, and the Communal Apartment," *Kritika: Explorations in Russian and Eurasian History* 6 (2005), pp. 583-614。关于俄罗斯女性与公寓的关系以及女性家庭空间体验的文学表现，见 Erin Collopy, "The Communal Apartment in the Works of Irina Grekova and Nina Sadur," *Journal of International Women's Studies* 6 (2005), No. 2, pp. 44-58。

2　Katerina Gerasimova, "Public Privacy in the Soviet Communal Apartment," *Socialist Spaces*, pp. 207-230; Katerina Gerasimova, Sofia Chuikina, "Ot kapitalisticheskogo Peterburga ksotsialisticheskomu Leningradu: izmenenie sotsial'no-prostranstvennoi struktury goroda v 30-e gody," in Timo Vihavaihen, ed., *Normy i tsennosti povsednevnoi zhizni 1920-1930-e gody*, S. Peterburg, 2000, pp. 27-74; Katerina Gerasimova, "The Soviet Communal Apartment," in Jeremy Smith, ed., *Beyond the Limits: The Concept of Space in Russian History and Culture*, Helsinki, 1999, pp. 107-130. 另请参阅 Il'ia Utekhin, *Ocherki kommunal'nogo byta*, Moskva, 2001。Utekhin 运营的线上博物馆 "集体公寓" 可以通过网络访问：http://www.kommunalka.spb.ru。

3　关于 "地方历史" 与 "空间历史" 的关系，我关注到更进一步的研究如 Lovell, *Summerfolk*; Boym, *Common Places*; Dale Pesmen, *Russia and Soul: An Exploration*, Ithaca, 2000。后者提供了一个引人入胜的民族志描述（在许多其他事情中），以及关于班雅（典型的俄罗斯地方）的流行观念和仪式的记述，见第 95~112 页。Alexei Yurchak 研究了一系列 "非领土化的环境" 和实践（既不是系统内部也不是系统外部），他断言，"证明了假定的空间和时间线性和后期社会主义的整体性，无处不在地注入了多样性、多元性和不确定性的新形式"。因此，苏联后期的 "空间性" 不是由单一的权威话语构成的，而是由 "场所"（理解为 "可能性条件"）的经验总和构成的，是在咖啡馆和锅炉房等地生活的有限的主观体验的总和。参阅 *Everything was Forever, until It was No More*, 引文见第 156~157 页。Mikhail Epstein 就俄罗斯人对其他典型体验场所的态度，如 "省"、"购物队" 或 "仓库"（他将所有这些都呈现为与无边的沼泽相对），提出了一些令人兴奋的古怪推测，可能会对这类研究产生进一步的理论推动，见 *The Landscape of Stalinism*, pp. 277-306; Yi-fu Tuan, *Space and Place: The Perspective of Experience*, Minneapolis, London, 1977。他认为，历史构建的地方 "作为可见的时间，或作为对过去时间的纪念"，引文见第 179 页；另见 Gaston Bachelard, *La poétique de l'éspace*, Paris, 1958。

所有层面的空间和场所的性别化，关于实体和空间之间被设想为历史构造、物质对象和实践相互构成的重要关系，仍有待研究。[1]

帝国、国家和民族（1）：外围的领土政治

中间层次的空间分析涉及俄国和苏联在国家领土层面上的国家建构问题（相关文献很多，我只能在文本中提供一个粗略的概览，并引导读者再深入讨论）。[2] 当"外者身份"位于俄国的民族或帝国边界之内或越过边界时，这种国家领土范围的研究就与更多的全球关注交织在一起，这一问题引发了大量相关调查，涉及俄罗斯帝国主义、沙皇在周边地区的殖民统治实践，以及跨国界、散居外国的人群的历史。[3] 这一学术研

1　Widdis 的 *Visions of a New Land* 书中的一个主题是，苏联（社会）身体和文化作为人类感知、身体感觉与外部自然之间的中介联系。

2　喀山的多语期刊 *Ab Imperio, Studies of New Imperial History and Nationalism in the Post-Soviet Space*（2000 年开始出版）近年来极力推动空间层面的俄罗斯和苏联领土政治历史研究。具体见以下主题："Organization of Political Space of Empires and Nations," 3 (2002), No. 2; "Russian Empire: Borderlands and Frontiers," 4 (2003), No. 1; "Beyond the Borders: Political and Economic Migrations, Internal and External Exile," 4 (2003), No. 2; "Conversations about Motherland: Individual and Collective Experiences of 'Homeland'" 7 (2006), No. 2。

3　除了巴辛的著作（见上文），另见 Theodore R. Weeks, "Managing Empire: Tsarist Nationalities Policy," in Dominic Lieven, ed., *The Cambridge History of Russia*, Vol. 2, pp. 27–44; Willard Sunderland, *Taming the Wild Field: Colonization and Empire on the Russian Steppe*, Ithaca, 2004; Daniel Brower, *Turkestan and the Fate of the Russian Empire*, London, 2003; Michael Khordarkovsky, *Russia's Steppe Frontier: The Making of a Colonial Empire, 1500–1800*, Bloomington, 2002; Paul W. Werth, *At the Margins of Orthodoxy: Mission, Governance, and Confessional Politics in Russia's Volga-Kama Region, 1827–1905*, Ithaca, 2002; Robert P. Geraci, *Window on the East: National and Imperial Identities in Late Tsarist Russia*, Ithaca, 2001; Christian Noack, "Russische Politik und muslimische Identität, Das Wolga-Ural-Gebiet im 19. Jahrhundert," *JBIGOE* 47 (1999), pp. 525–537; Allen J. Frank, *Islamic Historiography and "Bulgar" Identity among the Tatars and Bashkirs of Russia*, Leiden, 1998; Jane Burbank and David Ransel, eds., *Imperial Russia: New Histories for the Empire*, Bloomington, 1998; David Moon, "Peasant Migration and the Settlement of Russia's Frontiers, 1550–1897," *The Historical Journal* 40 (1997), pp. 859–893; Daniel R. Brower and Edward J. Lazzerini, eds., *Russia's Orient: Imperial Borderlands and Peoples, 1700–1917*, Bloomington, 1997; Theodore R. Weeks, *Nation and State in Late Imperial Russia: Nationalism and Russification on the Western Frontier, 1863–1914*, DeKalb, 1996; Yuri Slezkine, *Arctic Mirrors: Russia and the Small Peoples of the North*, Ithaca, 1994; Judith Pallot and Denis J. B. Shaw, *Landscape and Settlement in Romanov Russia,*

究也对俄罗斯帝国"东方主义"概念展开探讨且卓有成效。[1]

　　苏联解体使人们对"边疆"的比较史重新燃起兴趣，尤其是对西伯利亚和俄国远东地区的研究，以及与边缘地区"野蛮"环境或"野蛮"文化的接触、交流与冲突。[2] 德国历史学家约尔格·巴比洛夫斯基在最近的几篇作品中指出，革命前的俄国和苏联向外围扩张的战略都是由同一个暴力的"文明使命"推动的。因此，沙皇和苏联政权更适合用他们共同的帝国主义实践来定义——包括自我定义的建设、殖民和征服敌对的"他者"——而不是用传统意义上他们不同的政治意识形态来定义。这种做法暗示着将十月革命淡化为中央对边境政策的转折点，同时提出了一个重要问题，即俄国国家实践和权力发展中的连续程度。[3] 巴比洛

1613-1917, Oxford, 1990。另请参阅 Thomas Sanders, ed., *The Historiography of Imperial Russia: The Profession and Writing of History in a Multinational State*, Armonk, NY, 1999; I. Gerasimov, S. Glebov A. Kaplunovskii et al., eds., *Novaia Imperskaia Istoriia Post-Sovetskogo Prostranstva*, Kazan, 2004。其中包括大量近期俄罗斯、法国、德国和英美学者对俄罗斯帝国主义的研究。

1　关于东方主义的讨论，参阅 *Kritika, Explorations in Russian and Eurasian History* 1 (2000), No. 4。

2　比如 M. IA. Pelipas' et al., eds., *Amerikanskii i sibirskii frontir: materialy mezhdunarodnoi'nauchnoi konferentsii "Amerikanskii i sibirskii frontir": faktor granitsy v amerikanskoi i sibirskoiistorii, 4-6 oktiabria 1996 g*, Tomsk, 1997; Richard Hellie, ed., "Special Issue: The Frontier in Russian History" (Proceedings of the Conference held at the University of Chicago, May 29-31, 1992), *Russian History* 19 (1992) , Nos. 1-4。Eva-Maria Stolberg 对西伯利亚边疆做了大量研究，如 *The Siberian Saga, A History of Russia's Wild East*, Frankfurt a.M., 2005。特别是她给出的介绍案例，"The Genre of Frontiers and Borderlands Siberia" 以及 "Raumerschlie Bungsprozesse in Sibirien des ausgehenden Zarenreiches: Ein Forschungsdesiderat der Russlandhistoriographie," *Archiv für Sozialgeschichte* 42(2002), pp. 315-334; "The Siberian Frontier between 'White Mission' and 'Yellow Peril', 1890s-1920s," *Nationalities Papers* 32 (2004), pp. 165-182。 另见 Jorgen Osterhammel, *Die Entzauberung Asiens: Europa und die asiatischen Reiche im 18 Jahrhundert*, München, 1998。其中关于"鞑靼利亚"地理、历史和种族方面的讨论，参阅第 249~255 页；还有 Denis Shaw 在 1990 年的文章 "The Frontier Experience in Romanov Russia: The Settlement of the Central Black Earth Region in the Seventeenth Century," *Landscape and Settlement in Romanov Russia*, pp. 13-32。

3　Jorg Baberowski, "Verschleierte Feinde: Stalinismus im sowjetischen Orient," *Geschichte und Gesellschaft* 30 (2004), pp. 10-36; *Der Feind ist überall: Stalinismus im Kaukasus*, München, 2003; "Entweder für den Sozialismus oder nach Arkhangel'sk: Stalinismus als Feldzug gegen das Fremde," *Osteuropa* 50 (2000), pp. 617-637; "Auf der Suche nach Eindeutigkeit: Kolonialismus und zivilisatorische Mission im Zarenreich und in der Sowjetunion," *Jbigoe* 47 (1999), pp. 482-504; "Stalinismus als imperiales Phänomen: Die islamischen Regionen der Sowjetunion, 1920-1941," in Stefan Plaggenborg, ed., *Stalinismus: Neue Forschungen und Konzepte*, Berlin, 1998, pp. 113-150.

夫斯基的作品是一场更为广泛的辩论中的一部分。这场辩论正在进行，其主题是帝国和国家概念在长时段中与俄国和苏联历史研究的相关性。[1]

其他近斯对俄罗斯帝国晚期及苏联时期在外围地带民族政策的研究，强调了中央统治策略和复杂多变的地区权力关系之间的互动。二者相互构建，形成了比较情境下前革命和后革命实践——通常侧重历史或区域的多样性而不是相似性，还有外围现实情况对中央感知和决策的影响。[2]许多关于布尔什维克和斯大林民族政策的著作专门集中在与此相关的领土空间实践上，特别是在非俄国地区的区域边界绘制（关于经济中心区域关系和区域主义的文献也讨论了这个主题，见下文）[3]

1　参阅 "The Roundtable Discussion, Political History of Empire-Political History of the Nation: Towards a Synthetic Method," *Ab Imperio* 3 (2002) , No. 2, pp. 89-133. 特别是 Terry Martin, *"The Soviet Union as Empire: Salvaging and Dubious Analytical Category,"* pp. 91-105; Nick Baron, *"'Empire' and 'Nation' as Categories of Spatial Politics and Historical Study: Methodological Notes,"* pp. 117-132。另见 Dominic Lieven, "Russia as Empire and Periphery," in *The Cambridge History of Russia*, Vol. 2, pp. 9-26。

2　关于早期苏联民族政策，见 Terry Martin, *The Affirmative Action Empire, Nations and Nationalism in the Soviet Union, 1923-1939*, Cambridge, Mass., 2001。关于帝国晚期和苏联早期在非俄罗斯周边地区空间实践的比较方法，见 Ronald Grigor Suny and Terry Martin, eds., *A State of Nations: Empire and Nation-Building in the Age of Lenin and Stalin*, New York, 2001; Karen Barkey and Mark Von Hagen, eds., *After Empire: Multi-ethnic Societies and Nation-Building: The Soviet Union and the Russian, Ottoman, and Habsburg Empires*, Boulder, 1997。关于帝俄对周边地区政策的著作也讨论了苏联时代的举措。参阅 Adrienne L. Edgar, *Tribal Nation: The Making of Soviet Turkmenistan*, Princeton, 2006; Kate Brown, *A Biography of No Place: From Ethnic Borderland to Soviet Heartland*, Cambridge, 2004; Alfred J. Rieber, "Stalin: Man of the Borderlands," *The American Historical Review* 106 (2001), pp. 1651-1691; 以及下面这本书第一、二部分: Stephen Kotkin and David Wolff, eds., *Rediscovering Russia in Asia: Siberia and the Russian Far East*, Armonk, 1995。关于俄罗斯和苏联空间、权力和民族等一般问题的比较思考，见 S. N. Eisenstadt, "Center-periphery Relations in the Soviet Empire: Some Interpretative Observations," in Alexander Motyl, ed., *Thinking Theoretically about Soviet Nationalities: History and Comparison in the Study of the USSR*, New York, 1992, pp. 205-223。

3　关于边界和区域化，见 Nick Baron, "Nature, Nationalism and Revolutionary Regionalism: Constructing Soviet Karelia, 1920-1923," *The Journal of Historical Geography* 33 (2007), No. 3, pp. 565-595; "Regional'noe konstruirovanie Karel'skoi Avtonomi," *Ab Imperio* 2 (2002), No. 2, pp. 279-308; Martin, *The Affirmative Action Empire*, 特别是 pp. 31-74; Francine Hirsch, "Towards an Empire of Nations: Border-Making and the Formation of Soviet National Identities," *The Russian Review* 59 (2000), pp. 201-226; Jeremy Smith, "Delimiting National Space: The Ethnographical Principle in the Administrative Division of the RSFSR and USSR, 1918-1925," *Beyond the Limits,* pp. 241-258; Matsuzato, *The Concept of "Space" in Russian History*. Yuri Sleskine 在文章 The USSR as a Communal Apartment, or How a Socialist State Promoted Ethnic Particularism 中也重点研究了国家领土划分问题，见 *Slavic Review* 53 (1994), pp. 415-452。

苏联的西部边界。这是一个合作型新研究的研究对象，这个项目由法国人领导。[1]

帝国、国家和民族（2）：中心 - 区域关系与人口政治

关于革命前和苏联对周边地区非俄国民族政策的研究很丰富，而新的关于"核心"地区及人口的政治社会史学也正在成为一个重要且成果颇丰的研究领域。对于空间差异的特殊性，区域建设的偶然性和中心 - 地方的紧张关系，这个新研究为早期对中央决策和过度抽象的系统分析做出了重要的纠正。[2]

其他的近期研究集中于俄罗斯帝国和苏联采取的空间策略——利用工具划定的社会、语言或民族类别，对其组成的人口进行分类和排

1　见 Sophie Coeure and Ssabine Dullin，eds.，*La frontière communiste de l'Europe: De la révolution d'Octobre à la déstalinisation*, Paris, 2007 (in press)。

2　也许关于新地域性历史最早也是最重要的专著是 Figes, *The Volga Countryside in Revolution, 1917-1921*。迄今为止唯一一部研究整个苏联时期（尽管重点是两次世界大战之间）一个俄国地区发展的著作是 James R. Harris, *The Great Urals: Regionalism and the Evolution of the Soviet System*, Ithaca, 1999。目前，新区域研究扩展得太快，只注意到几个例子，主要是与革命前后几年有关：Sarah Badcock, *Politics and the People in Revolutionary Russia: A Provincial History*, Cambridge, 2007; Donald J Raleigh, *Experiencing Russia's Civil War: Politics, Society and Revolutionary Culture in Saratov, 1917-1922*, Princeton, 2003; Aaron B. Retish, "Creating Peasant Citizens: Rituals of Power, Rituals of Citizenship in Viatka Province, February–October 1917," *Revolutionary Russia* 16 (2003), No. 1, pp. 47-67; Peasant Identities in Russia's Turmoil: Status, Gender and Ethnicity in Viatka province, 1914-1921, Ph.D. dissertation, Ohio State University, 2003; Donald J. Raleigh, ed., *Provincial Landscapes: Local Dimensions of Soviet Power, 1917-1953*, Pittsburgh, 2001; Mark Baker, "Rampaging Soldatki, Cowering Police, Bazaar Riots and Moral Economy: The Social Impact of the Great War in Kharkiv Province," *Canadian-American Slavic Studies* 35 (2001), Nos. 2-3, pp. 137-156; Vladimir I Shishkin, "State Administration of Siberia from the End of the Nineteenth Century through the First Third of the Twentieth Century," in Kimitaka Matsuzato, ed., *Regions: A Prism to View the Slavic-Eurasian World: Towards a Discipline of "Regionology"*, Sapporo, 2000, pp. 100-121; Mark Baker, "Beyond the National: Peasants, Power and Revolution in Ukraine," *Journal of Ukrainian Studies* 24 (1999), No. 1, pp. 39-67; Michael Hockey, "Local Government and State Authority in the Provinces: Smolensk, February–June 1917," *Slavic Review* 55 (1996), pp. 863-881。

序——管理人口移动和定居化，特别是身份证件和领土之间的关系。[1]
一些关于苏联和东欧人口政治的研究将人口迁徙和流动性置于现代性社
会实践的核心。[2] 许多近期的战争文化史同样关注比较背景下人口政治
的空间维度，分析革命前后以及不同国家在帝制结束前后的做法。[3]

---

1 见 Francine Hirsch, *Empire of Nations: Ethnographic Knowledge and the Making of the Soviet Union*, Ithaca, 2005; David Shearer, "Elements Near and Alien: Passportization, Policing, and Identity in the Stalinist State, 1932–1952," *The Journal of Modern History* 76 (2004), pp. 835–881; Nathalie Moine, "Le système des passeports à l'époque stalinienne: De la purge des grande villes au morcellement du territoire, 1932–1953," *Revue d'histoire moderne et contemporaine* 50(2003), pp. 145–169; Marc Garcelon, "Colonizing the Subject: The Genealogy and Legacy of the Soviet Internal Passport," in Jane Caplan and John Torpey, eds., *Documenting Individual Identity: The Development of State Practices in the Modern World*, Princeton, NJ, 2001, pp. 83–100; Peter Holquist, "'To Remove' and 'to Exterminate Totally': Population Statistics and Population Politics in Late Imperial and Soviet Russia," *A State of Nations*, pp. 111–144; Gus Kessler, The Peasant and the Town: Rural–Urban Migration in the Soviet Union, 1929–40, Ph.D. dissertation, European University Institute, 2001; Nathalie Mone, "Passeportisation, statistique des migrations et contrôle de l'identité sociale," *Cahiers du Monde russe* 38 (1997), pp. 587–600。

2 见 Nick Baron and Peter Gatrell, eds., *Homelands: War, Population Displacement and State-building in Eastern Europe and Russia, 1918–1924*, London, 2004; Nick Baron and Peter Gatrell, "Population Displacement, State-Building and Social Identity in the Lands of the Former Russian Empire, 1917–1923," *Kritika: Explorations in Russian and Eurasian History* 4 (2003), pp. 51–100。 另 见 Jonathan Bone, Socialism in One Country: Stalinist Population Politics and the Making of the Soviet Far East, 1929–1939, Ph.D. dissertation, University of Chicago, 2003. 相关主题的讨论可参阅 "Beyond the Borders: Political and Economic Migrations, Internal and External Exile," *Ab Imperio* 4 (2003), No. 2。最近主要的比较研究涉及人口、国家或民族身份和领土的关系，特别是与俄国和哈布斯堡帝国的东欧边境地区的关系，包括 Rogers Brubaker, *Nationalism Reframed: Nationhood and the National Question in the New Europe*, Cambridge, 1996, 特别是第 107~147 页; Timothy Snyder, *The Reconstruction of Nations: Poland, Ukraine, Lithuania, Belarus, 1569–1999*, New Haven, 2003。

3 见 Alfred J. Rieber, "Civil Wars in the Soviet Union," *Kritika: Explorations in Russian and Eurasian History* 4 (2003), pp. 129–162; Joshua A. Sanborn, *Drafting the Russian Nation: Military Conscription, Total War, and Mass Politics, 1905–1925*, DeKalb, 2003; Eric Lohr, *Nationalizing the Russian Empire: The Campaign against Enemy Aliens during World War I*, Cambridge, MA, 2003; Peter Holquist, *Making War, Forging Revolution: Russia's Continuum of Crisis, 1914–1921*, Cambridge, MA, 2002; Amir Weiner, *Making Sense of War: The Second World War and the Fate of the Bolshevik Revolution*, Princeton, 2001; Vejas Liulevicius, *War Land on the Eastern Front: Culture, National Identity and German Occupation in World War One*, Cambridge, 2000; Peter Gatrell, *A Whole Empire Walking: Refugees in Russia during World War One*, Bloomington, 1999.

帝国、国家和民族（3）：空间规划、建构和控制

许多关于苏联经济规划和管理的新研究批判性地涉及国家、区域和地方层面上文化、政治和意识形态维度的空间发展。这些研究分析了空间的概念和想法，例如工厂选址、重大建设项目的选址、农业活动、资本和劳动力再分配的对象。这些研究还评估了决策和政策执行对苏联计划经济空间分布和空间"想象"演变的影响。[1]

最近许多关于区域性古拉格的著作同样关注着斯大林发展战略中的空间坐标和载体。[2] 与这些研究方向相关，最近几项关于俄国和苏联交通建设的研究探讨了通信技术和更广泛的空间政治控制战略之间的相互

1　Nick Baron 的 Soviet Karelia, 1920–1937: A Study of Space and Power in Stalinist Russia (Ph.D. dissertation, University of Birmingham, 2001) 研究了在两次世界大战期间，"中心"和"边缘"概念的不同和变化如何塑造了边疆地区的领土、经济、人口和政治发展。目前出版的是删节版：Soviet Karelia: Politics, Planning and Terror in Stalin's Russia, 1920–1939, London, 2007。关于第二个五年计划空间维度的讨论，参阅 "The Karelian ASSR," in E. A. Rees, ed., Centre-Local Relations in the Stalinist State, 1928–1941, London, 2002, pp. 116–148。关于"不一致的计划和低效的中央控制的政治手段"的论点，见 Baron, "Stalinist Planning as Political Practice: Control and Repression on the Soviet Periphery, 1935–38," Europe-Asia Studies 56 (2004), pp. 439–462, 此处引文见第 459 页。早期研究苏联经济区化和空间规划的是 Denis J. B. Shaw, Planning in the Soviet Union, London, 1981。近期研究包括了罗伯特·阿根布赖特的优秀论文 "Space of Survival: The Soviet Evacuation of Industry and Population in 1941," Beyond the Limits, pp.207–239; Klaus Gestwa, "Technologische Kolonisation und die Konstruktion des Sowjetvolkes: Die Schau- und Bauplätze der stalinistischen Moderne als Zukunftsraume, Erinnerungsorte und Handlungsfelder," in Sabine Damir Geilsdorf, Angelika Hartmann, and Béatrice Hendrich, eds., Mental Maps-Raum-Erinnerung: Kulturwissenschaftliche Zugänge zum Verhältnis von Raum und Erinnerung, Münster, 2005, pp. 73–115; Harris, The Great Urals。James C. Scott 通过"高度现代主义意识形态"解释了列宁时代电气化和斯大林时代集体化的空间维度，见 Seeing Like a State: How Certain Schemes to Improve the Human Condition have Failed, New Haven and London, 1998。

2　见 Steven A. Barnes, Soviet Society Confined: The Gulag in the Karaganda Region of Kazakhstan, 1930s–1950s, Ph.D. dissertation, Stanford University, 2003; Bone, Socialism in One Country; Nick Baron, "Conflict and Complicity: The Expansion of the Karelian Gulag, 1923–1933," Cahiers du Monde russe 42 (2001), pp. 615–648; "Production and Terror: The Operation of the Karelian Gulag, 1933–1939," Cahiers du Monde russe 43 (2002), pp. 139–180; David J. Norlander, "Origins of a Gulag Capital: Magadan and Stalinist Control in the early 1930s," Slavic Review 57 (1998), pp. 791–812; James Harris, "The Growth of the Gulag: Forced labour in the Urals Region, 1929–31," Russian Review 56 (1997), pp. 265–280。

作用，以及不断扩展的连接方式和途径（包括铁路、汽车和航空），还有对空间和领土的文化感知。[1]

帝国、国家和民族（4）：空间和地方的构想和实践

　　苏联旅游业在 20 世纪 30 年代蓬勃发展，部分原因是交通建设的扩大和休闲机会的增多，但也与国家支持的探索欲有关。这种冲动体现在当时流行的地理测绘和地质探险活动中，最近也受到相关文化历史学家的关注，以了解国内、国际旅行者的空间感知和体验。[2] 国家为了科学和宣传目的而推动北极探险，并将探险的英雄叙述融入自我形象之中，

1　比如 Frithjof Benjamin Schenk, "Imperiale RaumerschlieBung: Die Beherschung der russischen Weite," *Osteuropa* 55 (2005), No. 3, pp. 33–45; Linda Trautmann, Stalin's Last Frontier: The Soviet Arctic in the 1930's: Glavsevmorput and the Northern Sea Route, Ph.D. dissertation, London School of Economics, 2005; Widdis, *Visions of a New Land*; Mathew J.Payne, *Stalin's Railroad: Turksib and the Building of Socialism*, Pittsburgh, 2001, Robert Argenbright, "The Soviet Agitational Vehicle: State Power on the Social Frontier," *Political Geography* 17 (1998), pp. 255–256。Cynthia A. Ruder 研究了一个交通建设项目（由 OGPU 在强制劳动下实施）的文学表现，参阅 *Making History for Stalin: The Story of the Belomor Canal*, Gainesville, 1998。另见 Katri Pynnoniemi, "The Five Star Plan: The Infrastructural Component of Soviet Modernization," in Markku Kangaspuro and Jeremy Smith, eds., *Modernisation and Russian Society in the Twentieth Century*, Helsinki, 2006。设计莫斯科地铁是为了创造一个新的地下空间，以规范城市居民的生活和态度。美国历史学家 Lewis Siegelbaum 目前正在从事 "苏联历史上的汽车" 的研究项目，涉及几个空间导向的主题，包括汽车制造企业城镇的发展，通过公路建设克服 "无路" 问题，通过交通法规和警察管理道路，以及 "没有道路的汽车（如拉力赛、赛车）和汽车旅游"。参见 IREX 短期旅行资助研究报告，http://www.irex.org/ programs/stg/research/04/siegelbaum.pdf（2006 年 7 月 9 日登录）。

2　参 阅 Diane P. Koenker, ed., "Special Issue: Tourism and Travel in Russia and the Soviet Union," *Slavic Review* 62 (2003), No. 4; Anne E. Gorsuch and Diane P. Koenker, eds., *Turizm: The Russian and East European Tourist under Capitalism and Socialism*, Ithaca, 2006。另 见 Michael David-Fox, "From Illusory 'Society' to Intellectual 'Public' : VOKS, International Travel, and Party-Intelligentsia Relations in the Interwar Period," *Contemporary European History* 11 (2002), pp. 7–32; "The Fellow Travelers Revisited: The 'Cultured West?' through Soviet Eyes," *The Journal of Modern History* 75 (2003), pp. 300–335; Christian Noack, "Tourismus in Russland und der UdSSR als Gegenstand historischer Forschung, Ein Werkstattbericht," *Archiv für Sozialgeschichte* 45 (2005), pp. 477–498。

这也是正在兴起的文化史学话题。[1] 我们已经注意到一些文献，内容关于在文化上将西伯利亚和远东建构为俄国"边境"，将其南部边缘地带建构为俄国的"东方"。

目前还没有权威研究去分析俄国或苏联对特定景观或环境的感知，如草原、苔原或针叶林，或特定的自然特性，比如主要河流、湖泊和内陆海，或在这些地区的生活经验——虽然它们在俄国艺术、文学和音乐空间有很突出的呈现。[2] 这种缺失可能是对上述地区缺乏相关的文化研究，这进一步表明历史学家更关心国家更广泛的空间策略（所有层面上）和民众对这些干预措施（所有层面上）的反应，而较少关注特定地点中结构或意义的构成（即使是对地方变化和细微差别很敏感的新区域史，也很少研究地方性的文化建构或体验）。

我们一方面将"空间"粗略地等同于权力的规范化和抽象化，另一方面将"地方"等同于权力或地方阻力的具体实例或体现，而这种权力和地方阻力又根植于特定的主观经验，俄国和苏联的历史编纂似乎仍然严重偏向前者，既忽视了后者，又忽视了两者之间重要的互动。尽管它最近抛弃了因冷战双方知识隔阂而形成的以莫斯科主导、以国家为中心的观点。

帝国、国家和民族（5）：空间的科学与文化建构

虽然关于俄国或苏联特定环境的专门研究很少，但最近不乏关于俄国和苏联环境史的研究，对自然景观以及人与自然之间的关系进行"科学"论述，并在意识形态、政治和文化背景下进行批判性思

1　John Mccannon 研究了苏联极地探险的文化层面，参阅 *Red Arctic: Polar Exploration and the Myth of the North in the Soviet Union, 1932–1939*, New York, 1998; "Tabula Rasa in the North: The Soviet Arctic and Mythic Landscapes in Stalinist Popular Culture," *The Landscape of Stalinism*, pp. 241–260; "To Storm the Arctic: Polar Exploration and Public Visions of Nature in the USSR," *Ecumene* 2 (1995), pp. 15–31. 另见 Slezkine, *Arctic Mirrors*; Trautmann, *Stalin's Last Frontier*。

2　牛津大学的朱迪·帕洛目前正在进行俄罗斯森林文化史的研究。

考。[1] 近年来，几位学者引用了瓦尔特·本杰明1926年冬天在莫斯科的言论，他说："这幅地图几乎与俄国偶像崇拜的新主角——列宁画像差不多。"并指出地图作为空间技术和代表性实践似乎在苏联文化和政治中扮演着特殊的角色。[2] 我自己正在进行的关于苏联民用地图学历史的

1 见 Jonathan D. Oldfield and Denis J. B. Shaw, "V. I. Vernadsky and the Noosphere Concept: Russian Understandings of Society-Nature Interaction," *Geo-forum* 37 (2006), pp. 145-154; David Moon, "The Environmental History of the Russian Steppes: Vasili Dokuchaev and the Harvest Failure of 1891," *Transactions of the Royal Historical Society* 15 (2005), pp. 149-174; Brian Bonhomme, *Forests, Peasants, and Revolutionaries: Forest Conservation and Organization in Soviet Russia, 1917-1929,* Boulder, CO, 2005; Jonathan D. Oldfield and Denis J. B. Shaw, "Revisiting Sustainable Development: Russian Cultural and Scientific Traditions and the Concept of Sustainable Development," *Area* 34 (2002), pp. 391-400; Mccannon, *To Storm the Arctic*; Kiril Tomoff, "The Role of Forests in Witte's Industrialization Drive," *Russian History* 22 (1995), pp. 249-283; Douglas Weiner, *A Litte Corner of Freedom: Russian Nature Protection from Stalin to Gorbachev,* Berkeley, 1999; *Models of Nature: Ecology, Conservation, and Cultural Revolution in Soviet Russia*, Bloomington, 1988。另见 Arja Rosenholm and Sari Autiosarasmo, eds., "Understanding Russian Nature: Representations, Values and Concepts," *Aleksanteri Papers* 4, Helsinki, 2005; Baron, *Nature, Nationalism and Revolutionary Regionalism*。德国历史学家 Klaus Gestwa 对苏联关于自然和技术方面的话语做了很多研究："Das Besitzergreifen von Natur und Gesellschaft im Stalinismus, Enthusiastischer Umgestaltungswille und katastrophischer Fortschritt," *Saeculum* 56 (2005), pp. 105-138; "Technik als Kultur der Zukunft, Der Kult um die, Stalinschen GroBbauten des Kommunismus," *Geschichte und Gesellschaft* 30 (2004), pp. 37-73; "Eenergetische Brücken und klimafabriken, Das energetische Weltbild der Sowjetunion," *Osteuropa* 54 (2004), Nos. 9-10, pp. 15-38; "Archivrecherchen zur sowjetischen Technik-und Umweltgeschichte in Novosibirsk," *Osteuropa* 50 (2000), pp. 937-948。对于一个地区环境的长时段历史，见 Anthony Amato, "'Thinking Unlike a Mountain': Environment, Agriculture, and Sustainability in the Carpathians," in Zbigniew Bochniarz and Gary B. Cohen, eds., *The Environment and Sustainable Development in the New Central Europe*, New York, 2006, pp. 183-202。关于19世纪及20世纪早期俄国环境观念的讨论，见 Ian Matley, "The Marxist Approach to the Geographical Environment," *Annals of the American Association of Geographers* 56 (1966), pp. 97-111; Bassin, *Geographical Determinism in Fin-de-Siècle Marxism*（以及随后的讨论）。对苏联末期及后苏联环境的讨论，见 Jonathan D. Oldfield, *Russian Nature: Exploring the Environmental Consequences of Societal Change*, London, 2005; Klaus Gestwa, "Okologischer Notstand und sozialer Protest: Der umwelthistorische Blick auf die Reformunfähigkeit und den Zerfall der Sowjetunion," *Archiv fürSozialgeschichte* 43 (2003), pp. 349-384。Marie-Hélene Mandrillon (Centre d'Études du MondeRusse, Soviétique et Post-Soviétique, EHESS/CNRS, Paris) 目前正在进行一项名为"面对共产主义环境遗产：来源和多学科方法"的项目。

2 Walter Benjamin, *Moscow Diary*, ed. by Gary Smith, Cambridge, Mass., 1986, p. 41.

研究调查了此类关于地图生产和接受规模及重要性的言论，并考察了两次世界大战期间测量学、地形学和地图学的系统性发展、文化形式及意义。[1]虽然对19世纪或20世纪俄国制图学的实质性文化分析尚未发表，但近代早期莫斯科和彼得时代的制图学已经被一些极具见解的研究所关注。[2]

苏联地理学的历史和20世纪的地理学话语及实践是当前学术界的另一空白。[3]同样，更早时期的内容已经被研究过了。英国地理学家丹尼斯·肖研究了现代早期俄国地理学，马克·巴辛写过关于19世纪早期和中期帝国地理学会的文章。[4]另外，学者们发表了大量关于俄国和

1　我目前的项目"绘制苏联：制图学和空间文化，1917~1941"。见Baron, "'Miracles' on a Geographical Map: Geodetic Utopias and Cartographic Realism in the Soviet Union, 1920–1938"（提交给皇家地理学会的未刊论文，伦敦，2006年8月）; "Soviet Cartography and Spatial Development in the 1920's"（提交给英国斯拉夫和东欧研究协会的未刊论文，剑桥，2003年3月）。这项工作目前由J. B. Harley制图史奖学金资助。

2　对苏联地图的深入分析，参阅Dominique Moran, "Soviet Cartography Set in Stone: The 'Map of Industrialization'," *Environment and Planning D: Society and Space* 24 (2006), pp. 671–689。Hirsch, *Empire of Nations*, pp. 38–42, 50–51 也简要讨论过苏联制图; Widdis, *Visions of a New Land*; Evgeny Dobrenko, "The Art of Social Navigation: The Cultural Topography of the Stalin Era," *The Landscape of Stalinism*, pp. 163–200。关于苏联后期和后苏联时代媒体地图的巧妙解读，参阅Guseinov Karta, *nashei rodiny*。对于前革命时代，参阅Steven J. Seegel, Blueprinting Modernity: Nation-State Cartography and Intellectual Ordering in Russia's European Empire, Ukraine, and Former Poland-Lithuania, 1795–1917, Ph.D. dissertation, Brown University, 2005。关于近现代俄国，见 Valerie A. Kivelson, *Cartographies of Tsardom: The Land and Its Meanings in Seventeenth-Century Russia,* Ithaca, 2006; Denis J. B. Shaw, "Mapmaking, Science and State Building in Russia before Peter the Great," *Journal of Historical Geography* 31 (2005), pp. 409–429; Kivelson, "Cartography, Autocracy and State Powerlessness: The Uses of Maps in Early Modern Russia," *Imago Mundi* 51 (1999), pp. 83–105; "The Souls of the Righteous in a Bright Place: Landscape and Orthodoxy in Seventeenth-Century Russian Maps," *Russian Review* 58 (1999), pp. 1–25。

3　关于流行地理论述的简短讨论，参阅James T. Andrews, *Science for the Masses: The Bolshevik State, Public Science, and the Popular Imagination in Soviet Russia, 1917–1934*, College Station Texas, 2003, pp. 88–95。除了他对早期现代时期的研究（见下一个脚注），伯明翰大学的丹尼斯·肖目前正关注"极权主义和地理：斯大林时代的学术研究"。

4　见上文所引用的巴辛的成果，以及 "The Russian Geographical Society, the 'Amur Epoch', and the Great Siberian Expedition, 1855–1863," *Annals of the Association of American Geographers* 73 (1983), pp. 240–256。另见 Nathaniel Knight, "Science, Empire and Nationality: Ethnography in the Russian Geographical Society, 1845–1855," *Imperial Russia*, pp. 108–140。关于更早的俄国地理学，参阅Denis J.B. Shaw, "Recent Studies of the Geography and Cartography of Peter the Great's Reign,"

苏联时期对地理自然景观进行艺术创作的文章——虽然更侧重强调抽象和普遍空间，而不是具体和特定的地点。这些文章涉及各种媒体和题材，尤其是 19、20 世纪现实主义和社会现实主义的绘画、文学、电影和音乐。[1]

　　许多文化研究学者都对施洛格尔所说的构建苏联或俄国空间的广义"诠释学"存在兴趣。很多人都被波普尼先前开创性的成果所启发。[2] 然

in Anthony Cross, ed., *Russia in the Reign of Peter the Great: Old and New Perspectives*, Vol.1, Cambridge, 1998, pp. 79–88; "Geographical Practice and Its Significance in Peter the Great's Russia," *Journal of Historical Geography* 22 (1996), pp. 160–176。关于流行的地理话语，见 Susan Layton, "The Creation of an Imaginative Caucasian Geography," *Slavic Review* 45(1986), pp. 470–485。

1　William B. Husband, "Correcting Nature's Mistakes: Transforming the Environment and Soviet Children's Literature, 1928–1941," *Environmental History* 11 (2006), pp. 300–318. Husband 目前正在进行一个名为"现代俄国的自然：一部社会史"的项目（Nature in Modern Russia: A Social History）。Christopher Ely, *This Meagre Nature: Landscape and National Identity in Imperial Russia*, DeKalb, 2002; Mark Bassin, "'I Object to Rain that is Cheerless': Landscape Art and the Stalinist Aesthetic Imagination," *Ecumene* 7 (2000), pp. 313–336; "The Greening of Utopia: Nature, Social Vision, and Landscape Art in Stalinist Russia," *Architectures of Russian Identity*, pp. 150–171。对于文学方面的表达，参阅 Susan Layton, *Russian Literature and Empire: Conquest of the Caucasus from Pushkin to Tolstoy*, Cambridge, 1994; Klaus Gestwa, "Primat der Umgestaltung und Pathos des Bewahrens: Literarische Landschafts–und Gesellschaftspanoramen im industriellen Wandel des zarischen Russlands und der frühen Sowjetunion," *Zeitschrift für Geschichtswissenschaft* 51(2003), pp. 1068–1097。关于电影表达，参阅 Widdis, *Visions of Space*; Oksana Bulgakowa, "Spatial Figures in Soviet Cinema of the 1930s," *The Landscape of Stalinism*, pp. 51–76。关于苏联空间的音乐"地形"表达，参阅 Hans Gonther, "'Broad is My Motherland': The Mother Archetype and Space in the Soviet Mass Song," pp. 77–95; Richard Taylor, "'But Eastward, Look, the Land is Brighter': Towards a Topography of Utopia in the Stalinist Musical," pp. 201–215。

2　对于俄国、苏联空间的普遍阐释，见 Sergei Medvedev, Elena Hellberg-hirn, Christer Pursiainen 和 Richard Stites 等人的论述，载 *Beyond the Limits*; Guseinov, "Karta nashei rodiny"; Kaganskii, "Kul'turnyi landshaft i sovetskoe obitaemoe prostranstvo"; Zamiatin, "Vlast' Prostranstva i Pranstvo Vlasti"; Schlögel, "Im Raume lesen wir die Zeit"; Klaus Gestwa, "Raum–Macht–Geschichte: Making Sense of Soviet Space," *Osteuropa* 55 (2005), No. 3, pp. 46–69; "Der Blick auf Land und Leute: Eine historische Topographie russischer Landschaften im Zeitalter von Absolutismus, Aufklarung und Romantik," *Historische Zeitschrift* 279 (2004), pp. 63–125; "Sowjetische Landschaften als Panorama von Macht und Ohnmacht: Spurensuche auf den 'Stalinschen GroBbauten des Kommunismus' und in dorflicher Idylle," *Historische Anthropologie* 11 (2003), pp. 72–100; "Sowjetische Zukunfts–und Erinnerungslandschaften: Die 'Stalinschen GroBbauten des Kommunismus' und die Schaffung eines neuen Zeit–und RaumbewuBtseins," in Stefan Kaufmann, ed., *Ordnungen der Landschaft: Natur und Raum technisch und symbolisch entwerfen*, Würzburg, 2002, pp. 117–132; James Von Geldern, "The Centre and the Periphery: Cultural Social Geography in the Mass Culture of the 1930's," in Stephen White, ed., *New Directions in Soviet History*, Cambridge, 1992, pp. 62–80。

而，要想综合之前所讨论的俄国和苏联空间广泛而多样的文化研究，辨别、理解"社会主义"空间的话语结构和隐喻，解析空间的文化表征与物质空间实践之间的互动关系，以及扩充特定地点和场所作为文化建构和生活场所的案例数量，还有许多工作有待开展。

新空间历史走向何方？

这篇评述必然是开放式的。相对而言，新空间历史是近期才发展起来的学界新潮，迄今还没有对自身的连贯性或目的有明确的认识。也许学者们因为多种多样的研究方法、模式和概念、理论假设与学科隶属关系，还有不同的政治或文化前提，而忽视了对将彼此联系在一起的共同关切。也许，很难获得更多的认同感（例如，借助《空间历史杂志》或同名的研究所固定下来）。也许，对于一项学术——甚至是道德来说——其完整性在于其内在流动性和无固定框架，这种学科身份的固化并不合适。如果我们的目的是批判空间、精神和物质的历史框架，我们真的希望把知识或机制式的结构强加于我们自己的空间历史上吗？

第一，新空间历史是一种批判和反思。因此，它总是片面和暂时的，反映的是我们自身对现实零碎的和暂时的见解。从之前的文献综述和专题讨论中可以看出，新空间历史抵制整齐有序的系统化或图式化。因此，它非常适合合作和对话性质的研究机构（由于许多原因），并逐渐在人文和社会科学的学术活动中成为焦点。任何对其学术地位的固化都必须服从于保持其异质性的需要。

第二，新空间史是一种解放。它承认空间既体现了特定的意义（侧重语言和文化在构建我们空间概念时的作用），也调节着社会机构的变化和互动（侧重我们所占据的小场所和周围大环境）。它也认可批评空间研究旨在解构话语空间和物质空间——挑战而不是重建秩序。

第三，空间历史不是一门学科。它甚至不是一个可以用共同方法或理论来划分的固定领域。它包括文化学者的文本推测、建筑历史学家对砖瓦砂浆的叙述、物质人类学家对城市街道风化铺路石的考古叙述，以及研究方法谱系上的所有知识。[1]我不太喜欢"跨学科"这个词，因为它暗示这是在其他更成熟、更坚实学科的界限之间的知识升华。新空间历史更应该被认作"多学科"（只是承认其概念和方法的开放性）或者"后学科"（尽管这等于完全拒绝分类，这是一大解放，然而却可能与学界做分类的要求和资助机构对分类的强制规定相悖）。

那么是什么让我能够谈论任何连贯的"新空间历史"呢？学科秩序的解构——无论是我们研究的过去事物的秩序，还是我们自身研究的秩序——旨在破坏确定性，而不是制造混乱。关键在于，正如我所论证的，新的空间历史将注意力集中在实践上，这些实践调解了话语空间和物质空间。本文所提的近期大部分对于俄国和苏联空间历史的研究要么分析了"权力"或"科学"涉及彼此的宏大干预措施，要么分析了不那么重要的日常活动对身体和空间之间关系的重新安排（正如我们所见，主要是前一种分析）。尽管这里所回顾的研究的重点、方法和风格千变万化，但其共同之处是在历史背景中去理解"思维"和"存在"在现实空间分布中的相互作用。这意味着不仅仅是从知识、文化和社会历史方面将描述概念化或分析空间形式（建筑、城市、地域、经济等），还意味着要理解概念和空间观念是如何传播，又如何转化成将现实的空间维度依据人们想象、看见和体验到的样子而重建的物质结构，并了解在促发或限制空间建构和转变过程中权力所起到的霸权性或颠覆性作用。我认为这引发了一场知识挑战和伦理议题，能够自洽且有着重大意义，足以证明新空间历史的构想是有价值的学术领域。

总而言之，新的空间历史本身就牵涉到空间的消费和生产。因此，它首先需要保持其作为研究的批判性视角，质疑主流的对于空间结构和变化的感知、构想和分析并将之解构。它应该反对普适性解释和综合性

1　Schlögel 的 "Im Raume lesen wir die Zeit" 一文清楚说明并生动展现了空间历史学对过去痕迹进行识别与解析的关注。

分析，并创造相对的、多重的历史，对空间情境、对历史的特定时空以及它们被书写时的空间、地点和时间保持敏感。新空间史应该对作为情感寄托的场所、具体化的空间、文化建筑和人造的"地点"更加关注，它具有人文性，而非行政项目。有具体时空定位的历史将为我们目前所关注的更抽象、也许更戏剧性的"国家大战略"提供有益的纠正，而这些关于空间的战略在 20 世纪时就在空间之中乃至空间之间展开。

结　语

　　本文分析了 20 世纪俄国和苏联历史研究中日益重要的新方向，即对空间观念、形态和构造的变化进行批判性研究。我首先分析了"新空间史"在过去十年中出现的历史和学界环境，然后对指导其实践的更广泛的理论前提提出了一些当前的思考。我认为，它最具代表性和创新性的特点，以及与传统历史地理学的区别就体现在它聚焦于在"离散的"和"物质的"空间之间存在的媒介作用——关于象征，分类、排序和选择，生产和消费的实践。我接着对当前学界的空间研究从三个"层面"展开了分析：地缘政治、国家领土结构和日常生活。这篇评述揭示出这种开放和流动的史学门类包含着丰富多样的主题、概念和方法，以及历史学家在进行空间历史研究时所形成的各种解释和结论。文章还指出了这个学术领域中的一些空白，特别是关于"特定情境下的地方历史"。

附录三　俄国东方主义[*]

迈克尔·肯珀（Michael Kemper）^{**}

"东方主义"和东方学

有没有一种特定的俄国式东方主义？如果有，它的基本特征是什么？本文简要回顾了 20 年来俄罗斯历史学家在这场辩论中的主要观点。回顾侧重于东方主义的一个具体领域，即对俄国"自己的"穆斯林民族的研究。

在下文中，东方研究（和同义词"东方学"）被用于指代俄罗斯的 vostokovedenie 概念（字义为"东方研究"），这个概念包括穆斯林东方的各种学科（特别是阿拉伯和波斯研究、突厥学、东方历史、考古学

---

* 本文与傅加杰合译。原文 2018 年 9 月 26 日发表于《牛津亚洲史研究百科全书》（网络期刊）。

** 阿姆斯特丹大学欧洲研究所教授。

和民族志）。"东方主义"（加引号）代表爱德华·萨义德对东方主义的批判（在他的概念性框架中，东方主义还包括通俗读物和游记，也就是任何关于"东方"的文本）。[1] 无论是支持者还是反对者，任何对俄罗斯东方研究的讨论都会参考萨义德的批评。"东方人"一词（同样加引号）也被用于指代作为东方学和"东方主义"对象的非俄罗斯（在这种情况下为穆斯林）族裔。

　　爱德华·萨义德（Edward Said, 1935-2003）在他1978年出版的名作《东方主义》中认为，"东方几乎是欧洲的发明"，他将东方主义定义为一种意识形态层面"带有附属机构、词汇、学术、意象、学说，甚至殖民官僚及殖民风格的话语模式"，还是一个"与东方打交道的专门机构……通过对它下论断、背书来描述它、教导它、解决它、统治它。简而言之，东方主义是一种西方统治、重组并对东方建立权威的方式"。[2]因此，萨义德在书中提到的"东方主义"代理人不仅有学者，还有文学家（如古斯塔夫·福楼拜）、哲学家（包括卡尔·马克思）、经济学家和政治家（如克罗默勋爵和亨利·基辛格）。在萨义德看来，西方建构出它的"东方他者"，视之为低劣、混乱、异国情调、受欲望支配，故而需要西方类似于父性的指导，这种指导以启蒙的方式出现并强加了征服、殖民和帝国主义。那些提供这种意象并受其支配的人便是萨义德所说的"东方学者"。

　　萨义德"东方主义"概念最大的问题是其内在的本质主义。[3]依萨义德之见，如果"（西方）人在书写、想象或对东方采取行动时都考虑到东方主义对思想和行为的限制"，这难道不意味着即使是"东方主义"最大的反对者，也仍然和他所攻击的那些持有殖民观念的"东方主义

1　Edward Said, *Orientalism* (London: Routledge and Kegan, 1978).

2　Said, *Orientalism*, 2 - 3.

3　萨义德后来对他的《东方主义》做了一些修改，并添加了新论点；参阅《牛津亚洲史研究百科全书》中其他关于东方主义的章节。

者"困在了同样的境地吗？[1] 本文的出发点是"东方"与"欧洲"、"西方"一样，是一个具有流动边界的概念，东方学确实与政治话题有着千丝万缕的联系，而萨义德的东方主义只是一种存在争议的干预——尽管它非常具有启发性。

　　萨义德曾暗示，与德国东方学家相近，俄罗斯的"东方主义"也不同于英国、法国和美国的"东方主义"，但他没有详细说明这一点。[2] 与此同时，对于德国东方学的历史已经有了专门研究，德国东方学对俄罗斯东方学产生了至关重要的影响。[3] 同样，在俄罗斯和本土文学、俄国传教士东方学、高加索和中亚的殖民统治、俄罗斯对东方的文化认知和俄国东方研究等领域，萨义德的论文启发了（或至少伴随着）所有关于俄国殖民主义和"东方主义"的学术研究。[4] 最后，还有新的子领域研究苏联东方主义，这一领域主要研究苏联的国族身份以及苏联对境内及

1　Said, *Orientalism*, 3.

2　Said, *Orientalism*, 1, 17.

3　Suzanne L. Marchand, *German Orientalism in the Age of Empire: Religion, Race, and Scholarship* (Cambridge, UK: Cambridge University Press, 2009); Ursula Wokoeck, *German Orientalism: The Study of the Middle East and Islam from 1800 to 1945* (London: Routledge, 2009).

4　Susan Layton, *Russian Literature and Empire: Conquest of the Caucasus from Pushkin to Tolstoy* (Cambridge, UK: Cambridge University Press, 1994); Rebecca Gould, *Writers and Rebels: The Literature of Insurgency in the Caucasus* (New Haven, CT: Yale University Press, 2016); Robert C. Geraci, *Window on the East: National and Imperial Identities in Late Tsarist Russia* (Ithaca, NY: Cornell University Press, 2001); Austin L. Jersild, *Orientalism and Empire: North Caucasus Mountain Peoples and the Georgian Frontier* (Montreal: McGill/Queen's University Press, 2002); Vladimir O. Bobrovnikov, *Musul'mane severnogo Kavkaza: obychai, pravo, nasilie: Ocherki po istorii i etnografii prava Nagornogo Dagestana* (Moscow: Vostochnaia Literatura, 2002); Vladimir Bobrovnikov, "Islam in the Russian Empire," in *The Cambridge History of Russia*, Vol. 2, *Imperial Russia, 1699–1917*, ed. by Dominic Lieven (Cambridge, UK: Cambridge University Press, 2006), 202 - 223; Paul Werth, *The Tsar's Foreign Faiths: Toleration and the Fate of Religious Freedom in Imperial Russia* (Oxford University Press, 2014); Sergei Abashin, Sovetskii kishlak, *Mezhdu kolonializmom I modernizatsiei* (Moscow: Novoe literaturnoe obozrenie, 2015); Paolo Sartori, *Visions of Justice: Sharia and Cultural Change in Central Asia* (Leiden, The Netherlands: Brill, 2017); David Schimmelpenninck van der Oye, *Russian Orientalism: Asia in the Russian Mind from Peter the Great to the Emigration* (New Haven, CT: Yale University Press, 2010); Vera Tolz, *Russia's Own Orient: The Politics of Identity and Oriental Studies in the Late Imperial and Early Soviet Periods* (Oxford: Oxford University Press, 2011).

世界上其他穆斯林的宗教政策。[1] 许多俄罗斯学者将其与其他欧洲东方主义进行比较，并寻找它们之间的联系。

需要补充的是，提出俄国东方主义的学者们大多根据俄语文献及档案资料得出结论。故而这场争论源于以俄国国家为中心的俄国史领域。突厥学和伊斯兰研究领域的学界同人（传统意义上东方研究的内部）对用鞑靼语、阿拉伯语或波斯语等突厥文字写成的东方手稿及印刷品进行研究；总体上，这些研究中的"东方主义"概念性问题并不像对穆斯林及其他俄国境内宗教团体的体制、网络和内部话语的历史重塑那样显著。[2] 但是这些研究提供了关于俄国"东方主义"话题的一个内部（"东方的"）视角。穆斯林学者、团体领袖与俄国东方学者交流——特别是当后者任职于教育部门时——并收集东方手稿，构成了我们的研究基础。"东方主义"还关系到学者如何汇总、研究、编录并阐释穆斯林文本的历史，更具体地说，也关系到俄国东方手稿收藏的历史。

对俄罗斯东方主义的讨论主要涉及生活在自苏联解体以来属于俄罗斯联邦领土上的穆斯林，特别是伏尔加乌拉尔山脉的鞑靼人和巴什基尔人，以及北高加索地区的达吉斯坦人和车臣人，还有部分哈萨克人；这里不包括俄罗斯对在北极和西伯利亚的其他非俄罗斯民族、国家或宗教团体的看法。[3] 在萨义德之后——他的重点是从 1798 年拿破仑远征埃及到 20 世纪下半叶——本文接下来的讨论将集中在沙皇晚期和苏联时代，这个年代框架超越了以 1917 年为界的政治分期，使我们能够揭示经常被忽视的连续性，这些连续性在当今的俄罗斯联邦中仍时而可见。

1　Alfrid K. Bustanov, *Soviet Orientalism and the Creation of Central Asian Nations* (London: Routledge, 2015); Michael Kemper and Stephan Conermann, eds., *The Heritage of Soviet Oriental Studies* (London: Routledge, 2011); Michael Kemper and Artemy M. Kalinovsky, eds., *Reassessing Orientalism: Interlocking Orientologies during the Cold War* (London: Routledge, 2015).

2　Allen J. Frank, *Islamic Historiography and "Bulghar" Identity among the Tatars and Bashkirs of Russia* (Leiden, The Netherlands: Brill, 1998); Allen J. Frank, *Muslim Religious Institutions in Imperial Russia: The Islamic World of Novouzensk District and the Kazakh Inner Horde, 1780–1910* (Leiden, The Netherlands: Brill 2001).

3　Yuri Slezkine, *Arctic Mirrors: Russia and the Small Peoples of the North* (Ithaca, NY: Cornell, 1994).

　　正如萨义德所说，东方学研究助长了殖民主义和帝国主义，必须首先考虑俄罗斯殖民主义的具体性质。这里的主要问题是，无论是在沙皇时代还是在苏联，俄罗斯与东方的关系以及东西方的接触，究竟有多大不同。至于俄罗斯东方研究机构的历史，以及俄国学术界和俄国穆斯林政策之间的关联，我们发现这些关系都模棱两可，并且超出了萨义德的简单限定——假如我们仅从表面上采用萨义德的东方主义。对于圣彼得堡大学东方学院和圣彼得堡的亚洲博物馆的罗森学派来说尤其如此，他们早在 19 世纪末到 20 世纪初就对西方的东方主义进行了彻底的批判，远早于由爱德华·萨义德在西方就该话题所发起的讨论。萨义德1978年的著作中缺少的一大部分是"东方的东方学家"——参与俄国和苏联东方学研究的本土穆斯林，他们从包括"西方"在内的很多角度反思自己的社会。事实上，"东方人"并不像萨义德所说的那样无动于衷，他们与俄国东方学家密切合作，以至于东方主义必须被视为一项常见的俄国—本土合作项目。这两种趋势——古典东方学的修正和本土学者的融合——最终形成了苏联东方学，它被认为是一门反殖民学科，有助于为从沙皇帝国主义和压迫中解放出来的"东方"苏维埃国家和民族制作出净化过的、世俗的民族国家历史；东方学家为苏联的外交政策提供知识。文章末尾提醒读者注意，俄罗斯东方学家并未广泛接受萨义德的东方主义。鉴于俄国是批评"东方主义"方面的先驱，而在当代俄罗斯，古典东方学却仍然享有很高的声誉，这似乎显得自相矛盾。

俄国殖民主义

　　自古以来，俄罗斯在与"东方"民族的直接接触中不断发展，并吞并或吸收了他们，而不是将各自领土变为异质的空间。基辅罗斯公国——普遍认为是第一个东斯拉夫国家——一直与从东方分批涌来的草原游牧民族（主要是突厥裔）贸易和作战。基辅君主曾对伏尔加河中部的保加利亚地区（当时已经接受伊斯兰教）、黑海北部地区（下至保加

利亚多瑙河）以及高加索地区展开攻击。弗拉基米尔大公于公元 988 年
宣布东正教为国教，意味着他选择了拜占庭文明，选择接受了东罗马
帝国君主与教会之间的等级制度。但在蒙古征服和随后的金帐汗国时
期，俄罗斯政策中的东方变量再次大大增加。在被贬称为"鞑靼之轭"
（约 1240~1480）的时代，莫斯科大公国崛起为全罗斯公国中最强大的
势力。现代学术研究强调，相比于金帐汗国的首都萨莱（今阿斯特拉罕
附近），莫斯科实际上是蒙古 / 鞑靼帝国的一个"兀鲁斯"（horde）。莫
斯科大公需要尽心尽力地侍奉可汗以换取保护和特权（包括免除对东正
教会的税收）。当伊凡雷帝于 1549 年成为沙皇并开始征服伏尔加—乌拉
尔地区时，这些地区被直接并入莫斯科，并由斯拉夫贵族和农民占据；
他们将穆斯林驱逐出城市，将穆斯林农民的土地充公，迫使其向东或向
南迁移。接下来的几个世纪，伏尔加—乌拉尔地区发生了几次强迫皈依
基督教的浪潮。部分穆斯林贵族放弃了伊斯兰信仰并融入了俄罗斯贵族
中——因此许多俄国的显赫家族都有阿拉伯 - 鞑靼的姓氏，但总体关
系还是以融合同化为主，这是管理这个人员不足的帝国的唯一可行方
式。[1] 关于俄罗斯作为一个殖民国家的讨论必须进一步考虑到莫斯科大
公国，以及彼得大帝的俄罗斯帝国，也"殖民"了自己的斯拉夫 - 基
督教 - 东正教人口：从 15 世纪到 19 世纪 60 年代，大多数斯拉夫农民
是地主的或国家和教会的农奴，而农奴制在穆斯林社区却并不普遍。

与哈布斯堡王朝和奥斯曼帝国一样，俄罗斯帝国是一个陆上帝国，
征服了由大量非俄罗斯民族生活的辽阔疆域。[2] 当地的非俄罗斯族裔精
英经常会被选去为俄国服务。根据于尔根·奥斯特哈默的分类，[3] 其中一
些领土可以被概括为剥削型殖民地（为俄罗斯工业生产原材料，例如中

1　Michael Khodarkovsky, *Russia's Steppe Frontier: The Making of a Colonial Empire, 1500–1800*
　　(Bloomington: Indiana University Press, 2002).

2　Bobrovnikov, "Islam in the Russian Empire"; Andreas Kappeler, *The Russian Empire: A Multi-ethnic
　　History* (Harlow: Longman, 2001).

3　Jürgen Osterhammel, *Colonialism: A Theoretical Overview* (Princeton, NJ: Wiener, 1997).

亚部分地区的棉花农业）、定居型殖民地（被从欧洲来的斯拉夫移民变为耕地的草原，例如伏尔加—乌拉尔、西伯利亚、克里米亚、北高加索平原以及今天的哈萨克斯坦），还有俄国军官和政府官员认为不应落入其他帝国手中的战略型殖民地（例如南高加索以及中亚的土库曼领土）。从 1552 年俄国征服喀山，历经大高加索战争（约 1800~1860），再到俄国征服哈萨克草原和中亚（1820~1880，希瓦汗国和布哈拉汗国在 1920 年之前一直是自治状态），俄国军队与穆斯林进行了多次战争，后者以君主古老的宗族统治权（喀山、克里米亚、中亚）或以伊斯兰教（特别是在北高加索地区，有时在南高加索地区）的名义组织抵抗。

　　苏联史学界坚持认为，许多当地部落和社会群体是"自愿加入"俄罗斯的，期待帝国一体化带来利益和保护。抵抗运动大多被描述为由封建或反动统治者领导的非法叛乱，他们为了捍卫自己的个人特权，抵制俄国给他们的臣民带来进步；或是作为奥斯曼帝国及其他企图破坏俄罗斯统治的外国势力的附庸。只有在苏联早期，人们才接受将反殖民抵抗运动称为当地群体为对抗邪恶的沙皇制度所进行的解放斗争。[1]

　　从叶卡捷琳娜大帝时代一直到今天，俄罗斯在法律上都允许伊斯兰教在境内存在。帝国通过 1788 年在乌法（今天的巴什科尔托斯坦首府）建立俄罗斯帝国的穆夫提，建立乌拉玛（ulama）的等级制度，为清真寺配备人员，保存人口出生、婚姻和死亡案件记录的方式，将伊斯兰教纳入地区管理。[2] 叶卡捷琳娜大帝甚至支持在伏尔加—乌拉尔地区建造新的清真寺，对她来说，让穆斯林开展贸易特别有价值，包括与哈萨克斯坦、西伯利亚、中亚、伊朗和印度的贸易。鞑靼人还被聘为翻译或外交人员。[3] 俄国穆斯林群体拥有相当大的内部自治权，能够组织、资助

1　Lowell Tillet, *The Great Friendship: Soviet Historians on the Non-Russian Nationalities* (Chapel Hill: University of North Carolina Press, 1969).

2　Robert D. Crews, *For Prophet and Tsar: Islam and Empire in Russia and Central Asia* (Cambridge, UK: Cambridge University Press, 2006).

3　Kappeler, *The Russian Empire*.

自己的学校;"乌拉玛"产生了成熟的伊斯兰文学(尤其是阿拉伯语的伊斯兰法律和神学、突厥语和鞑靼语的史学和诗歌)。因此,在俄罗斯内陆地区,帝国统治为伊斯兰文化生产提供了自治空间。从 19 世纪初开始,喀山的伊斯兰印刷业迎来繁荣。19 世纪下半叶,穆斯林知识分子推动了扎吉德运动,这是一场由鞑靼人领导的现代主义运动,将欧洲的方法和内容纳入穆斯林学校的课程(maktabs 和 madrasas)。

政府与伊斯兰教之间的关系因此在很大程度上具有实用性:征服穆斯林领土后,政府在穆斯林社区中并没有很多手段实施激进变革。现代化主要来自内部,由伊斯兰学者和穆斯林知识分子推动,通常还会得到所谓的本土资产阶级商人和制造商的支持。罗伯特·克鲁斯认为,通过乌法的帝国穆夫提,穆斯林很可能将圣彼得堡的沙皇视为保护穆斯林免受当地行政人员虐待的庇护人,甚至是正统(逊尼派)伊斯兰教的捍卫者,反对伊斯兰教的异端邪说。[1] 仅在 19 世纪最后几十年,在与奥斯曼帝国对抗、北高加索地区对俄罗斯的长期圣战以及泛伊斯兰主义的幽灵(另一种"东方主义"建构)的大背景下,政府试图严格控制内陆的穆斯林机构,特别是控制伊斯兰教育。[2] 然而,国家审查制度在 1905 年革命后明显放松,穆斯林新闻和文学蓬勃发展。[3] 穆斯林地区派代表进入国家杜马,其中大多数人与自由党合作。[4] 俄国殖民主义虽然有起有伏,但目标还是融合穆斯林,在遇到阻力时会采取强制手段。

---

1 Robert D. Crews, *For Prophet and Tsar: Islam and Empire in Russia and Central Asia* (Cambridge, UK: Cambridge University Press, 2006).

2 Mustafa Tuna, *Imperial Russia's Muslims: Islam, Empire, and European Modernity, 1788–1914* (Cambridge, UK: Cambridge University Press, 2015), 82–88, 185–186.

3 Dilara M. Usmanova, "Die tatarische Presse 1905–1918: Quellen, Entwicklungsetappen und quantitative Analyse," *Muslim Culture in Russia and Central Asia from the 18th to the Early 20th Centuries*, Vol. 1, ed. by Michael Kemper, Anke von Kügelgen, and Dmitriy Yermakov (Berlin: Klaus Schwarz, 1996), 239–278.

4 Diliara M. Usmanova, *Musul'manskie predstaviteli v Rossiiskom parlamente, 1906–1916* (Kasan, Russia: Fän, 2005).

关于是否应将苏联视为一个殖民帝国，学者们曾进行讨论：沙皇时代的许多"相邻"或"内部"殖民地变成了界定明确的苏维埃民族共和国，其中一些在法律上与乌克兰和白俄罗斯地位相同；但这些共和国继续由中央控制。布尔什维克借助现代本土民族主义宣传共产主义意识形态：根据斯大林的解释，共和国应该"在形式上是民族的，但在内容上是社会主义的"。然而，中央也通过建设基础设施（电力和供水、道路、住房），传播大众教育、本土文学和文化，发展现代大众农业并在一定程度上实现工业化，在这些周边地区进行了大量投资。[1]正如特里·马丁所说，苏联是一个"平权帝国"，它宣布少数民族解放，并将本土穆斯林推上了领导地位。[2]即使在苏联解体后，在俄罗斯"内陆"（北高加索、伏尔加—乌拉尔、西伯利亚和远东）这些机制中还有一些仍完好无损，许多地区仍然是俄罗斯联邦境内的"自治"共和国）。因此，苏联和后苏联空间何时进入后殖民时代还存在争议。[3]

帝国的东方主义机制：学术机构、军队－政府、宗教部门

俄国近代东方学研究正式始于 1807 年的喀山大学。第一批东方文学教授里，克里斯蒂安－马丁·弗拉恩和弗朗茨·厄德曼，是从德意志"进口"的；他们用拉丁文授课，故而很难让学生理解。[4]他们研究用阿拉伯文、波斯文和突厥文写成的手稿、语言、文学，还研究古钱币和碑文。他们对东方充满好奇，并视自己为国际学术爱好者——这是反对萨义德将"东方主义"过度简单化为帝国主义附庸的另一论据。根据

1　Artemy M. Kalinovsky, *Laboratory of Socialist Development: Cold War Politics and Decolonization in Soviet Tajikistan* (Ithaca, NY: Cornell University Press, 2018).

2　Terry Martin, *The Affirmative Action Empire: Nations and Nationalism in the Soviet Union, 1923–1939* (Ithaca, NY: Cornell University Press, 2001).

3　David Chioni Moore, "Is the Post-in Postcolonial the Post-in Post-Soviet? Toward a Global Postcolonial Critique," *Proceedings of the Modern Language Association* 116, no. 1 (2001): 111–128.

4　Schimmelpenninck van der Oye, *Russian Orientalism*, 96–100.

这些俄国东方学家对东方古代资料的研究,人们可以声称,由于俄国学者建构了一个异国情调的过去,并注重对历史而不是现实的研究,催生了"东方主义"——但之后人们还是会说,最好避免接触任何的历史资料。

1856 年,喀山大学东方学院迁至圣彼得堡,目的是拉近与政府的距离。这也让新成立的圣彼得堡大学东方学院得以快速发展,也使圣彼得堡的亚洲博物馆(建于 1818 年)受益。该博物馆隶属于帝国科学院,由于东方手稿收藏越来越多,被改制为研究机构。莫斯科的拉扎列夫东方语言学院更注重实践教育。这所学院 1814 年由一个亚美尼亚家族建立,后来发展成国家资助的官员培训基地,为俄国东部和南部地区以及外交部门训练翻译、行政人员和军官。[1]

行政部门或军队任用了一些受过大学教育的东方专家。毫无疑问,东方学家服务于殖民主义,许多东方学家也将服务国家视为自己的使命。与此同时,这些学者兼官员也反思了"东方"对于俄国身份的意义,并在周边穆斯林地区应用了人种和民族认同的概念,这些概念最初是为帝国中的斯拉夫人建构出来的。纳撒尼尔·奈特(Nathaniel Knight)让人们注意到瓦西里·V. 格里戈耶夫(Vasillii V. Grigor'ev, 1816-1881),他是圣彼得堡一位专业的东方学家。1854~1862 年,他在奥伦堡担任无主地委员会主席,负责处理俄国与哈萨克、巴什基尔群体及其精英的关系。格里戈耶夫坚决捍卫俄国在草原的利益,但他始终认为,只有深入了解当地人的习俗和社会关系——即通过东方学专业知识,才能进行有效管理。然而,位于边境小镇奥伦堡的上级对这种专业知识并不关心,而是优先考虑军事行动。奈特总结说,格里戈耶夫的经历"说明将东方主义视为一套由学术专长、文本和帝国实践紧密交织在一起的话语体系无法成立"。[2]与奈特的观点相反,阿迪布·哈立德记述

---

1 Schimmelpenninck van der Oye, *Russian Orientalism*, 176.

2 Nathaniel Knight, "Grigor'ev in Orenburg, 1851-1864: Russian Orientalism in the Service of Empire?" *Slavic Review* 59, no. 1 (2000): 74-100; 引文在第 89 页。

了尼古拉·奥斯特鲁莫夫（Nikolai P. Ostroumov, 1846-1930）的职业生涯，他是另一位在中亚为帝国服务的东方学家。他揭示出一个更接近萨义德"东方主义"原型的形象。哈立德还认为，即使是格里戈耶夫的案例也论证了萨义德范式中知识与权力的关系。[1]

在大多数情况中，担任行政职务的东方学家会在学术兴趣和工作职责之间感到为难。虽然对所管理的当地人（inorodtsy）感到同情，但他们对伊斯兰教尤其持批评态度。著名的突厥学家威廉·拉德洛夫便是一个典型的例子，他从 1872 年到 1883 年担任伏尔加地区穆斯林教育部门的督察；他与当地穆斯林精英合作，从而控制了穆斯林学校。[2]拉德洛夫还将鞑靼学者引入喀山大学的考古学、历史学和人种学学会；他甚至翻译了喀山著名的宗教历史学家希哈卜·丁·马尔贾尼（Shihab al Din al-Marjani, 1818-1889）撰写的阿拉伯语论文，并在 1877 年一场考古学大会上宣读。[3]同样，东方学家（如伯恩哈德·多恩，自 1842 年起担任圣彼得堡亚洲博物馆馆长）担任穆斯林印刷出版物的审查员，他们的工作是在帝国发布印刷许可之前对阿拉伯文和鞑靼文文本进行审查，其他东方学家担任庭审专员。因此，突厥学家尼古拉·卡塔诺夫审查了与喀山"穆斯林老信徒"异端邪说的创始人巴哈·丁·维索夫（Baha' al-Din Vaisov, 卒于 1893 年）相关的文件。维索夫认为自己是沙皇的忠实臣民，但呼吁民众反抗地方当局，远离现代化的鞑靼社会以及穆夫提——这是穆斯林社会内部对东方主义/西方主义的矛盾性颠覆。在他情感充沛的鞑靼诗歌中，维索夫大骂拉德洛夫是魔鬼的仆人。[4]

1　Adeeb Khalid, "Russian History and the Debate over Orientalism," *Kritika: Explorations in Russian and Eurasian History* 1, no. 4 (2000): 691-699. Cf. Nathaniel Knight's response to Khalid, "Russian History and the Debate over Orientalism," *Kritika*, 1, no. 4 (2000): 701-715; and Maria Todorova, "Does Russian Orientalism Have a Soul? A Contribution to the Debate between Nathaniel Knight and Adeeb Khalid", *Kritika* 1, no. 4 (2000): 717-727.

2　Tuna, *Imperial Russia's Muslims*, 82-88, 185-186.

3　Michael Kemper, *Sufis und Gelehrte in Tatarien und Baschkirien, 1789-1889, Der islamische Diskurs unter russischer Herrschaft* (Berlin: Klaus Schwarz, 1998), 454.

4　Kemper, *Sufis und Gelehrte*, 412.

　　俄罗斯外交和陆军部成立了教学研究小组；后苏联时期的帝俄"军事东方学家"百科全书包含近 400 个传记。[1] 举一个在军事层面使用东方主义方法论的例子，在 1830~1840 年代，北高加索的俄国军事行政当局实施了一项计划，搜集当地习惯法（'adat）的相关信息，并将信息整合成一卷，等到击败沙米尔伊玛目（1834~1859 年担任伊玛目和圣战领袖）领导的伊斯兰抵抗运动后，再归还给当地穆斯林，作为他们实行自治的法律典籍。对历史学家来说这一行动所产生的文本很有趣，因为它反映出一种实证主义观念，可以将各个村庄的法律搜集起来，分组、简化再重新整合；但作为一本法律书籍，这些文本从未适用。[2] 法国官员在阿尔及利亚卡比利亚地区也展开了类似的搜集、整理当地习惯法的行动，也认为这可以阻止圣战。[3] 就像在印度的英国东方学家一样，大多数俄国学者用阿拉伯语、波斯语或鞑靼语编辑了伊斯兰法律纲要，为殖民政府和在殖民统治下运作的下级本土法院提供了书面参考，可以减轻哈尼菲传统中由于许多纲要、评论、注释和教令所导致的烦琐。正如亚历山大·莫里森（Alexander Morrison）所说，这种"应用型东方主义"很大程度上依赖与当地"东方"专家的合作。[4]

　　传教士东方学也同样依赖与当地人合作。19 世纪下半叶，政府和东正教教会都担心基督教在那些 16~18 世纪中被强制皈依基督教的鞑靼群体之中难以维持下去。为了防止这些"基督教化"的鞑靼人（kreshäns，俄语，kreshchennye，意思为"基督教化"）越来越背离基督

1　Mikhail K. Baskhanov, *Russkie voennye vostokovedy do 1917 goda. Biobibliograficheskii slovar'* (Moscow: Vostochnaia Literatura, 2005).

2　Michael Kemper, "'Adat against Shari'a: Russian Approaches towards Daghestani 'Customary Law' in the 19th Century," *Ab Imperio* 3 (2005): 147–174.

3　Adolphe Hanoteau and Aristide Letourneux, *La Kabylie et les coutumes kabyles*, 3 vols (Paris: Paris Imprimerie Nationale, 1872–1873).

4　Alexander Morrison, "'Applied Orientalism' in British India and Tsarist Turkestan," *Comparative Studies in Society and History* 51, no. 3 (2009): 619–647.

教，尼古拉·伊尔明斯基（Nikolai Il'minskii, 1822-1891，曾是格里戈耶夫在奥伦堡的同事）采取新方式，用鞑靼语为鞑靼民众宣讲福音。他还设计了一个西里尔字母表，并有所成效。[1] 这种方法只是防御性的，并不是为了让更多的穆斯林皈依东正教。然而，在伊尔明斯基工作的喀山东正教神学院（他还在喀山大学担任教席）还设有一个"反伊斯兰部门"，部门中的教师与伊斯兰学者进行辩论。其中一位传教士东方学家乔治·萨布卢科夫（Georgii Sablukov）制作了俄国第一部印刷版直译《古兰经》，直到苏联时代都在使用。要指出的是，这些传教士的辩论策略和观点后来都融入了苏联的反宗教宣传。[2]

早在沙俄时期，就有出身于穆斯林家庭的非俄罗斯人在学术界任职——这是俄国东方学和位于德、英、法大城市中的东方学研究所不同的地方。最典型的例子是米尔扎·穆罕默德·阿里／亚历山大·卡赞贝克（Mirza Muhammad 'Ali/Aleksandr Kazembek, 1802-1870）；卡赞贝克出生于伊朗拉什特城的一个什叶派贵族家庭，在杰尔宾特（今天的达吉斯坦）长大，在伏尔加河下游的阿斯特拉罕，通过苏格兰长老会皈依了新教。显然是受到穆斯林群体的排斥，他被调到西伯利亚的鄂木斯克任教，[3] 但其职业生涯还是很精彩，首先是在喀山担任东方研究领域的教授，当 1856 年喀山大学的东方研究系迁往俄国首都圣彼得堡之后，他又在那里取得了成功。卡赞贝克因出版著作而出名，他相对温和地描述伊斯兰教（这让他受到了俄国作家的批评）。他还提供了一些高质量的译本，包括克里米亚和达吉斯坦编年史还有阿拉伯法律书籍（供俄罗

1　Robert C. Geraci, *Window on the East: National and Imperial Identities in Late Tsarist Russia* (Ithaca, NY: Cornell University Press, 2001).

2　Vladimir Bobrovnikov, "The Contribution of Oriental Scholarship to the Soviet Anti-Islamic Discourse: From the Militant Godless to the Knowledge Society," in *The Heritage of Soviet Oriental Studies*, ed. by Kemper and Conermann, 66–85.

3　Schimmelpenninck van der Oye, *Russian Orientalism*, 101–109; Thomas S. R. O Flynn, *The Western Christian Presence in the Russias and Qājār Persia, c. 1760–1870* (Leiden, The Netherlands: Brill, 2016), 445.

斯政府使用），他还出版了鞑靼语语法书，甚至德国大学都在使用。[1] 他专门研究了伊朗当时的巴比教运动，也是第一个从历史学对"穆里德主义"（即达吉斯坦和车臣伊玛目沙米尔的苏菲主义）进行分析的学者。[2] 这些出版物便是历史学和语言学对俄国统治有用的最佳例证。在教学中，卡赞贝克强调东方学的应用，即向未来的殖民官员和行政人员传授有用的知识。

本土东方主义：扎吉德主义

> 俄国的穆斯林精神（russkoe musul'manstvo）不了解也察觉不到俄国的国家利益；它几乎根本不懂（俄罗斯的）痛苦和喜悦，也不清楚俄国国家的宏观行动及其思想。由于不懂俄语，它远离俄国的民族观念（russkaia mysl'）和俄罗斯文学（obshchechelovecheskaia kul'tura），与人类文明完全隔绝。俄罗斯穆斯林精神根植于陈旧的观念和偏见，处于狭隘、窒息的环境，仿佛与世隔绝一般。除了每天要进食之外，没有别的烦恼；除了食欲，别无他想。[3]

这些关于伊斯兰教和穆斯林文化的负面言论并非出自俄国殖民统治者或东方学家的笔下；相反，它们摘自克里米亚鞑靼人和穆斯林知识分子伊斯梅尔·加斯普林斯基（Ismail Gasprinskii, 1851–1914）于 1881 年用俄文发表的一篇文章。加斯普林斯基认为自己是 prosveshchenie（教育，类似德语中的 Bildung）的奋进者和俄国穆斯林 prosvetitel'stvo（启

1 *Derbend-Nâmeh, or the History of Derbend,* trans. with notes by Mirza A. Kazem-Beg (St. Petersburg, Russia: 1851); Mirza Kazim-Beg and Julius Th. Zenker, *Allgemeine Grammatik der türkisch-tatarischen Sprache* (Leipzig, Germany, 1848). 俄文原版于 1839 年出版。

2 Mirza A. Kazem-Beg, "Muridizm i Shamil," *Russkoe slovo* 12 (1859): 182–242.

3 Ismail Gasprinskii, *Russkoe musul'manstvo: Mysli, zametki I nabliudeniia musul'manina* (Simferopol, Crimea: Spiro, 1881), 8. 该文作为续集首次出版于 *Tavrida,* 1881, nos. 43–47。

蒙运动）的先驱。加斯普林斯基认为，传统的伊斯兰教育体系延续了中世纪的传统，忽视了现代的挑战和机遇。加斯普林斯基强调，历史上的伊斯兰教孕育了强大的帝国、灿烂的文明和文化，因此不能将鞑靼同胞的精神贫困归咎于宗教本身。同时，他认为当代的穆斯林学者、教师、伊玛目和苏菲派应对穆斯林群体的可悲状况做出反应。但他也指责俄罗斯政府只在收税和维持公共秩序时才和穆斯林接触。在加斯普林斯基看来，现有为数不多的"俄罗斯本土"穆斯林学校完全不入流。所有的时间和精力都浪费在教授俄语语法上，却没有让穆斯林学生熟悉俄罗斯和欧洲文明。加斯普林斯基认为，必须通过现有的传统经学堂（maktabs）和宗教学校（madrasas）向境内穆斯林灌输进步观念。如果改革彻底，这些穆斯林学校可以教授俄国地理、社会和国家机构等概况，但会影响阿拉伯语和传统宗教科学的教学。如果都是用母语（鞑靼语）授课，那么这些学校将为俄国穆斯林打开更广阔的知识视野，让他们了解投身伟大祖国的好处。他们会自然而然地产生学习俄语的兴趣，从而真正地接近（sblizhenie）大多数民众，并对国家利益产生认同。在文章末尾，加斯普林斯基呼吁资助创办一些这种类型的实验学校。

　　这篇穆斯林知识分子的文章显然是一份面向俄国政界要人的"办学金提案"，虽然政府没有资助他的学校项目，但1884年加斯普林斯基依然在老家Bakhchisarai创办了新式的经学堂。很快，从喀山到塔什干的其他穆斯林教师纷纷效仿。加斯普林斯基还率先编写了现代鞑靼语教科书。几乎同一时间，他又获得批准，创办了第一份鞑靼语报纸，标志性地命名为 *Tarjuman/Perevodchik*《翻译家》），于1883年至1914年间发行。在最初的几十年里，这份报纸的每篇文章都有俄语和鞑靼语（阿拉伯文字）版本。[1]加斯普林斯基创办这份报纸算得上成功，因为他得到了专门研究奥斯曼与克里米亚关系史的俄罗斯东方学家瓦西里·D. 斯米尔

1　Edward J. Lazzerini, "Ğadidism at the Turn of the Twentieth Century: A View from Within," *Cahiers du Monde russe et soviétique* 16, no. 2 (1975): 245–277; S. Räximov, ed., *Ismägïyl Gasprinskii: tarixi-dokumental' jïyentïq* (Kazan, Russia: Jïyen, 2006).

诺夫的支持，他将大量突厥文献翻译成俄文，并负责俄国对东方印刷品的审核工作。

加斯普林斯基 1881 年的文章不仅为不久之后的扎吉德运动（全称为 usul-i jadid，意指鞑靼语教学的"新方法"）提供了纲领，对俄罗斯和鞑靼在现代化方面差异的概述也值得注意。[1] 事实上，加斯普林斯基用"东方主义"的语言来描述穆斯林的"落后"（otstalost），与欧洲 / 俄罗斯的"进步"和"文明"形成对比。在文本中，作者采用"东方学家式"的方法，将穆斯林的辉煌历史（这里指伊斯兰的高度文明和文学，尤其是在金帐汗国时期）与忘却历史、停滞不前的现在相提并论，从而得出结论，需要让穆斯林接受现代教育，以便找回自己的过去。有趣的是，加斯普林斯基认为，金帐汗国（"鞑靼人"）在 13~14 世纪对俄国的统治不只是负面的。鞑靼人保护了俄国免受（暗示来自中世纪和近代早期西方的）有害影响，并传授给俄国人知识和政治策略。如果俄国现在决定发展境内穆斯林的教育，只不过是对过去恩情的报答。[2] 20 世纪初的欧亚主义充分体现了这种认为东方曾有功于俄国的思想。尽管欧亚主义者坚持认为俄罗斯 / 欧亚大陆是一个不同于（西部）欧洲的文明实体，但加斯普林斯基的论点根植于俄国当时的西方化话语。该话语将欧洲视为俄国的榜样，同时反对斯拉夫主义者，后者更倾向于强迫境内少数民族俄国化——加斯普林斯基认为这一政策不可行，只会引起反对。

穆斯林改革派采用消极或积极的"东方学家"式本质主义来支持进步的策略在 20 世纪 20 年代穆斯林知识分子的著作中也很明显，这些知识分子推动新加盟共和国发展世俗化教育，例如哈萨克斯坦、乌兹别

1　Ingeborg Baldauf, "Jadidism in Central Asia within Reformism and Modernism in the Muslim World," *Die Welt des Islams* 41, no. 1 (2001): 72 - 88; Ahmet Kanlidere, *Reform within Islam: The Tajdid and Jadid Movement among the Kazan Tatars (1809–1917)* (Istanbul, Turkey: Eren, 1997); Adeeb Khalid, *The Politics of Muslim Cultural Reform: Jadidism in Central Asia* (Berkeley, CA: University of California Press, 1999).

2　Gasprinskii, *Russkoe musul'manstvo*, 12.

克斯坦、阿塞拜疆，还包括苏维埃俄罗斯社会主义联邦内的"自治"共
和国，如伏尔加乌拉尔山脉的鞑靼斯坦和巴什科尔托斯坦，以及北高加
索的达吉斯坦。最好的例子是伏尔加鞑靼人"民族共产主义者"米尔赛
德·苏丹－加里耶夫（Mir-Said Sultangaleev, 1892-1940）。在苏联红军
征召穆斯林入伍的背景下，他从语言多样性的角度论证苏维埃应当采取
特别方式对待境内的穆斯林。[1] 然而到了 30 年代末，最杰出的穆斯林世
俗文化活动家和有着扎吉德运动背景的政治家已被斯大林清洗，取而代
之的是苏联彻底改造的新精英。

　　在目前关于西方学术方向的争论中，"东方主义"话题间接回归。
长期以来，西方学术界对俄国伊斯兰教历史的研究，借助了扎吉德本土
史学的视角对传统穆斯林社会进行批判，对扎吉德分子将现代民族国家
理念引入俄罗斯和苏联穆斯林民族的做法含蓄地表示同情。虽然历史学
家强调，民族主义在中亚的出现在很大程度上应归功于扎吉德运动，但
伊斯兰研究学者认为西方学术一直"以扎吉德为中心"，混淆了中亚其
他区域性或宗教性的身份认同以及本土的伊斯兰传统习俗——主要因为
这些传统习俗大多以东方学手稿的形式流传，无法像扎吉德运动的印刷
品那样容易搜集。[2]

罗森学派："东方主义"的学术界批评

　　亲斯拉夫派的东方学家格里戈耶夫呼吁建立一种独特的俄国东方学
传统——反对当时由德国主导的学术体系（他认为其本质是普适性的），

1　Alexandre A. Bennigsen and S. Enders Whimbush, *Muslim National Communism in the Soviet Union:
　A Revolutionary Strategy for the Colonial World* (Chicago: University of Chicago Press, 1979).

2　Adeeb Khalid, *Making Uzbekistan* (Ithaca, NY: Cornell University Press, 2015); David Brophy, *Uyghur
　Nation: Reform and Revolution on the Russia-China Frontier* (Cambridge, MA: Harvard University
　Press, 2016); Dewin DeWeese, "It Was a Dark and Stagnant Night ('til the Jadids Brought the
　Light): Clichés, Biases, and False Dichotomies in the Intellectual History of Central Asia," *Journal of
　the Economic and Social History of the Orient* 59 (2016): 37-92.

并希望采取一种可以让"东方人"维持自身文化及身份认同的俄式方法。他给出的理由是，只有当一个群体有自己的历史认同时，它才能欣赏乃至接纳俄国文明的优点。正如维拉·托尔茨（维拉托尔兹）所强调的，格里戈耶夫于 1840 年表示，"俄罗斯人有能力'保护亚洲部落'，'让他们有序生活的同时为他们启蒙'"。[1]

格里戈耶夫的学生维克托·罗曼诺维奇·罗森（维克托·罗森男爵，1864~1908）将这种方法进一步深入。罗森将俄罗斯帝国想象成一个结合了欧洲和亚洲文化传统的统一多民族国家。需要研究的不是人为分隔的民族，而是它们历史上相互的交融。罗森在圣彼得堡东方学院的诸多得意门生也持有这一观点，其中包括中亚学家瓦西里·弗拉基米洛维奇·巴托尔德（Vasilii V. Bartold, 1869-1930）、语言学家和考古学家尼古拉·马尔（Nikolai Marr, 1864-1934）、印度学家和佛教学家谢尔盖·奥登堡（Sergei F. Ol'denburg, 1863-1934），还有费多尔·I. 谢尔巴茨科伊（Fedor I. Shcherbatskoi, 1866-1942）。因此维拉·托尔茨谈到 19、20 世纪之交在圣彼得堡东方学界中的"罗森学派"。我认为著名的阿拉伯学家伊格纳蒂·克拉奇科夫斯基（Ignaty Krachkovsky, 1883-1951）也是该学派年青一代的成员，他将罗森的理念延续到二战后，并在关于苏联阿拉伯和东方学历史的主要著作中对其理念、内涵进行概述。[2] 这些学者大多出身非俄罗斯族裔：罗森、奥登堡和巴托尔德是波罗的海德意志人，克拉奇科夫斯基是白俄罗斯人，谢尔巴茨科伊是波兰人；马尔的母亲是格鲁吉亚人，父亲是苏格兰人。对于他们所有人来说，与俄国东方的接触也关系到自身在更广泛的俄罗斯民族中的地位。

对东方学的这一修正包括了彻底拒绝传统的世界划分。巴托尔德认为（引用托尔茨的话），"现代对东西方差异的看法在启蒙运动时代完全成型，这与罗马人对'东方'的优越感和基督教对伊斯兰教的偏见存在

1 引自 Tolz, *Russia's Own Orient*, 27。

2 Michael Kemper, "Introduction," in I. Y. Kratchkovsky, *Among Arabic Manuscripts: Memories of Libraries and Men* (Leiden, The Netherlands: Brill Classics in Islam, 2016), 1-24.

关联，这种'（将西方基督教的欧洲从世界其他地区）分离可以追溯到前基督教时代'。'东方'开始被视为远离希腊－罗马文明影响的古代世界，到了近现代，那里则被视为远离文艺复兴影响的地域"。[1]

作为研究东方的幌子，东方学与斯拉夫研究一样，成为一门超越东西方二分法的学科，用以对祖国进行研究；差异被理解为文化性质，而非种族属性。祖国包含了多种相互交流、融合的文化。通过对非俄罗斯族裔历史和当今事务的研究，这些东方学家还与具有不同文化和宗教背景的当地学者合作。因此，了解俄国的东方意味着帮助"东方人"找回他们的过去。对于早年曾是高加索考古学家的马尔来说，这意味着让当地人能够接触挖掘现场，并将文物放在当地的博物馆保存——而不是由"傲慢"的西方将它们带回大都市。[2]东方学家鼓励当地人欣赏他们自己的历史和文化，认为这有助于形成对俄国的整体认同；如果国家蔑视个人的小家园，个人就不会对国家有感情。与此同时，东方学家视自己为帝国的拯救者，因为他们构想出一个关于祖国的宏大愿景，抵制了可能危及帝国的民族分离主义。

这些圣彼得堡学者的思想存在固有的矛盾，一部分原因可以归于19世纪末的俄国文化（有利于实验，包括了文学东方主义），另一部分则归于变动的政治环境（1905年革命，第一次世界大战，1917年二月革命、十月革命，内战以及布尔什维克政策）。

首先，对罗森和他的学生来说，具有俄国特色的东方学派的形成应与国际化同步：罗森本人从未到过东方，却在德国学习过。他也敦促学生到西方求学；此外，他的一大目标是让俄国学术在西欧得到认可。这种对西方的欣赏在第一次世界大战期间受挫，转而对西方（尤其是德国）学术界普遍失望；在苏联初期，面对布尔什维克"破坏"学术的"企图"，奥登堡坚决捍卫科学院的自主权，同时在著作中也更加坚定

---

1 Tolz, *Russia's Own Orient*, 54.

2 Tolz, *Russia's Own Orient*, 41.

了反西方立场。

其次，圣彼得堡东方学派认为（就像格里戈耶夫曾经的做法）俄国对"东方"民族的政策必须以东方的学术知识为依据；在他们看来，西欧东方学的成就正是由于西方殖民政策的刺激。然而，虽然他们哀叹俄国政府对东方学的忽视，但等到政府要求圣彼得堡东方学院提出更实用的东方学研究计划时，又表示强烈反对。相反，他们坚持认为，目前非常学术化的课程（以古典语言和历史为导向）是未来俄国东部的行政和军方人员必须要接受的培训。[1] 在小心翼翼地保护俄国东方学作为一门自主学科的同时，他们将东方和西方视为人为建构的理解导致他们认为东方学本身也是一种错误概念；总之，东方学家的研究必须融入历史、经济学、地理学、民族志等主流学科。[2] 然而，当彼得格勒的东方学院1918 年被整合并入宽泛的社会科学学院时，东方学家认为这对于学科的自主性、国内声誉以及国际地位是巨大的打击。[3]

罗森学派最令人疑惑的成果是尼古拉·马尔的"雅弗理论"。该理论反对印欧理论，认为高加索地区才是人类的发源地。奇怪的"马尔主义"将语言的历史与社会经济发展相联系，并成为斯大林主义的参考，直到斯大林本人在 1950 年将之否定。[4] 巴托尔德从历史学角度批判欧洲中心主义，并重新评估了蒙古对俄国的影响，反映出更强的连续性。这两点都为 20 世纪 20 年代在欧洲流亡时兴起的俄国欧亚主义学派提供了历史论据。[5] 此外，从欧亚主义的创始人到包括亚历山大·杜金（Aleksandr Dugin，1962 年生）在内的当代思想家，欧亚主义都显示出可以被纳入"东方主义"的特点。欧亚主义认为俄罗斯（和 / 或后苏联空间）反映出一种特殊的灵性，这种灵性在伊斯兰教和东正教中都可以

1　Tolz, *Russia's Own Orient*, 89.

2　Tolz, *Russia's Own Orient*, 98–99.

3　Tolz, *Russia's Own Orient*, 99.

4　Yuri Slezkine, "N. Ia. Marr and the National Origins of Soviet Ethnogenetics," *Slavic Review* 55, no. 4 (1996): 826–862.

5　Tolz, *Russia's Own Orient*, 62–68.

找到；作为一种"帝国意识形态"，欧亚主义带有权力方面的主张，在大多数情况中都由俄罗斯人作为主导民族。[1]

苏维埃东方主义

> 关于研究目标以及东方民族的历史和现状，资产阶级东方学和苏维埃东方学截然不同。资产阶级东方学反映了欧美资产阶级的殖民主义和种族主义世界观；在发轫期，资产阶级东方学就将所谓的"西方"文化（即欧洲文化，也包括美国文化）视为"东方"文化的对立面；它视东方民族为低等民族（rasovo nepol'notsennye），好像永远居于落后（iskonno otstal'nye），无法掌握自身命运，只是历史的客体，没有主体性。资产阶级东方学让对东方的研究完全从属于帝国主义国家的殖民政策。相比之下，苏联东方学以马克思列宁主义方法论为指导，遵从列宁和斯大林关于民族－殖民问题的指示，从旨在反对"资产阶级东方学"的立场开展东方学研究。[2]

这是 1951 年苏联大百科全书"东方学"（vostokovedenie）的词条内容。这段引用概括了苏联马克思主义东方学的自我设想。词条的剩余内容长篇引述了斯大林的言论，将他描绘为苏联东方学的创始人。斯大林逝世十年后，埃及裔法国政治学家阿努阿尔·阿卜杜勒－马利克（Anouar Abdel-Malek, 1924-2012）于 1963 年发表了文章《危机中的东方主义》，该文对西方东方学进行批判，并赞扬了社会主义东欧东方学，

1　Marlène Laruelle, *Russian Eurasianism: An Ideology of Empire* (Baltimore: John Hopkins University Press, 2008).

2　"Vostokovedenie," *Bol'shaia sovetskaia entsiklopediia*, vol. 9 (Moscow: Bol'shaia sovetskaia entsiklopediia, 1951), 193-202, 引文在第 193~194 页。

3　Anouar Abdel-Malek, "Orientalism in Crisis," *Diogenes* 44 (1963): 104-112.

在西方学界享有一定声誉。维拉·托尔兹指出，阿卜杜勒－马利克在文章第一处脚注中提到了上面引用的苏联百科全书条目，[1]以及巴托尔德关于东方学历史的著作。[2]反过来，爱德华·萨义德1978年的《东方主义》中也提到了阿卜杜勒－马利克的文章，萨义德（在名为"危机"的一章中）大量引用了阿卜杜勒－马利克对"东方主义"的批判。[3]应当同意萨义德的东方主义带有俄国－苏联东方学的痕迹。但是，关于阿卜杜勒－马利克对"新东方主义""东欧"新流派的赞誉，萨义德略而不谈，因为这其实是苏维埃意识形态东方学。

苏联将马克思主义东方学视为权威始于20世纪20年代初，当时的民间东方学家米哈伊尔·巴甫洛维奇（曾是孟什维克，后加入布尔什维克并担任俄国莫斯科东方政治研究的主要负责人）抨击殖民学术对穆斯林世界的研究，坚持认为苏联东方学具有反殖民性质。[4]这也具有国际意义，20世纪20年代以来，苏联将其发展穆斯林周边地区的计划描述为"去殖民化世界"的典范，包括阿拉伯国家、土耳其、伊朗、阿富汗和东南亚。从这个角度来看，西方给东方国家造成的"落后"——尤其是在经济领域——需要用马克思列宁斯大林主义的方式来消除。然而矛盾的是，马克思和恩格斯的著作也受到东方主义话语的影响。他们关于人类过去、现在和未来的理论是基于他们对西方经验的反思。须知，在萨义德《东方主义》问世的同年，布赖恩·S.特纳（Bryan S. Turner）从西方马克思主义的立场出发，对马克思主义中的"东方主义"问题进行了批判。[5]

1　Tolz, *Russia's Own Orient*, 83, 100. 阿卜杜勒－马利克是否读过 Vostokovedenie 条目（他认为题为 Orientalistika）仍然值得怀疑。

2　Bartold, *Istoriia izucheniia Vostoka v Evrope i v Rossii* (1st ed., 1911); reprint in *Akademik Bartol'd. Sochineniia*, vol. 9, *Raboty po istorii vostokovedeniia* (Moscow: Nauka, 1977), 199–482.

3　Said, *Orientalism*, 96–97, 105, 108 及各处。

4　Michael Kemper, "Red Orientalism: Mikhail Pavlovich and Marxist Oriental Studies in Early Soviet Russia," *Die Welt des Islams* 50, no. 3–4 (2010): 435–476.

5　Bryan S. Turner, *Marx and the End of Orientalism* (London: Allen and Unwin, 1978).

在惨痛的第一次世界大战和漫长的内战之后，布尔什维克希望他们的革命果实能够很快传遍世界。如果资本主义世界无法立即转向社会主义，那么世界革命将在亚非的欧洲殖民地发生，那是资本主义的"阿喀琉斯之踵"。共产国际领导了这个计划，在 1920 年在巴库举行的政宣会上，布尔什维克共产国际执行委员会主席季诺维也夫甚至号召"东方劳工"开展一场反对英国殖民主义的"圣战"（即 jihad），这也是变相借用了伊斯兰传统。[1]

20 世纪 20 年代到 30 年代初，布尔什维克试图拉拢伊斯兰社会作为反对英国殖民主义的盟友，这也引发了一场关于伊斯兰教"阶级特征"的大辩论。列宁格勒、莫斯科和喀山的马克思主义历史学家和社会学家就伊斯兰教最初是麦加商人的宗教（正如德国东方学家米哈伊尔·赖斯纳所说）还是麦地那农民（米哈伊尔·托马拉）或贝都因人的宗教展开辩论 [哈萨克历史学家和政治家桑扎尔·阿斯芬迪亚罗夫（Sandzhar D.Asfendiiarov, 1889-1938）的观点，对如何解释伊斯兰教在哈萨克游牧中的存在有直接影响]。其他人则在中世纪的伊斯兰异端起义中寻找到共产主义的雏形。20 世纪 20 年代末至 80 年代初，苏俄在苏式"东方"学领域重要的反伊斯兰思想家卢西安·克里莫维奇（Liutsian Klimovich）甚至在 1930 年声称，穆罕默德的人格是后期伊斯兰传统虚构出来的——这和怀疑耶稣和犹太教先知的历史真实性的苏维埃式批评如出一辙。这些辩论是极其"东方主义的"（如萨义德所说的），作者声称从纯粹的历史中揭示了伊斯兰教的本质，他们从历史中发现了当代穆斯林社会的长期特征。[2] 其他学者对"东方专制"范式大加阐释（恩格斯在一些著作中提到过，但与列宁和斯大林时期社会经济发展五阶段模式不兼容，后者成为划分非西方社会的指导方针），在俄

1　John Riddell, ed., *To See the Dawn: Baku, 1920, First Congress of the Peoples of the East* (London: Pathfinder, 1993), 78.

2　Michael Kemper, "The Soviet Discourse on the Origin and Class Character of Islam, 1923-1933," *Die Welt des Islams* 49, no. 1 (2009): 1-48.

国进行的讨论中，"东方专制"范式是以古埃及为模板的。[1]

随着集体化的开始——强迫农民进入国有农场，消灭传统精英，从而改造苏维埃农村——伊斯兰教被定性为"封建"的象征，是阶级敌人的宗教；数以千计的伊玛目被枪毙、送进劳改营或流放。几乎所有的清真寺和伊斯兰学校遭到封禁。粗暴的反伊斯兰宣传一直持续到80年代。[2]

在30年代斯大林集体化和镇压运动造成的恐慌之后，政府放松了宗教政策。二战期间，斯大林甚至在乌法重新恢复了俄罗斯内陆的穆夫提，并在中亚和高加索地区建立了新的穆夫提。少数清真寺获准重新开放，并由在苏联伊斯兰研究学校、布哈拉（苏联乌兹别克斯坦）的米尔－伊阿拉伯伊斯兰学校（Mir-i Arab Madrasa）接受过培训的伊玛目担任工作人员。[3]作为报答，乌法和塔什干的苏联穆夫提们支持苏联对纳粹德国作战，宣布保卫苏联祖国是一场圣战，所以穆斯林义不容辞。[4]

东方学的学术研究在党和国家的控制下继续发展。在20世纪20~30年代，民族学家和历史学家提供了绘制中亚新苏维埃社会主义共和国之间边界的知识，语言学家对改编穆斯林民族语言的字母表提供了建议（在20年代后期将阿拉伯文改为拉丁字母，十年后改为西里尔字母），并将中亚穆斯林共同的文化遗产划分为民族史学。[5]包括历史学家、作家、教师、政治活动家和行政人员在内的本土学者（通常具有扎吉德背景）在这一过程中发挥了重要作用。1930年，原亚洲博物馆改建为苏联

1　Stephen P. Dunn, *The Fall and Rise of the Asiatic Mode of Production* (London: Routledge, 1982).

2　Shoshana Keller, *To Moscow, Not Mecca: The Soviet Campaign against Islam in Central Asia, 1917–1941* (Westport, Connecticut; London, 2001); Douglas Northrop, *Veiled Empire: Gender and Power in Stalinist Central Asia* (Ithaca: Cornell University Press, 2004); *Islamic Education in the Soviet Union and Its Successor States*, ed. by Michael Kemper, Raoul Motika, and Stefan Reichmuth (London: Routledge, 2009).

3　Yaacov Ro'i, *Islam in the Soviet Union: From the Second World War to Gorbachev* (London: Hurst, 2000); Eren Tasar, *Soviet and Muslim: The Institutionalization of Islam in Central Asia* (New York: Oxford University Press, 2017).

4　Eren Tasar, "A Soviet Jihad against Hitler: Ishan Babakhan Calls Central Asian Muslims to War," *Journal of the Economic and Social History of the Orient* 59, no. 1-2 (2016): 237-264.

5　Francine Hirsch, *Empire of Nations: Ethnographic Knowledge and the Making of the Soviet Union* (Ithaca, NY: Cornell, 2005).

科学院东方研究所（IVAN）；1950年，它被迁至莫斯科，将研究重点转向当代世界以及东方人民的解放斗争。而列宁格勒保有原亚洲博物馆收藏的大量手稿，成立了东方研究所列宁格勒分部，侧重历史文献研究。[1]

旧的莫斯科拉扎列夫东方语言学院被改建为苏共干校——莫斯科东方学院（MIV），这里除了教授东方语言，还宣传马列主义和斯大林主义。同样，共产国际成立了东方劳动者共产主义大学（KUTV）和同样性质的中国学校（KUTK），向外国干部传播共产主义思想并针对本国实际工作进行培训。[2] 然而，新的政治机构很容易受到党内路线剧烈变化的影响，并最终被关闭（1938年的KUTV，1954年的MIV）。矛盾的是，传统的学术机构东方研究所位于莫斯科，其手稿库藏却在列宁格勒。

在1956年的苏共二十大上（赫鲁晓夫发表了谴责部分斯大林主义的"秘密讲话"），东方研究所因效率低下和沿用资产阶级研究方法而受到猛烈抨击；苏联的大思想家阿纳斯塔斯·米科安认为，虽然殖民地世界正在"觉醒"，并越来越多地走向独立，但苏联东方学仍处于"沉睡"之中。[3] 在冷战背景下，苏联迫切需要更多关于当代东方的知识和研究成果。新任东方研究所所长是博波赞·加富罗夫（Bobojon Ghafurov, 1908-1977），他改变了苏联东方研究的方向。从斯大林时期直到1956年，加富罗夫一直担任苏联塔吉克斯坦的党主席，在任内利用东方学关于"落后"的观点，吸引莫斯科方面的投资，用于发展建设塔吉克斯坦的基础设施。[4] 现在，作为第一个领导苏联东方学的"穆斯林"，加富罗

1　N. A. Kuznetsova and L. M. Kulagina, *Iz istorii sovetskogo vostokovedeniia 1917–1967* (Moscow: Nauka, 1970), 125.

2　Masha Kirasirova, "'Sons of Muslims' in Moscow: Soviet Central Asian Mediators to the Foreign East, 1955–1962," *Ab Imperio* 4 (2011): 106–132.

3　"Rech' tov. Mikoiana", *XX S"ezd kommunisticheskoi partii Sovetskogo Soiuza, 14–25 fevralia 1956 goda. Stenograficheskii otchet*, vol. 1 (Moscow, 1956), 301–328, 引文在第324页。

4　Artemy M. Kalinovsky, "Not Some British Colony in Africa: The Politics of Decolonization in Soviet Central Asia, 1955–1964," *Ab Imperio* 2 (2013): 191–222.

夫也用类似的方法发展了东方研究所，并在该处任职二十多年。加富罗夫与伊斯兰世界和印度开展"软实力"文化外交，吸引资金用于对当代东方的政治、社会和经济方面的研究；但列宁格勒的古典研究和东方手稿工作得到了更多扶持。

1960 年，加富罗夫主持了第 25 届世界东方研究大会，邀请数百名来自伊斯兰世界的学者参加。会上，米高扬等官员将苏联和苏联东方学界描绘成去殖民化国家的盟友。一些西方参会者对这种明显的学术政治化感到震惊，但苏联对于古典东方学的广泛研究让许多人都印象深刻。[1]在随后的几十年中，中亚（塔什干，1949；杜尚别，1970）和南高加索地区（巴库，1958；第比利斯，1960）的苏维埃共和国都成立了东方研究机构，对当地进行专门研究。在哈萨克斯坦，来自列宁格勒的俄罗斯学者帮助建立了东方史研究。[2]苏维埃俄国境内的"穆斯林"自治共和国并不接受这种东方研究机构，但在喀山（鞑靼斯坦）和马哈奇卡拉（达吉斯坦），主要由各大学以及与苏联科学院合作的历史研究所负责东方研究。通过在当地村庄展开调查，东方学手稿得以搜集保存、扩充。[3]这些共和国中的伊斯兰遗产被重新解释为世俗文化的历史，也就是一条走向世俗主义、民族认同并最终通往社会主义的本土路径。[4]

在列宁格勒和莫斯科，东方学家在中央指导下重点发展集体项目，

1　Michael Kemper, "Propaganda for the East, Scholarship for the West: Soviet Strategies at the 1960 International Congress of Orientalists in Moscow," in *Reassessing Orientalism*, ed. by Kemper and Kalinovsky, 170–210.

2　Bustanov, *Soviet Orientalism*.

3　Mirkasym A. Usmanov, "The Struggle for the Reestablishment of Oriental Studies in Twentieth-Century Kazan," in Kemper and Conermann, *The Heritage of Soviet Oriental Studies*, 169–202; Amri R. Shikhsaidov, "Arabic Historical Studies in Twentieth-Century Daghestan," in *The Heritage of Soviet Oriental Studies*, ed. by Kemper and Conermann, 203–216.

4　Alfrid K. Bustanov and Michael Kemper, "From Mirasism to Euro-Islam: The Translation of Islamic Legal Debates into Tatar Secular Cultural Heritage," in *Islamic Authority and the Russian Language: Studies on Texts from European Russia, the North Caucasus and West Siberia*, ed. by A. K. Bustanov and M. Kemper (Amsterdam: Pegasus 2012), 29–54; Michael Kemper, "Ijtihad into Philosophy: Islam as Cultural Heritage in Post-Stalinist Daghestan," *Central Asian Survey* 33, no. 3 (2014), 390–404.

通常是对庞杂的东方资料进行长期的整理编辑工作。在斯大林去世后，苏联东方学家承认他们的阐述其实依赖于帝俄时期，特别是罗森学派东方学家的研究。二战后苏维埃东方学的一大成就是对苏联成立之前的著名学者如巴托尔德和克拉奇科夫斯基的著作进行重新编辑。这些工作为新一代学者提供了实践训练。在一些研究所还招聘了有扎吉德教育背景的穆斯林语言学家——塔什干便是如此。在编纂东方经典文本（包括 Alishir Nava'i 的作品）以及编纂手稿目录时，获得他们的专业帮助十分必要。[1] 二战后苏维埃东方学的另一项标志性成果是每年在中亚、高加索以及也门等阿拉伯友好国家进行多学科考察，形成了丰富的研究资料；考察中，东方考古学家、历史学家、民族学家、地理学家和生物学家共同展开研究。

　　20 世纪对东方的概念和意识形态解释不断变化，在顶级东方学期刊的名称上也有所反映。对于罗森学派，最权威的期刊是帝国考古学会东方分会期刊（*Zapiski Vostochnogo otdeleniia Imperskogo arkheologicheskogo obshchestva*）。最初，东方学与古代研究密切相关，但如前所述，东方学很快就有了自身的新研究动力。苏联成立之初，在"境内"和"境外"东方政治研究领域，马克思主义的权威期刊是《新东方》（*Novyi Vostok*），这个名字也反映出布尔什维克改造东方的雄心。60 年代，莫斯科东方研究所曾一度更名为"亚非研究所"，当时的主要学术期刊《东方学问题》（*Problemy vostokovedeniia*）也更名为《亚洲和非洲人民》（*Narody Azii i Afriki*），但是这个更名并不代表任何对"东方主义"的批判。相反，它只是对新成立的中国研究所进行的东方学研究做出回应。1990 年，这份期刊再次换回经典名称《东方》（*Vostok/Oriens*）。俄国东方研究主要的研究中心仍称为"东方研究所"（IVAN），而原列宁格勒分院及手稿库已独立为东方手稿研究所。

1　Bakhtiyar M. Babajanov, "'Ulama' -Orientalists: Madrasa Graduates at the Soviet Institute of Oriental Studies," in *Reassessing Orientalism*, ed. by Kemper and Kalinovsky, 84–119.

当代俄罗斯的"东方主义"

在当代俄罗斯，东方主义随处可见——建筑、艺术、流行文学、电影、关于少数民族和移民的政治辩论以及关于俄罗斯欧洲和亚洲身份的论述，当然了，学术界也是如此。然而，很少有人采用萨义德的方式讨论知识与权力的关系。

在俄罗斯高校中，爱德华·萨义德的《东方主义》被视为文化分析的标志性著作，但它对东方学学科的影响很小。第一个完整的俄文译本直到 2006 年才出现，附有简单几句赞扬此书的评论，视之为对西方的单方面批判。[1] 俄罗斯资深东方学家认为《东方主义》是一部具有争议性且几乎没有历史证据的著作，故加以拒绝。[2]

有几个理由可以解释萨义德学说所遭受的冷遇。一种是认为萨义德的观点并不重要：罗森学派——特别是备受尊崇的巴托尔德——已经从学科内部完成了对"东方主义"的批判，让日后这位巴勒斯坦裔美国学者的作品显得很业余。布尔什维克的民族政策号称要解放前帝国所谓的东方民族；苏联允许境内的非西方民族建立共和国并赋予他们自治权，使东方学成为苏联民族认同建构的历史知识来源。直到苏联解体，对于西方东方学的批判仍然是正统模式，让萨义德的后现代"东方主义"显得多余。同时，在苏共主导的意识形态框架中，对苏式东方学路径进行彻底批判的空间很有限，苏联东方学经常受到批评，并被频繁重组——因为与国家利益密切相关却达不到政府目标。

即使在 1991 年之后，萨义德对俄罗斯东方学的影响依然不大——而西

1　Vladimir Bobrovnikov, "Pochemu my marginaly? (Zametki na poliakh russkogo perevoda 'Orientalizma' Edvarda Saida)," *Ab Imperio* 2 (2008): 325–344.

2　Sergei A. Panarin, "Edvard Said: kniga sofizmov," *Istoricheskaia ekspertiza* 2, no. 3 (2015): 78–105. 另见 Seied Dzhavad Miri and Vladimir O. Bobrovnikov, eds., *Orientalizm vs. Orientalistika* (Moscow: Sadra, 2016)。

方正是从 20 世纪 90 年代开始，从萨义德的角度对俄国"东方主义"进行了讨论。大多数俄罗斯人对萨义德所参考的对象，如葛兰西和福柯，都很陌生。对于一位俄国读者来说，他书中的左翼色彩或者说是明显的后现代主义（或相对主义），只属于那些碰巧不研究具体问题的作者。矛盾的是，与穆斯林世界的邻近，以及苏联和俄罗斯联邦境内辽阔的"东方"，似乎让身份建构成为一种政治前提；任何固定方式的解构都带有虚无主义的色彩。

　　须知 20 世纪 90 年代的俄罗斯及其东方学家经历了严重危机。向市场经济的转变导致经济灾难性地衰退，东方学院和研究人员也相应缩减。许多顶尖专家经商创业，或者离开了俄罗斯；普通员工则只能陷入贫困。在充满斗争的政局中，俄罗斯的新民主制度引发了激烈动荡。1996 年，莫斯科输掉了与车臣分离势力的严酷战争；俄罗斯的大城市出现了伊斯兰恐怖活动。北约也向东扩张。在后苏联时代的中亚，俄罗斯也因为中国的经济影响力而失去了很多优势。如今，克里姆林宫方面以及几乎所有政党都认为俄罗斯处在敌人包围之中，要求民众为确保俄罗斯的大国地位做出贡献。采用后殖民或后现代理论方法的学者和作家反对这种生存威胁的论调，很容易被当作反对分子。重要俄语期刊 *Ab Imperio*（一个多国背景的团队于 2000 年创办，由历史学家、历史人类学家以及社会学家承办）积极鼓励运用后殖民理论进行批判，直到最近被视为"外国间谍"的工具，只能退出俄罗斯。

　　但俄罗斯现在对东方又有了新兴趣。俄罗斯国内现有穆斯林人口近 2000 万人（并且增长迅速），其也是伊斯兰合作组织的观察员。由于 2013 年丧失了对乌克兰的影响力，俄罗斯政府宣布重新转向东方，特别是转向中国。出于对抗美国霸权的雄心，俄罗斯也在中东投资，并与伊朗成为临时盟友，干预叙利亚局势。

　　这种"东方"转向也伴随着宗教政治化。在黎凡特地区，俄罗斯让过去的巴勒斯坦东正教协会重焕新生；在车臣，拉姆赞·卡德罗夫总统使用伊斯兰象征巩固权威；同样在俄罗斯的其他地区，克里姆林宫支持当地的穆夫提，并以历史上特定时期的俄国穆斯林群体为例，阐释了什么是"俄罗斯的传统伊斯兰教"。传统的伊斯兰教必须像东正教一样，成为抵御伊斯兰好战分子的堡垒，同时也是对抗全球化的堡垒。莫斯科、喀山和其他地方的东方学家担任伊斯兰教科书顾问——这与帝俄晚期的审查员非常相似。与此同时，"圣战"分子也在"自我东方主义化"，将自己与俄罗斯区分开来。但在这个过程中矛盾的是，他们不仅接受了伊斯兰/阿拉伯的模式，还借鉴了俄国描绘"东方"的文化遗产。[1]总之，由俄罗斯领导后苏联空间的新愿景激励了欧亚主义者，他们的身份认同不仅源于"自我东方主义"，还源于一个与自身有本质差异的"西方"概念。地理、文化、宗教层面的本质主义也是萨拉菲派、传统和现代伊斯兰知识分子以及俄罗斯当局提出的"伊斯兰欧亚主义"的核心。[2]

更多阅读

Bustanov, Alfrid. *Soviet Orientalism and the Creation of Central Asian Nations*. London: Routledge, 2015. 提供了二战后苏联东方学与苏联民族政策关系的资料。

Schimmelpenninck van der Oye, David. *Russian Orientalism: Asia in the Russian Mind from Peter the Great to the Emigration*. New Haven, CT: Yale University Press, 2010. 精炼概括了帝国东方学和东方主义的文化表达。

Tolz, Vera. *Russia's Own Orient: The Politics of Identity and Oriental Studies in the Late Imperial and Early Soviet Periods*. Oxford: Oxford University Press, 2011. 提供了帝国晚期和苏联初期的资料。

---

1 Danis Garaev, "Jihad as Passionarity: Said Buriatskii and Lev Gumilev," *Islam and Christian-Muslim Relations* 28, no.2 (2017): 203 - 218.

2 Marlène Laruelle, "Digital Geopolitics Encapsulated: Geidar Dzhemal between Islamism, Occult Fascism, and Eurasianism," in *Eurasia 2.0: Russian Geopolitics in the Age of New Media*, ed. by Mikhail Suslov and Mark Bassin (Lanham, MD: Lexington Books, 2016), 81-100; Gulnaz Sibgatullina and Michael Kemper, "Islam and Eurasianism: Geidar Dzhemal and the Islamic Revolution in Russia," *Islam and Christian-Muslim Relations* 28, no. 2 (2017): 219-236.

后　记

　　这本书的成果可谓来之不易。近代以来的中国国家建构主要参照的是"西方镜像"和"日本镜像"，正如学界近期反思的"东亚"与"中亚"概念背后是以西方的"近代化史观"为参照而构建的空间概念，对 19 世纪和 20 世纪初的"俄罗斯镜像"则认知不多。当然我们也不能忘记曾经作为世界第二超级大国的苏联，与中国边界接壤，民族众多。反思"苏联镜像"与"俄罗斯镜像"对"中国西北"与"中亚五国"的塑造十分重要。同时我们还要通过中国特色的社会科学体系来建构和认识中国与外部世界的关系，重新思考中华的世界体系，也就是中国史在世界史中，世界史也离不开中国史。中亚史就是一个绕不开的研究领域："中亚史一半是中国史，一半是欧亚大陆史。"（王治来语）本书尝试回答了"何为中亚""何为中国"。

　　本书希望反思和破除苏联和俄罗斯的"中亚镜像"，尝试建立具有中国主体特色的"西域—中亚"研究，"一破一立"的学术道路可谓"十年磨一剑"。从不惑之年到知天命之年，有时才思枯竭，度日如年；有时又灵光忽现，奋笔疾书。一路走来感慨良多，要致谢的学者和师友有很多。

　　2013—2015 年，学术月刊杂志社周奇编辑开辟"边疆中国专栏"，《新疆师范大学学报》编辑部开辟"西域新史观"栏目，我先后刊发文章二十余篇。2016—2020 年，《陕西师范大学学报》编辑部、《西南民族大学学报》编辑部、《西北民族研究》编辑部均以"走廊研究"为题开办了专栏，我发表学术论文十余篇。其间，兰州交通大学的谷风副教授将已故著名民族学家谷苞先生遗稿赠送给笔者和笔者的团队，帮助解决了一些关键性的学术问题。在陕西师范大学工作期间，笔者还组织了"全球化与中亚史研究"论坛；李如东副研究员组织了"边疆与域外研究"论坛，邀请了一些中青年学者参加了两个论坛并有高质量的会议论文发表，特此致谢。

　　2021 年，笔者调入西安外国语大学，创立"丝绸之路与欧亚文明研究中心"，后又任俄语学院院长，以俄语学院、区域国别研究院为依托，继续以"一带一路研究与走廊研究""全球化与中亚史研究""边疆与域外研究"为议题向区域国别研究进行延展。在学校的支持下，短期内就建立起一支以俄语、英语为主，包括日语、法语、阿拉伯语、土耳其语等多语种的欧亚区域国别研究队伍。我们正在组织相关的科研攻关项目，力图为构建中国特色的"西域—中亚"研究话语体系服务。

　　本书另一个使命是作为"中亚史"和"欧亚区域国别研究"两门研究生课程的教材。其中，得到了以下师友的帮助：本人与陕西师范大学沙武田教授合作的文章为本书第七章；与上海外国语大学李如东副研究员合作的文章为第十章；与研究生孔令昊（已经考入中央民族大学攻读博士）合作的文章分别是第一章和第二章；与研究生郭润田（陕西师范大学博士生在读）合作的文章为附录一，与研究生傅加杰（西安外国语大学区域国别专业硕士生）合作翻译的文章为附录二和附录三。本书大部分文章都曾在核心期刊发表过，第八章作为全书的精华部分，是首次发表。诺丁汉大学尼克·巴伦（Nick Baron）教授和阿姆斯特丹大学迈克尔·肯珀（Michael Kemper）教授授权翻译其论文，一并致谢！

特别鸣谢已经入职上海外国语大学的李如东副研究员在十余年来的学术组织和设置学术议题方面给予巨大帮助！此外，在笔者的课堂与读书会上，西安外国语大学俄语学院区域国别研究专业的师生们也帮助翻译了大量资料。一并致谢！限于篇幅，不能一一列出参与相关学术活动的专家和学者，祈请相关人士谅解。

本书的出版要诚挚感谢社会科学文献出版社历史学分社郑庆寰社长的关心支持和责任编辑陈肖寒博士的细致编校工作！本书的出版还得到了西安外国语大学"国家安全学与区域国别学科"建设经费的资助。

十余年来，读书、写作、上课、开会、出差……"加班"就是我的生活常态，周末和假期的欠账太多，感谢家人们长期的包容和理解！我的两次工作调动和搬迁也给家人带来了很多麻烦，我必须向他们诚挚和惭愧地道一声"感谢"。还有曾经养育过我三十年的天山绿洲和草原，那里仍旧住着亲人、恩师和诸多朴素的乡里乡亲、民族兄弟，无以为报，谨以此书献给他们！粗算起来，笔者已经从事西域—中亚研究超过30年，文化人类学者、新疆师范大学崔延虎教授将绿洲社会与游牧社会的人类学知识倾囊相授，人类学和本土化的知识是本书写作的重要来源。新疆社会科学的重要奠基者、民族学家谷苞先生的遗作对本书的写作至关重要，感谢其家属谷风女士无私馈赠谷苞先生的未刊手稿！新疆现代化研究的开启者、原新疆社会科学院院长、恩师吴福环先生于秋天不幸逝世，生前未能看到此书出版，深以为憾，愿以此书告慰恩师的在天之灵！

需要说明的是，本书试图超越和破除"俄罗斯镜像"和"苏联镜像"对中国西北和中亚的区域构建，在回答"何为中亚"与"何为中国"的问题上，只是浅尝辄止，抛砖引玉，学术探索的道路还十分漫长和艰难。本书的出版也只是设置了一个学术议题和进行了初步讨论，时间也比较仓促，错误之处必然不少。当然文责自负，欢迎读者和方家批评指正。

本书出版仅两个月，市场反映不错，很快就迎来了第二次印刷，这是本人始料不及的，感谢同行和读者的支持，也诚惶诚恐地期待学术批评和指正；不过，本人也很高兴看到关注这一议题的读者朋友队伍不断扩大，期待社会科学领域的西域—中亚研究得到应有的重视，迎来繁荣的春天。

2022 年岁末于西安外国语大学终南山麓书斋

图书在版编目（CIP）数据

欧亚时空中的中国与世界 / 黄达远著. -- 北京：
社会科学文献出版社, 2022.11（2023.2重印）
（九色鹿）
ISBN 978-7-5228-0872-7

Ⅰ.①欧… Ⅱ.①黄… Ⅲ.①中国历史－研究 Ⅳ.
①K207

中国版本图书馆CIP数据核字（2022）第189300号

·九色鹿·
欧亚时空中的中国与世界

著　　者 / 黄达远

出 版 人 / 王利民
责任编辑 / 陈肖寒
责任印制 / 王京美

出　　版 / 社会科学文献出版社·历史学分社（010）59367256
　　　　　 地址：北京市北三环中路甲29号院华龙大厦　邮编：100029
　　　　　 网址：www.ssap.com.cn
发　　行 / 社会科学文献出版社（010）59367028
印　　装 / 三河市东方印刷有限公司

规　　格 / 开　本：787mm×1092mm 1/16
　　　　　 印　张：16.75　字　数：240千字
版　　次 / 2022年11月第1版　2023年2月第2次印刷
书　　号 / ISBN 978-7-5228-0872-7
定　　价 / 78.80元

读者服务电话：4008918866